# O dilema do *Trem das Águas*

# O dilema do *Trem das Águas*

A Estrada de Ferro Rio d'Ouro entre o abastecimento de água
e o transporte de passageiros e mercadorias no
Rio de Janeiro, 1875 -1906

**Raphael Castelo Branco da Silva**

alameda

*Grafia atualizada segundo o Acordo Ortográfico da Língua Portuguesa de 1990, que entrou em vigor no Brasil em 2009.*

Edição: Haroldo Ceravolo Sereza e Joana Monteleone
Projeto gráfico, diagramação e capa: Betânia Santos
Assistente acadêmica: Tamara Santos
Revisão: Alexandra Colontini
Imagem da capa: Ferrez, Marc, 1843-1923. Obras do novo abastecimento de água: Empreza A. Gabrielli. p. [foto 24].

CIP-BRASIL. CATALOGAÇÃO NA PUBLICAÇÃO
SINDICATO NACIONAL DOS EDITORES DE LIVROS, RJ

S583D

Silva, Raphael Castelo Branco da
O dilema do Trem das Águas : a estrada de ferro Rio D'Ouro entre o abastecimento de água e o transporte de passageiros e mercadorias no Rio de Janeiro, 1875 -1906 / Raphael Castelo Branco da Silva. - 1. ed. - São Paulo : Alameda, 2024.

294 p. ; 21 cm.

Inclui bibliografia
ISBN 978-65-5966-239-5

1. Ferrovias - Rio de Janeiro (RJ) - Historia. 2. Estrada de ferro Rio D'Ouro - História. I. Título.

24-89167 CDD: 385.098153
CDU: 656.2(815.3)

Meri Gleice Rodrigues de Souza - Bibliotecária - CRB-7/6439

ALAMEDA CASA EDITORIAL
Rua 13 de Maio, 353 – Bela Vista
CEP 01327-000 – São Paulo, SP
Tel. (11) 3012-2403
www.alamedaeditorial.com.br

*Aos meus pais, Raquel e Getulio, pois sem eles, eu não estaria aqui.*

*A minha avó, Dyla, que odiava os trens da Central, e que só ia ao centro da cidade de 383.*

*Aos meus professores e professoras, por terem me formado como pessoa.*

*Em memória de todas as pessoas que, um dia, passaram pela Estrada de Ferro Rio d'Ouro.*

*"A tabuleta está pronta, o nome todo pintado. - "Confeitaria do Império", a tinta é viva e bonita. O pintor teima em que lhe pague o trabalho, para então fazer outro. Eu, se a obra não tivesse acabada, mudava de título, por mais que me custasse, mas hei de perder o dinheiro que gastei? V. Excia crê que, se ficar "Império", venham quebrar-me as vidraças?*

*- Isso não sei.*

*- Realmente, não há motivo; é o nome da casa, nome de trinta anos, ninguém a conhece de outro modo...*

*- Mas pode pôr "Confeitaria da República"...*

*- Lembrou-me isso, em caminho, mas também me lembrou que, se daqui a um ou dois meses, houver nova reviravolta, fico no ponto em que estou hoje, e perco outra vez o dinheiro.*

*- Tens razão... Sente-se.*

*- Estou bem.*

*- Sente-se o fume de um charuto.*

*Custódio recusou o charuto, não fumava. Aceitou a cadeira. Estava no gabinete de trabalho, em que algumas curiosidades lhe chamariam a atenção, se não fôsse o atordoamento do espírito.Continuou a implorar o socorro do vizinho. S. Excia., com a grande inteligência que Deus lhe dera, podia salvá-lo. Aires propôs-lhe um meio têrmo, um título que iria com ambas as hipóteses,*

*- "Confeitaria do Governo"*

*- Tanto serve para um regímen como para outro"*

***Machado de Assis em "Esaú e Jacó"***

*"Quaresma jantava e almoçava ali mesmo. Não era raro também dormir. As refeições eram-lhe fornecidas por um "fredge" próximo e ele dormia em um quarto daquela edificação imperial. Porque a casa em que se acantonara o destacamento era o pavilhão do imperador, situado na antiga Quinta da Ponta do Cajú. Ficavam nela também a estação da estrada de ferro do Rio Douro e uma grande e bulhenta serraria. Quaresma veio até a porta, olho a praia suja e ficou admirado que o imperador a quisesse para banhos. A cerração ia se dissipando inteiramente."*

***Lima Barreto em "Triste fim de Policarpo Quaresma"***

*"Na minha cidade do interior, tudo que chegou, chegou de trem..."*

***Arthur Verocai em "Na boca do sol"***

# Sumário

# Agradecimentos

Agradeço à Raquel e Getulio, meus pais, pois sem eles a publicação do meu primeiro livro não seria possível. É a realização de um sonho. Obrigado por todo o amor, o apoio material e a confiança. Devo minha formação como pessoa, como historiador e como pesquisador a cada momento e esforço que vocês dedicaram a mim. Sem vocês, eu nada seria.

Agradeço à minha namorada Laura, meu grande amor. Tanta coisa aconteceu desde que trocamos olhares pela primeira vez na UFRRJ, e fico muito grato por nossa paixão se renovar diariamente. Obrigado por ser compreensível em cada momento que passamos juntos. Nosso amor é minha base.

Agradeço ao Cezar Honorato, meu atual orientador, que me recebeu na UFF e acolheu minha pesquisa com muito entusiasmo, realizando uma orientação fantástica. Peço desculpas por não ter escutado muitos conselhos.

Agradeço ao Pedro Campos, por ter me orientado na UFRRJ. Nossa relação é muito frutífera e devo grande parte da minha formação intelectual a você. Sempre solícito e paciente, me orienta diariamente há quase 6 anos!

Agradeço à Dilma Andrade de Paula, que acompanha o desenvolvimento dessa pesquisa desde o início da minha graduação em 2014, sempre com conselhos valiosos acerca do ofício do historiador.

Agradeço à Márcia Motta e Marcelo Badaró, professores da UFF, e José Augusto Pádua e Mario Peters, professores da UFRJ, pelas aulas de pós-graduação.

Agradeço ao Antonio Castelo Branco, professor da UESPI, e que também é meu primo, pelos conselhos geográficos por telefone enquanto conversávamos sobre nossa família.

Agradeço a todos os membros do GEPEB, em particular ao Pedro Silva, Clemente Ferreira, Thiago Montuano e Luciana Silva.

Agradeço aos membros da ONG Trilhos do Rio, em particular Eduardo Pereira, Shaul Melekh, Felipe Luis, Edson Wander, Adenilson Sousa e David Rodrigues. Obrigado pelo conhecimento compartilhado.

Agradeço à Patrícia Ribeiro, uma querida companheira de pesquisa, que escreveu uma belíssima monografia sobre os reservatórios de Rio d'Ouro

Agradeço aos meus amigos e amigas, que escutam quase diariamente eu falar dessa pesquisa. Existe um pedacinho de cada um nesse texto. Em ordem alfabética, para não esquecer ninguém: Amanda Guimarães, Amanda Marinho, Ana Carolina, Anderson Lira, Beatriz Andrade, Bryan Medeiros, Clarice Saisse, Dominik Matsumoto, Eriknathan Medeiros, Geovana Siqueira, Iury Dezan, Julcimara Araújo, Julia Moulin, Juliana Ramos, Juliene Ferreira, Mariana Alves, Mateus Felipe, Margerry Martins, Mayara Balestro, Nadia Estefania, Paloma Souza, Rachel Pomarico, Reiner Henrique, Ruth Alison, Sarah Pinheiro, Thaís Freitas, Wanderson Branco, Willian Reis, Yasmim Medeiros.

Quero agradecer a todas as pessoas que trabalham no Arquivo Nacional, Biblioteca Nacional, Clube de Engenharia, Biblioteca Central do Gragoatá da UFF, Biblioteca do IFCS da UFRJ, por terem me acolhido nos momentos de pesquisa em arquivo.

Por fim, quero agradecer a cada livreiro e livreira que ajudou a reconstruir parte da minha biblioteca, em especial Adílio do Carmo, Sílvia Regina, Cláudio Santos, Marinete Garios, Francisco Olivar, Julio Carlos e Ricardo Correa.

*Desejo a todos uma boa viagem...*

# A importância da estrada de ferro Rio D´ouro

*Cezar Teixeira Honorato*[1]

É com imensa alegria que estou apresentando ao público o livro *O dilema do trem das águas: A Estrada de Ferro Rio d'Ouro entre o abastecimento de água e o transporte de passageiros e mercadorias no Rio de Janeiro, 1875-1906* de Raphael Castelo Branco da Silva.

Isto porque devido à atual lógica do mercado editorial tornou-se pouco comum a transformação de uma Dissertação de Mestrado em livro fazendo com que muitos trabalhos de bastante relevância acabem se perdendo nos Programas de Pós-Graduação e, com isso, dificulta a sua divulgação para o grande público e, até mesmo, entre os especialistas, independentemente de sua profunda relevância.

O livro em apreço explora um tema até citado de forma lateral ou episódica por ser visto como de menor importância. Afinal, a Estrada de Ferro Rio d'Ouro teve vida razoavelmente curta e articulava parte da Baixada Fluminense ao centro da cidade do Rio de Janeiro, o que acaba sendo visto ou como um trabalho de história regional, ou como algo que não interessaria ao público.

---

1 Professor Titular de História Econômica e Social do Instituto de História da Universidade Federal Fluminense.

Ledo engano visto que se tratou de uma estrada de ferro que foi construída para resolver os problemas de abastecimento de água da Corte Imperial que se expandia urbanamente e que, para chegar às nascentes e captar água, precisava de um transporte para levar os trilhos e, se fosse o caso, rapidamente poder resolver imprevistos, e não para transportar mercadorias e pessoas.

Esta é uma questão fundamental acerca da sua importância: ao contrário dos casos de ferrovia estudados, o transporte de mercadorias e pessoas eram um subproduto de sua razão principal: o abastecimento de água para a Corte Imperial e depois para a Capital Federal.

Não se tratava, portanto, de atender a uma região tão importante para o abastecimento de mercadorias das regiões produtoras para uma grande cidade ou, principalmente, para os portos de exportação, como era o padrão das inúmeras ferrovias existentes na Província Fluminense, especialmente se considerarmos a Leopoldina Railway e a Estrada de Ferro Dom Pedro II, depois Estrada de Ferro Central do Brasil.

Partindo de uma reflexão acerca do Estado Imperial e as carências do Município Neutro da Corte que rapidamente se urbanizava e carecia de serviços públicos, a questão do abastecimento de água era – e ainda é – um problema seríssimo, mesmo para as regiões consideradas nobres como o Centro da Cidade e os bairros ocupados pela nobreza de então.

A utilização de um referencial teórico fortemente assentado na obra do pensador Antônio Gramsci, busca dar continuidade às reflexões de Theo Piñeiro, Ricardo Salles e mais alguns outros na busca das relações entre as frações de classe e o Estado Imperial, fugindo do simplismo do "teatro das sombras" e, ao assim proceder avança bastante na análise, não só do Império, mas também das primeiras décadas da República.

Ainda no campo da teoria e da metodologia, chama a atenção para a utilização do referencial de Witold Kula - importantíssimo historiado marxista polonês que tem sido pouco visitado em tempos mais recentes - na forma de fazer uma história empresarial e, ao assim fazer, se distancia do que tem sido mais comum de analisar empresas ao longo do tempo.

O autor ao explorar o seu tema ao longo do livro demonstra que é possível pesquisar um tema aparentemente menor ou residual e transformá-lo em algo muito maior e mais importante, demonstrando, por um lado, que os processos históricos globais se manifestam, se materializam no local e vice-versa.

Merece destaque a quantidade e qualidade das fontes utilizadas pelo Raphael na sua pesquisa o que o aproximaria da grande tradição do fazer história deixada pelas mestras Eulalia Lobo, Maria Barbara Levy e Geral do Beauclair Mendes de Oliveira, sem que com isso, se afastasse ou deixasse em segundo plano a teoria. Ao contrário, a profusão de fontes e a base para uma excelente reflexão teórica recolocando a relação dialética entre teoria e empírica, como nos ensina, por exemplo Marx.

Passo seguinte, o livro busca historicizar o grave problema de abastecimento de águas na Corte Imperial, em que pese as tentativas de captação e aproveitamento do potencial hídrico da cidade, inclusive recuperando a questão do reflorestamento da Floresta da Tijuca como forma de aumentar a produção das nascentes.

Neste momento, surge o contrato do Governo Imperial com Antônio Gabrielli como uma tentativa de captar águas da Baixada Fluminense, especialmente da Serra da Tinguá e, para que isso fosse possível, com a construção de uma ferrovia com

60 quilômetros aproximadamente, a Rio d´Ouro, para o transporte de todos os tubos e equipamentos necessários. Sendo um empreiteiro com a experiência de ter construído obra análoga na cidade européia de Viena, na Áustria, e contando com uma carta de crédito da Casa Rothschild, sendo o projeto realizado pela Inspetoria Geral de Obras Públicas da Corte.

A questão da Inspetoria foi muito bem analisada pelo autor, inclusive com os seus problemas internos, conflitos de interesse, articulando com as frações de classe em disputa no interior do Estado, tanto Imperial, quanto republicano, o que torna este trabalho referência para todos aqueles que buscam pesquisar as grandes obras públicas.

Neste momento, temos o verdadeiro dilema das águas: abastecimento de águas ou transporte de mercadorias e pessoas! Transportar ou abastecer de água, ou transportar e abastecer de água. Não se trata de um jogo de palavras, mas de um dilema que vai perdurar durante décadas.

Os prejuízos se sucediam e isto ficou nítido ao final do Regime Imperial. Tornava-se necessário fazer novos investimentos para que a ferrovia pudesse ser eficaz no transporte de carga para abastecer o mercado da Capital Federal e transporte de passageiros de uma região que vinha sendo ocupada.

De acordo com o próprio autor a passagem do Império para a República apontava o seguinte cenário para a Estrada de Ferro Rio d'Ouro:

> *A relação entre o sistema de abastecimento de água e a ferrovia já não era de dependência apenas por uma parte. A dependência tornava-se, cada vez mais, mútua. A ferrovia necessitava do sistema de abastecimento para existir e fazer seu balanço. Entretanto, o sistema de abastecimento necessitava da infraestrutura ferroviária para*

> *realizar não só a manutenção, mas também a expansão do próprio sistema. Essa relação continuou, decerto modo, conflituosa. Mas tornava-se também positiva do ponto de vista financeiro.*[2]

Convivendo com sucessivos déficits - exceto nos anos de 1889 e 1890 - com perda de passageiros e de carga, a ferrovia ainda era uma peça fundamental para buscar atenuar o problema de abastecimento de água do Distrito Federal. Convém lembrar que a Estrada de Ferro Rio d'Ouro era ligada ao Estado, tanto no Império como na República. Sustentou-se aquilo que em uma empresa privada seria insustentável, uma série histórica de 16 anos de prejuízo após 2 anos lucrativos.[3]

Não era uma ferrovia tão pequena como alguns podem achar. Afinal em 1904 atingia quase 120 quilômetros de extensão e contava com 15 locomotivas! No final da gestão de Lauro Muller como ministro da Indústria, Viação e Obras Públicas, ao mesmo tempo em que uma parte fundamental das reformas urbanas e da construção do novo porto no Rio de Janeiro, a história da Estrada de Ferro Rio d'Ouro também alterava-se consideravelmente. Mas como afirma o próprio autor, isso é uma outra história...

Ainda teríamos mais coisas para falar deste excelente trabalho, mas, o pouco espaço a qual dispomos nos obriga a sermos contidos. O que podemos afirmar aos possíveis interessados é que vale a pena ler esta excelente pesquisa e, tenho certeza de que ra-

---

2 SILVA, Raphael. *O dilema do Trem das Águas*: A Estrada de Ferro Rio d'Ouro entre o abastecimento de água e o transporte de passageiros e mercadorias no Rio de Janeiro, 1875-1906. Dissertação de Mestrado em História Contemporânea III. Niterói: UFF, 2021. p.143.

3 SILVA, Raphael. *O dilema do Trem das Águas... op. cit.* p. 203.

pidamente se transformará em referência obrigatório para aqueles que se preocupam desde uma nova forma de fazer História econômico-social a àqueles que tem como interesse a questão dos transportes, até hoje um dilema para os que vivem na periferia de uma cidade como o Rio de Janeiro.

# Introdução

*"Obras d'arte: Não tem que mereçam especial atenção"*[1]
*Cyro Diocleciano Ribeiro Pessôa Junior*

Iniciamos o texto com uma citação ingrata. A Estrada de Ferro Rio d'Ouro, de fato, não merecia nenhuma atenção? Entre os engenheiros, as obras de arte são as pontes, túneis, e demais obras do tipo. A ferrovia que estudaremos aqui não tinha pontes grandiosas. Eram simples - muitas vezes de madeira - e suas estações, na realidade, eram paradas formadas por casebres - também, na maioria das vezes, de madeira –, que eram precários, sendo poucas as paradas de alvenaria. Mas a ferrovia estava interligada a um conjunto de obras que, se não podemos considerar como obras de arte, no mínimo, devemos reconhecer que eram de grande magnitude.

A E. F. Rio d'Ouro, nosso foco neste trabalho, também teve a honra de ser imortalizada em uma rápida cena no livro *Triste fim de Policarpo Quaresma* de Lima Barreto.[2] Ao contrário de Cyro Pêssoa Júnior, porém, buscaremos dar uma atenção especial a essa obra de arte, recuperando a história de uma ferrovia

1 PESSOA JÚNIOR, Cyro Diocleciano Ribeiro. *Estudo descriptivo das estradas de ferro do Brazil, precedido da respectiva legislação*. Rio de Janeiro: Imprensa Nacional, 1886.

2 BARRETO, Lima. *Triste fim de Policarpo Quaresma*. São Paulo: Abril Cultural, 1984, p. 194.

através de seus vestígios, mostrando que ela teve potencial para ser mais do que um cenário ficcional citado *en passant* em um clássico da literatura brasileira.

O livro apresentado tem origem em uma dissertação de mestrado em História Contemporânea da Universidade Federal Fluminense, defendida em 8 de setembro de 2021, de forma virtual, em plena pandemia de COVID-19, sob orientação do Prof. Dr. Cezar Teixeira Honorato. A banca de arguição foi composta pela Profa. Dra. Dilma Andrade de Paula e o pelo Prof. Dr. Pedro Henrique Pedreira Campos.

O livro busca discorrer sobre a história da E. F. Rio d'Ouro entre 1875 e 1906, que foi construída para dar suporte às obras do novo sistema de abastecimento de água da então Corte Imperial, logo após uma severa crise hídrica. Temos como final do recorte do estudo o ano de 1906, com a conclusão das reformas urbanas promovidas pelo prefeito Pereira Passos, no governo do presidente Rodrigues Alves, que significaram não apenas a consolidação da modernização capitalista do Rio de Janeiro, mas também representaram a solidificação das bases estruturais da república instalada após o golpe de 1889 sob as ruínas de um Império sem perspectivas de sobrevivência política.

A dinâmica histórica foi de continuidades, como a manutenção da administração do corpo técnico do abastecimento, mas também de rupturas, como as mudanças institucionais no regime. A clássica divisão temporal ocorrida em 1889 entre monarquia e república não significou uma descontinuidade nas formas como a E. F. Rio d'Ouro era administrada. Em muitos aspectos, ela passou desapercebida, pois a vida cotidiana continuou. Enquanto o regime caía, a ferrovia continuava seus serviços. É provável que no dia 15 de novembro de 1889, a E. F. Rio d'Ouro tenha tido os mesmos problemas que ocorreram no dia anterior, assim como poderiam ter ocorrido no dia seguinte.

A velha cidade, que lutava pelo acesso à água desde o "Tempo dos Vice-reis", foi uma Corte Imperial ao longo de boa parte dos oitocentos e, na virada do século. foi transformada em capital republicana. Estava, aos olhos do Brasil e do mundo, enfim, "regenerada", um termo utilizado em demasia na época. E um dos alicerces desse "novo" Rio de Janeiro foi o Novo Abastecimento de Água, construído progressivamente desde a década de 70 do século XIX, mas que, em 1906, ainda ostentava tal denominação, mesmo que já não fosse mais uma novidade.

Dentro da história do Rio de Janeiro, apesar de termos trabalhos que versam sobre o processo de urbanização e até mesmo sobre o abastecimento de água, sabe-se pouco sobre essa ferrovia. Ela é citada, geralmente, de forma coadjuvante em trabalhos que versam ou sobre abastecimento de água no Rio de Janeiro ou sobre a Floresta da Tijuca, além de aparecer, por vezes, em trabalhos sobre história da ocupação da Baixada Fluminense. Atualmente, há apenas duas monografias de conclusão de curso em História que versam diretamente sobre a ferrovia, sendo uma focada no processo de desativação da mesma durante a ditadura civil-militar[3], e, outra, na relação da ferrovia com o bairro de Rio d'Ouro, em Nova Iguaçu.[4]

---

3 SILVA, Raphael Castelo Branco da. *A política de erradicação de ramais antieconômicos na ditadura civil-militar*: o caso da Estrada de Ferro Rio d'Ouro. Monografia em História. Seropédica: UFRRJ, 2018.

4 SANTOS, Patrícia Ferreira dos. *O caminho de ferro e o caminho das águas*: um estudo sobre a Vila de Iguassú sob o impacto da construção do Reservatório e da Estrada de Ferro do Rio D'Ouro, 1860 e 1890. Monografia em História. Rio de Janeiro: UNIRIO, 2019.

Para suprir essa lacuna, buscamos trabalhar o período de construção da ferrovia até o momento de aceleração da modernização capitalista do Rio de Janeiro. Qual seria o papel da E. F. Rio d'Ouro no abastecimento de água? Nossa hipótese é de que a ferrovia foi parte fundamental nesse processo de modernização capitalista do Rio de Janeiro e, por isso, não podia ser desmontada após a conclusão das obras do Contrato Gabrielli. Para verificar nossa hipótese, mergulhamos em relatórios ministeriais do período, tendo como objetivo compreender as relações e tensões que ocorreram naquele momento, desde a formulação de traçado até mesmo às tentativas de desativação da ferrovia. Se ela foi desativada durante a ditadura por ter um "problema crônico" e um "vício de origem" por ser deficitária e antieconômica, buscamos compreender se, nos primeiros anos de funcionamento, a Estrada de Ferro Rio d'Ouro era, de fato, antieconômica, e se é plausível utilizar esse conceito para caracterizá-la.

Acerca da metodologia de pesquisa, utilizamos como principal fonte os relatórios aos conselhos de ministros durante o período monárquico e, posteriormente, os relatórios apresentados ao chefe do executivo no período republicano. Precisamos ressaltar que a documentação interna sobre a Estrada de Ferro Rio d'Ouro que tivemos acesso no Arquivo Nacional estava muito fragmentada, constituindo-se, principalmente, de atas salariais e contratos de cessão de trechos para utilização por outras ferrovias, em particular a Leopoldina Railway. Esse material engloba, majoritariamente, a década de 10 e 20 e, portanto, foge do recorte temporal proposto. Esse material servirá de base para futuras pesquisas sobre o tema.

Buscamos compreender o processo de formação do Estado Imperial a partir de autores que pensam o Estado de forma ampliada. Tal concepção é muito utilizada para a análise do Estado brasileiro no período republicano. Entretanto, autores como Ilmar Rohloff Mattos[5] e Ricardo Salles[6] tiveram excelentes resultados em suas pesquisas sobre o período monárquico utilizando o arcabouço teórico de Antonio Gramsci.[7]

Nessa concepção, o Estado não é restrito a uma abstração na qual a burguesia, ou, conforme é expresso na bibliografia utilizada, a classe senhorial, pode dar ordens de forma indiscriminada. Também não é possível separar o Estado dos conflitos sociais que a sociedade está envolvida. Antonio Gramsci adverte, em uma passagem clássica, sobre os problemas da concepção liberal do Estado, pois esta:

> *Baseia-se num erro teórico cujo origem prática não é difícil identificar, ou seja, baseia-se na distinção entre sociedade política e sociedade civil, que de distinção metodológica é transformada em distinção orgânica.*[8]

O Estado, na realidade, é um espaço, ou melhor, uma arena de disputas, em que vários grupos sociais lutam pela hegemonia do controle de sua hegemonia.[9] Não por acaso, a classe senhorial

---

5 MATTOS, Ilmar Rohloff de. *O Tempo Saquarema*: A formação do Estado Imperial. São Paulo: Hucitec, 2017.

6 SALLES, Ricardo. *Nostalgia Imperial*: escravidão e formação da identidade nacional no Brasil do Segundo Reinado. Rio de Janeiro: Editora Ponteio, 2013.

7 GRAMSCI, Antonio. *Cadernos do cárcere, volume 3*: Maquiavel; Notas sobre o Estado e a política. Rio de Janeiro: Civilização Brasileira, 2017.

8 GRAMSCI, Antonio. *Cadernos do cárcere, volume 3... Idem*. p. 47.

9 BUCI-GLUCKSMANN, Christinne. *Gramsci e o Estado*: por uma teoria materialista da filosofia. Rio de Janeiro: Paz e Terra, 1980. pp. 126-148.

precisou organizar a cultura para dar uma direção hegemônica ao Estado Imperial a partir de uma série de lutas e disputas, até consolidar-se como um bloco histórico forte o suficiente para dar sustentação ao recém-criado Império.

Apesar de dialogarmos com autores das mais diversas correntes teóricas, o presente trabalho busca, através de uma perspectiva marxista, compreender os conflitos que ocorreram dentro de aparelhos estatais. Entretanto, evitamos a armadilha de interpretar o Estado como um agente isolado da sociedade que executa ações sozinho. O Estado não faz ou manda fazer. Toda política de Estado é resultado de uma disputa de interesses, em que prevalece a força hegemônica. De acordo com Nicos Poulantzas:

> *Compreender o Estado como a condensação de uma relação de forças entre classes e frações de classes tais como elas se expressam, sempre de maneira específica, no seio do Estado, significa que o Estado é constituído-dividido de lado a lado pelas contradições de classe. [...] As contradições de classe constituem o Estado, presentes na sua ossatura material, e armam assim sua organização: a política do Estado é o efeito de seu funcionamento no seio do Estado.*[10]

Dessa forma, adotamos uma concepção de Estado gramsciniana para analisar as contradições do processo histórico que nos propusemos a investigar. O que seria essa concepção? De acordo com Sônia Mendonça:

> *Conceber o Estado Gramscianamente é concebê-lo em duplo registro: o das formas dominantes na produção (classes e frações) que se constituem e consolidam por intermédio de organizações da sociedade*

10 POULANTZAS, Nicos. *O Estado, o poder e o socialismo*. Rio de Janeiro: Graal, 2000. p. 134-135.

> *civil, e o da presença, nos mais diversos organismos do Estado restrito, de intelectuais vinculados a aparelhos de hegemonia da sociedade civil em busca de afirmação hegemônica.*[11]

Théo Lobarinhas Piñero e Luiz Fernando Saraiva afirmam que o uso do arcabouço teórico gramsciniano, para a análise do Estado Imperial, é um "*desafio*", pois, "*para a maioria dos historiadores das diversas correntes que estudaram o Brasil Império, é praticamente impossível falar em uma sociedade civil 'fora' do Estado*".[12] Contudo, os autores prosseguem seu estudo demonstrando a validade do arcabouço teórico a partir das inovações apresentadas na já clássica obra *O Tempo Saquarema* de Ilmar Rohloff Mattos, que pensou o Estado Imperial como um espaço no qual os Saquaremas praticaram sua direção moral e intelectual.

Outro uso proveitoso do arcabouço teórico de Antônio Gramsci para o Estado Imperial foi o conceito de Partido, identificado na figura da Coroa em vários trabalhos que utilizaram *O Tempo Saquarema* como referência. De acordo com Théo Lobarinhas Piñero e Luiz Fernando Saraiva, ocorreu uma "*subversão*" deste conceito gramscianiano, e ele se justificaria no caso brasileiro do século XIX pois estávamos em uma economia de transição que absorvia elementos da vida civil. Para os autores:

> *O que nas sociedades capitalistas seria construído nos Aparelhos Privados de Hegemonia para depois ser "inscrito" no Estado passa-*

11 MENDONÇA, Sônia Regina de. Pesquisando com Gramsci: Sugestões metodológicas. In: LAMOSA, Rodrigo; MENDONÇA, Sônia Regina de (Orgs). *Gramsci e a pesquisa histórica*. Curitiba: Appris, 2018. p. 14.

12 PIÑERO, Théo Lobarinhas; SARAIVA, Luiz Fernando. Compreender o Império: Usos de Gramsci no Brasil no Século XIX. In: *Anais do XXVI Simpósio Nacional de História - ANPUH*. São Paulo, julho de 2011. p. 3.

> *va ao sentido inverso, foi a partir do Estado que os diversos grupos político-econômicos encontraram espaços para se organizarem como Classes.*[13]

Analisaremos, portanto, documentação – relatórios ministeriais – desse Estado no qual grupos políticos organizavam-se como classe em uma economia que passava por uma transição. Portanto, temos consciência de que é preciso analisar tais relatórios com um olhar crítico. Documentos produzidos pela administração pública podem, ao mesmo tempo, relatar dados estatísticos necessários para o funcionamento do Estado, como também produzir silêncios. É preciso ter em mente que, primeiramente, esses relatórios são informações condensadas para apresentação em assembleia pública, como uma forma de prestação de contas. Nesses casos, abrem-se duas possibilidades: A necessidade de adulteração de dados para minimizar ou maximizar processos, como também a exigência de apresentar dados corretos tendo em vista que a maquiagem de números poderia interferir diretamente no funcionamento de certos setores da máquina pública, em particular, em uma ferrovia. No caso dos dados utilizados, criticaremos discursos acerca da condição da ferrovia, mas confiamos que os números apresentados acerca de custeio, despesa e tonelagem transportada estão próximos da realidade. Os únicos dados que devem ser relativizados são os relativos ao número de passageiros. Há os dados oficiais dos relatórios e há um dado oculto, no qual somos incapazes de recuperar, que é a contabilização dos passageiros que viajavam sem pagar passagem.

Com a exceção de relatórios assinados por engenheiros que foram anexados – e vale a pena destacar que, por vezes, o anexo é mais importante do que o relatório final, pois nos obriga

---

13 PIÑERO, Théo Lobarinhas; SARAIVA, Luiz Fernando. *Compreender o Império... Idem.* p. 7.

a refletir não sobre o que foi incorporado, mas sim sobre o que não foi considerado importante –, na grande maioria dos casos, os relatórios não têm um autor definido, sendo apresentados apenas como produzidos pela tipografia estatal como documentos do Ministério da Agricultura, Comércio e Obras Públicas e Ministério da Indústria, Viação e Obras Públicas.

Sendo assim, alguns dados podem ter sido, deliberadamente, excluídos. Daí a importância de uma pesquisa que também se baseie em fontes alternativas depositadas em arquivos. A dificuldade que encontramos, nesse caso, foi realizar esse cruzamento de fontes em um contexto de pandemia. Como solução, resolvemos adotar um único padrão de fonte, tendo ao máximo um olhar crítico acerca delas, pois, se por um lado as informações são condensadas e há uma seleção de dados, por outro lado, somente nesses relatórios podemos obter alguns dados que, com o tempo, perderam-se devido às más condições de conservação.

Dentro do processo de arquivamento, existe uma escolha por parte da pessoa responsável sobre tais documentos entre o que guardar e o que não guardar para a posteridade. Isso ocorre por questões burocráticas, como processos passíveis de serem reabertos, como também por uma questão de preservação de memória.

O Arquivo do Império, estabelecido em 1838, tinha como objetivo conservar o passado por uma questão de continuidade legal, mas o presente e o futuro não estavam sob sua alçada.[14] A preocupação com a memória e a história só viria à tona com a fundação do Instituto Histórico e Geográfico Brasileiro. Isso não significa que aqueles que produziam documentos estatais não escreviam, de cer-

---

14 SOUSA, Renato Tarciso Barbosa de. *Arquivos ativos e massas documentais acumuladas na administração pública brasileira*: Busca de novas soluções para velhos problemas. Dissertação de mestrado em biblioteconomia e documentação. UNB. Brasilia 1995. pp 29-30.

to modo, uma memória. A pergunta que fica é: Que tipo de memórias os arquivistas do Império e dos primórdios da República queriam construir? A discussão central da dissertação é a relação entre uma ferrovia e o abastecimento de água. O acesso à água é, portanto, primordial. Antes da construção do Novo Abastecimento de Água, o Rio de Janeiro contou com diversas intervenções, que iam da canalização de rios à construção de arcos. O que levou o Império a mobilizar uma quantidade tão significativa de capital, com uma intervenção tão drástica no tecido urbano? O abastecimento de água demanda soluções custosas e ocorrem em um processo e longa duração. Tivemos, de fato, um sistema robusto que tem impacto na vida cotidiana dos moradores da Região Metropolitana até hoje.

A pretensão desse trabalho é realizar uma história econômico-social da construção e da administração da E. F. Rio d'Ouro, a partir de sua relação com o Novo Abastecimento de Água do Rio de Janeiro. É preciso, portanto, refletir o que é construir uma história econômica e social. Pierre Vilar fez excelentes reflexões acerca da relação entre história e a economia, que nem sempre foram amigáveis. O economista condena o historiador, pela ausência de domínio de técnicas matemáticas ou macroeconômicas, o que faz com o que o historiador se sinta constrangido diante dos economistas. Cria-se, portanto, um divórcio fatal entre as áreas.[15]

Entretanto, o historiador também tem olhares desconfiados diante dos economistas que, baseados apenas em números, afirmam escrever uma história "verdadeira" passível de ser provada, mas que é acrítica. Convém lembrar que essa modalida-

---

15 VILAR, Pierre. *Desenvolvimento económico e análise histórica*. Lisboa. Editorial Presença: 1982. p. 13.

de, a história quantitativa, leva em si o nome história. Mas seria mesmo História[16]?

Para Pierre Vilar, o emprego de técnicas matemáticas para leitura de fenômenos históricos não deveria chamar-se história quantitativa, e sim, economia retrospectiva. O autor salienta uma série de problemas dessa modalidade de escrita da história, que podem ser sintetizadas em uma análise que peca pela falta de historicidade. O presente trabalho não se propõe a fazer uma economia retrospectiva, e sim uma história econômica e social, levando em conta a historicidade das ações dos agentes estudados, sempre lidos em perspectiva histórica. Podemos e devemos usar instrumentos da ciência econômica, mas esta oferece, conforme indica o autor, no máximo, modelos.[17]

No caso que propomos estudar, ter um modelo ideal de análise prejudicaria, e muito, o entendimento do fenômeno histórico ocorrido entre 1883 e 1906. Conforme recorda Pierre Vilar, só o estudo particular de uma empresa e dos tipos de remuneração pode dar certeza de que não está sendo aplicada a ela um modelo de realidade diferente.[18] A questão que fica é: um modelo de empresa de tipo ideal pode explicar a E. F. Rio d'Ouro?

Se pensarmos nos moldes de empresas que, para sobreviver, necessitam ser lucrativas, definitivamente, a E. F. Rio d'Ouro não era uma empresa ideal. Contudo, convém lembrar que ela era uma empresa especial. Sendo uma ferrovia necessária para dar suporte ao abastecimento de água, ela recebia uma quantidade formidável de aporte financeiro. Perceberemos, ao longo

---

16 VILAR, Pierre. *Desenvolvimento económico... Idem*, p. 196.

17 VILAR, Pierre. *Desenvolvimento económico... Ibidem*, p. 203-204.

18 VILAR, Pierre. *Desenvolvimento económico... Ibidem*, p. 208.

do texto, que era comum que a ferrovia estivesse sempre em situação deficitária.

Uma empresa do tipo capitalista teria falido. Tratando-se de uma ferrovia, teria seus trilhos arrancados. Veremos que, no caso da E. F. Rio d'Ouro, essa opção sempre esteve no horizonte de expectativa. Com o término das obras do Novo Abastecimento de Água, diversas tentativas de desativação ocorreram. Por qual razão ela, no período estudado, manteve-se funcionando?

Pela simples lógica da balança de pagamentos positiva, a ferrovia poderia ser considerada antieconômica. Mas, por trás dos números, há sempre um detalhe. Nossa hipótese é de que ela podia ser deficitária, desde que mantivesse o funcionamento do sistema de abastecimento de água em ordem.

O estudo de Witold Kula sobre empresas feudais demonstrou que, em muitos casos, a empresa aparentemente parecia rentável, no aspecto monetário, mas também muito deficitária quando se incluía custos não monetários. Qual a razão do fenômeno? Responde o autor que "*trata-se de uma questão de caráter essencial: o cálculo econômico e a racionalidade das decisões econômicas em sistemas que não se baseiam no livre jogo dos fenômenos de mercado*".[19]

A E. F. Rio d'Ouro era uma empresa pública que, para não ser desativada, recebia aportes financeiros constantes do Tesouro Público. O que era lido como custo nos relatórios ministeriais, podemos entender como investimento, afinal, a ferrovia dava suporte ao sistema de abastecimento de água e, sem ela, o Rio de Janeiro – tanto na condição de Corte Imperial como

---

19 KULA, Witold. *Teoría económica del sistema feudal*. Buenos Aires, Siglo XXI, 1974. p. 32.

de Distrito Federal - ficaria sem água. Novamente recorremos a Witold Kula, que afirma que, através do método capitalista de contabilidade, os custos são sempre exagerados, e não levam outros fatores em consideração.[20]

Para o historiador econômico, é fundamental compreender as condições sociais.[21] Novamente, Witold Kula afirma, "*os procedimentos de cálculo na época capitalista são simples, já que existe um denominador comum que permite realizar o cálculo do capital. Todos os elementos, até mesmo o tempo e o risco, são mensuráveis em dinheiro*".[22]

Caso utilizemos os métodos capitalistas de análise, temos a tendência a valorizar em demasia os elementos da produção. Em contrapartida, se não incluímos nos custos os elementos que não foram adquiridos com dinheiro, os gastos podem chegar a zero. A renda, portanto, seria totalmente deformada.[23]

Witold Kula prossegue, afirmando como é difícil realizar uma análise histórica do processo de investimento, pela grande quantidade de fatores que podem influenciar esse cálculo.[24] Entretanto, no sistema capitalista, cada investimento, até mesmo o improdutivo, tem efeitos secundários que impactam a totalidade da vida econômica.[25]

Nosso trabalho versa sobre uma economia que está em transição do modo de produção escravista-colonial para o modo

---

20 KULA, Witold. *Teoría económica... Idem*. p. 33.

21 KULA, *Witold. Problemas y métodos de la historia económica*. Barcelona: Ediciones Penísula, 1977. p. 156

22 KULA, *Witold. Problemas y métodos... Idem*, p. 164.

23 KULA, *Witold. Problemas y métodos... Ibidem*, p. 168-169.

24 KULA, *Witold. Problemas y métodos... Ibidem*, p. 172-173.

25 KULA, *Witold. Problemas y métodos... Ibidem*, p. 177.

de produção capitalista Seria então a E.F. Rio d'Ouro tão custosa assim, como aparece nos relatórios ministeriais? Que outros fatores seriam esses que mantiveram a ferrovia funcionando por um longo período de *déficit*? O que sabemos, de antemão, é que uma empresa capitalista não resistiria às pressões orçamentárias que a E. F. Rio d'Ouro viveu. Por outro lado, uma empresa capitalista não recebe aportes financeiros diretos do Estado. Que tipo de empresa era, então, a E. F. Rio d'Ouro? O que levou a decisão de não a desativar ao fim da construção do Novo Sistema de Abastecimento? São essas perguntas que buscaremos responder no texto, que será estruturado em quatro capítulos.

No primeiro capítulo, buscaremos compreender através de uma análise historiográfica o surgimento das ferrovias como inovação tecnológica em um contexto de revolução industrial europeia, e seus desdobramentos ao redor do globo. Em seguida, analisaremos o processo de formação do Estado brasileiro através da construção da nação no regime monárquico e como deu-se a montagem do sistema ferroviário brasileiro no século XIX.

No segundo capítulo, apresentaremos uma breve história do abastecimento de água no Rio de Janeiro, que verse sobre todo o período anterior à construção do Novo Abastecimento de Água, e analisaremos o papel crucial do reflorestamento da Floresta da Tijuca como parte de um projeto maior que, junto com a ferrovia, visava nutrir a cidade com água suficiente.

No terceiro capítulo, analisaremos o papel da Inspetoria Geral de Obras Públicas da Corte no Rio de Janeiro no século XIX, e como ocorreram as disputas de projetos sobre o abastecimento de água à cidade. Faremos um exame do contrato assinado entre o empreiteiro Antônio Gabrielli e o governo Imperial, no qual ficou acordado que uma ferrovia seria construída como auxiliar às obras de instalação das tubulações de abastecimento. Examinaremos então os dilemas da E. F. Rio d'Ouro, posta em atividade enquanto o regime monárquico desmoronava e seus administradores ainda não tinham decidido sua real função, tendo em vista um problema de difícil resolução: a manutenção da operação de uma ferrovia necessária para distintas atividades. Enquanto deliberava-se o verdadeiro papel que esse novo aparelho de infraestrutura teria no tecido urbano da cidade, a E. F. Rio d'Ouro dividia-se na exaustiva tarefa de transportar passageiros e mercadorias ao passo que, simultaneamente, era também uma peça fundamental na grande engrenagem que foi montada para abastecer a cidade do Rio de Janeiro.

No quarto capítulo pretendemos compreender como a E. F. Rio d'Ouro encaixou-se no novo arranjo político decorrente da queda da monarquia e da consequente consolidação do regime republicano. Verificaremos como deu-se a resolução parcial do dilema da E. F. Rio d'Ouro através da aceitação em definitivo da sua dupla função. Para isso, perscrutaremos através dos relatórios ministeriais como ocorreu o fim da necessidade de que seus administradores optassem em definitivo acerca do papel da ferrovia no tecido urbano, e como estes optaram por uma solução que, na realidade, foi uma não-solução, já que a ferrovia continuou exercendo as duas funções simultaneamente.

A situação orçamentária era um grande empecilho, pois tais mudanças relativas ao papel da E. F. Rio d'Ouro precisavam ocorrer em um cenário de constantes *déficits* nas contas da ferrovia, que combinavam, de certo modo, com o desequilíbrio fiscal dos primórdios da Primeira República. Nesse contexto, para que as as composições da E. F. Rio d'Ouro circulassem entre a Corte Imperial e a Baixada Fluminense, os administradores da ferrovia e ferroviários que nela trabalhavam utilizaram, como veremos, uma ampla gama de estratégias para evitar que os serviços fossem paralisados.

Sendo assim, no contexto de modernização capitalista do Rio de Janeiro através das reformas urbanas de Pereira Passos, os debates já não eram mais sobre qual tipo de serviço a E. F. Rio d'Ouro deveria prestar, e sim, como otimizá-los. Esse aprimoramento da prestação de serviços não poderia ser em um sentido que colocasse o transporte de passageiros e mercadorias em detrimento ao auxílio ao abastecimento de água, ou vice-versa. O aperfeiçoamento do serviço deveria ocorrer simultaneamente.

# CAPÍTULO I

## Um Império na rota da modernidade: A Revolução Industrial e o advento da ferrovia no Brasil do Século XIX.

Antes de iniciarmos um estudo detalhado sobre a consolidação das ferrovias no Brasil Imperial, na segunda metade do século XIX, julgamos ser necessário apresentar um breve histórico dos desdobramentos da "dupla revolução" ocorrida na transição do século XVIII para o século XIX. Uma tentativa de interpretação desse período, marcado por uma intensa complexidade e de características multifacetadas, que não leve em consideração esse duplo processo, corre o risco de ser infrutífero. De acordo com Eric Hobsbawm, o advento da Revolução Francesa e da Revolução Industrial transformou, em graus variados, dependendo da localidade, a realidade de grande parte do mundo. Uma das principais metamorfoses dessa época foi o encurtamento das distâncias, encurtando-se assim as percepções existentes em relação ao espaço e ao tempo.[1]

---

1 HOBSBAWM, Eric. *A era das revoluções, 1789 - 1848*. São Paulo: Paz e Terra, 2010, p. 15.

## I. 1 O surgimento das ferrovias em um contexto de revolução industrial:

A mudança dessa dupla compreensão espaço-temporal só foi possível pois ocorreu a construção de uma rede de estradas e canais que foi capaz de conectar localidades antes isoladas e que, com a conclusão das obras, puderam acessar mercados participar de forma mais dinâmica do processo de circulação. Na Inglaterra, obras desse tipo tiveram a característica de serem obras de empreendimento coletivo e contaram com formas diversas de financiamento. Foi nesse contexto de inovações tecnológicas que, em 1814, ocorreu o aparecimento da locomotiva Blucher, criada por George Sthephenson. O posterior desenvolvimento da indústria ferroviária iniciou uma nova era nas comunicações. Sendo assim, é compreensível a associação entre a Revolução Industrial e as novidades nos transportes.[2]

Carlo Cipolla afirma que, no espaço temporal correspondente a três gerações - entre 1780 e 1850 –, desenrolou-se uma revolução comparada somente à Revolução Neolítica em nível de transformação no modo de viver do ser humano. A questão do carvão, força motriz da maioria das novas máquinas desenvolvidas, não explica, por si só, a Revolução Industrial. É preciso entendê-la amplamente, de forma sociológica, a partir das alterações, por completo, das relações sociais. O acontecimento mais emblemático para os que presenciaram as metamorfoses nas formas de viver do período foi a explosão populacional. Fato que, até hoje, baliza as interpretações historiográficas do fenômeno. A transformação da humanidade na revolução neolítica deu-se, em média,

2 DEANE, Phyllis. *A revolução industrial.* Rio de Janeiro: Zahar, 1969. pp. 88 - 104.

em um milênio. A primeira Revolução Industrial, entretanto, impactou a humanidade em um espaço temporal médio de um século, e, considerando suas fases posteriores, podemos concluir que o processo ainda não se encerrou.[3]

David Landes também entende que as transformações da Revolução Industrial inglesa só são comparáveis a Revolução Neolítica.[4] Porém, sua explicação do processo é controversa por estruturar sua leitura com base no culturalismo e no elogio da atividade empresarial.[5] O autor afirma a existência de uma "aptidão inglesa" e "*um interesse maior por máquinas e engenhocas*", e o que, em sua visão, teria catapultado as transformações daquele momento não foi o capital em si, mas a "*excepcional sensibilidade e receptividade as oportunidades pecuniárias*".[6]

Eric Hobsbawm, entretanto, demonstra que na Inglaterra a construção de máquinas não era uma realidade distante de uma oficina básica ou de artesãos.[7] Ao comentar sua produção intelectual, José Jobson de Andrade Arruda afirma que o contexto em que a obra "*Prometeu desacorrentado*" foi escrita era de intensa disputa entre projetos políticos distintos. Na década de 60, durante a Guerra Fria, o socialismo era uma alternativa ao capitalismo liberal e, por isso, também era necessária uma explicação que privilegiasse a atividade empresarial e criticasse a presença do estado na economia,

---

3 CIPOLLA, Carlo. Introduction. In: CIPOLLA, Carlo (Orgs). *The Fontana economic history of Europe, volume 3*: The industrial revolution. Glaslow: Fontana, 1978, p.7-21.

4 LANDES, David. *Prometeu desacorrentado*: Transformações tecnológica e desenvolvimento industrial na Europa ocidental, desde 1750 até a nossa época. Rio de Janeiro: Nova Fronteira, 1994, p. 555-556.

5 LANDES, David. *Prometeu... Idem*, p. 51.

6 LANDES, David. *Prometeu... Ibidem*, p. 69-73.

7 HOBSBAWM, Eric. *A era das revoluções... Idem*, p. 80 - 88.

mesmo que, para isso, o autor necessitasse de um "*contorcionismo intelectual*" para justificar suas posições.[8]

A Revolução Industrial apresentou ao mundo uma série de novidades tecnológicas. De acordo com Joel Mokyr, as interpretações do fenômeno podem ser enquadradas em quatro principais escolas. A primeira é a *escola da mudança social*, que entende que a principal questão do processo é uma modificação nas formas que as transações ocorrem.[9] A segunda é a *escola da organização social*, que prioriza a ascensão da forma de emprego capitalista.[10] A terceira é a *escola macroeconômica*, que dá ênfase ao crescimento de renda nacional.[11] A quarta é a *escola tecnológica*, que considera a primazia do conhecimento técnico.[12] As quatro escolas, em muitas aspetos, estão de acordo com o consenso de que no período houve mais invenções do que em outros tempos.[13] Joel Mokyr, assim como Eric Hobsbawm, também afirma

---

8 ARRUDA, José Jobson de Andrade. David Landes, um historiador desacorrentado. In: *Economia e Sociedade*. Campinas, v.12, jun. 1999. pp. 87-107.

9 Para Joel Mokyr, são alguns dos autores da escola da mudança social:Arnold Toynbee, Edward Palmer Thompson, Karl Polanyi e Nachoem Wijnberg.

10 Para Joel Mokyr, são alguns dos autores da escola da organização social: Karl Marx, Paul Mantoux, Rick Szostak e Sidney Pollard.

11 Para Joel Mokyr, são alguns dos autores da escola macro-econômica: Simon Kuznets, Walt Whitman Rostow e Walther Hoffmann.

12 Para Joel Mokyr, são alguns dos autores da escola tecnológica: Arnold Pacey, Bertrand Gille, David Landes e Donald Stephen Lowell Cardwell.

13 MOKYR, Joel. Editor's introduction:: The New Economic History and the Industrial Revolution. In: MOKYR, Joel (Org). *The British Industrial Revolution*: An economic perpective. Boulder. Westview Press, 1999. pp. 8-16.

que as invenções do período foram a complementação de um conhecimento técnico prático. Uma definição tecnológica viável da Revolução Industrial, de acordo com o autor, é a que aponta um agrupamento de microinvenções, permeadas por microinvenções cotidianas.

As mudanças tecnológicas suscetibilizaram de forma primordial a acumulação de capital e as novas formas de organização da força de trabalho. Apesar da tecnologia ser a base da Revolução Industrial, não necessariamente os ingleses foram pioneiros. Muitos equipamentos tecnológicos foram importados. De acordo com Joel Mokyr:

> *A mudança tecnológica foi apenas um fenômeno em toda uma série de eventos que transformaram a Grã-Bretanha nesse período. Até que ponto ela levou a outras mudanças ou foi causada por elas permanece uma questão de interpretação. Qualquer que tenha sido o seu papel exato, é impossível prover qualquer definição da Revolução Industrial sem ela. Portanto, quando se insiste em crescimento econômico, acumulação de capital ou mudanças na organização da produção como partes integrantes da Revolução Industrial, é difícil separar esses elementos das mudanças na tecnologia. Até mesmo os detratores mais convencidos do conceito de Revolução Industrial admitirão duas coisas. [...] o inegável crescimento sustentado que ocorreu na economia britânica após 1830 não teria e não poderia ter ocorrido sem as mudanças na tecnologia ocorrida nos setenta anos anteriores. Em segundo lugar, a maioria dos estudiosos concorda que mecanismos causais simples não explicam algo como a Revolução Industrial. [...] Um exemplo é suficiente para demostrar esse ponto: muitos estudiosos dão ênfase a mudanças comerciais nesse período e consideram a ascensão de um mercado interno e a melhoria no transporte como causas das mudanças tecnológicas.*[14]

14 MOKYR, Joel. *Editor's introduction... Idem.* p. 27-28.

Em uma dinâmica de longa duração, a oferta e a demanda não são, necessariamente, simétricas. As alterações nas taxas de demanda da economia não são exógenas ao sistema. A visão de que as mudanças tecnológicas surgem quando há demandas é falaciosa. Destacamos que Eric Hobsbawm[15] e Joel Mokyr[16] concordam em relação ao papel das colônias e de seus mercados internos na consolidação da Revolução Industrial na Inglaterra. Foi a utilização de força de trabalho escravizada por parte de produtores dos Estados Unidos que, associada ao comércio atlântico, forneceu as bases das mudanças econômicas do período. Sem isso, a Inglaterra teria um forte gargalo na indústria de tecidos.

Ronald Max Hartwell sustenta que, caso adotemos uma visão de longo prazo da revolução, fica nítido que ocorreu uma mudança radical na estrutura da economia. O processo de produção de uma economia de tipo diferente em um período relativamente curto é o que caracteriza a ideia de revolução industrial. Setores que já estavam em crescimento foram catalisados. Sendo assim, o autor defende que podemos ter um grande auxílio na compreensão do processo se analisarmos a questão do crescimento, qualificando o mesmo como *desequilibrado*.[17]

A negação da existência da Revolução Industrial, de acordo com Eric Hobsbawm, não foi muito relevante, mas houve a inclinação de trata-la como consequência automática do crescimento

15 HOBSBAWM, Eric. *En torno a los orígenes de la revolución industrial*. Madrid: Siglo Veintiuno Editores, 1988, p. 108.

16 MOKYR, Joel. *Editor's introduction... Ibidem*, p. 75.

17 HARTWELL, Ronald Max. The Causes of the Industrial Revolution: An Essay in Methodology. In: HARTWELL, Ronald Max (Orgs). *The causes of the industrial revolution in England*. London: Methuen & Co Ltd, 2017, p. 78.

econômico. Nessa visão, o processo ocorreria após uma *combustão* que foi produzida com a confluência de uma série de *ingredientes necessários*. Por isso, para o autor, não devemos invocar um *deux-ex-machina* do processo científico.[18]

Por quais motivos a Revolução Industrial foi britânica em seu início? Continuando sua argumentação, Eric Hobsbawm afirma que a expansão do mercado internacional ocorre antes da revolução industrial do algodão. Entre 1750 e 1770, ocorre um aumento no valor das exportações de produtos algodoeiros em mais de 900%, sendo que 95% dessas vendas destinavam-se para mercados coloniais como a Irlanda, a América e, sobretudo, a África.[19] A construção das primeiras ferrovias e, com isso, o aumento da capacidade instalada de consumo de ferro criou, entre 1830 e 1850, as bases adequadas do desenvolvimento da economia britânica na segunda metade do século XIX.[20]

Inicialmente, as transformações na vida cotidiana não foram generalizadas, devido ao caráter local dessas transformações. Isso serviu de base para interpretações que afirmam que não houve revolução industrial, pois os que viveram a época deixaram poucos vestígios que testemunhassem essa transformação.[21] Entretanto, as mudanças da estrutura produtiva já eram uma realidade visível o suficiente para despertar as primeiras análises e, concomitante a isso, as primeiras críticas. Nesse processo que ocorre nos primórdios do capitalismo inglês, de criação da maquinaria e grande indústria, somado ao surgimento das primeiras ferrovias, levaram Karl Marx a afirmar:

---

18 HOBSBAWM, Eric. *En torno... Idem*, p. 94.

19 HOBSBAWM, Eric. *En torno... Ibidem*, p. 96.

20 HOBSBAWM, Eric. *En torno... Ibidem*, p. 113.

21 MOKYR, Joel. *Editor's introduction... Ibidem*, p. 4.

> *O revolucionamento do modo de produção numa esfera da indústria condiciona seu revolucionamento em outra (...) Mas a revolução no modo de produção da indústria e da agricultura provocou também uma revolução nas condições gerais do processo de produção social, isto é, nos meios de comunicação e transporte.*[22]

O transporte foi o alicerce do processo de circulação dessas mercadorias produzidas nos centros industriais. Para entender como isso ocorria, precisamos enfatizar a questão da distância entre os mercados e os locais de produção. Ela é um dos principais componentes no cálculo do tempo de rotação do capital, que é "*igual à soma de seu tempo de produção e de seu tempo de curso ou de circulação*".[23] Uma das frações do tempo de curso é formado pelo tempo de venda, ou seja, o "*período em que o capital se encontra em estado de capital-mercadoria*".[24]

Existem, então, duas modalidades produtivas de mercadorias: as que adotam ou não o regime de escoamento. Caso adotem, não há alteração na condição do capital-mercadoria e, sendo assim, sua condição é mantida até a entrega ao destinatário que realizará o pagamento. Caso a transação não seja feita nessa modalidade, o tempo que a mercadoria fica à disposição do mercado é somado ao tempo de translado. Karl Marx prossegue afirmando que o "*aperfeiçoamento dos meios de comunicação e de transportes abrevia o período de migração das mercadorias em termos absolutos, mas não suprime a diferença relativa (...) entre os tempos de curso dos diferentes capitais-mercadorias*".

---

22 MARX, Karl. *O capital, crítica da economia política, livro I*: o processo de produção do capital. São Paulo: Boitempo, 2014, p. 457.

23 MARX, Karl. *O capital, crítica da economia política, livro II*: o processo de circulação do capital. São Paulo: Boitempo, 2014, p. 343.

24 MARX, Karl. *O capital, crítica da economia política, livro II... Idem*, p. 343.

O mesmo também ocorreria com "*as diferentes frações do mesmo capital-mercadoria, que migram para diferentes mercados*".[25] Ocorre então a efetivação da mercadoria.

O aperfeiçoamento dos meios de transporte e, em particular, das ferrovias, não necessariamente significou que um centro de produção passasse por um processo de expansão. Em alguns casos, em condições específicas, pode iniciar-se um processo de decadência. Karl Marx oferece dois exemplos de casos distintos. O primeiro caso é de um centro produtivo, hipotético, que nomearemos de A com fins ilustrativos, que está próximo a um centro populacional que chamaremos de C. O centro produtivo A é, geograficamente, próximo do centro produtivo C. Entretanto, as localidades não possuem conexão ferroviária entre si e dependem de formas arcaicas de transporte. Já o centro produtivo B é, geograficamente, mais distante. Porém, possui uma conexão ferroviária com o centro populacional C e, com isso, escoa de forma melhor sua produção. A conclusão que podemos tirar é de que, nesse contexto, em termos absolutos, o centro produtivo A é mais distante do centro populacional C, mesmo que esteja, geograficamente, mais próximo do que o centro produtivo B.[26]

O segundo exemplo de caso que Karl Marx oferece é baseado em dois centros de produção que possuem acesso em níveis distintos de conexões ferroviárias. O centro produtivo D está, geograficamente, mais próximo do centro populacional F. Contudo, possui apenas uma conexão ferroviária com o mesmo. Já o centro populacional E possui uma distância geográfica maior em relação

25 MARX, Karl. *O capital, crítica da economia política, livro II... Ibidem*, p. 344.

26 MARX, Karl. *O capital, crítica da economia política, livro II... Ibidem*, p. 344.

ao centro populacional F. Concomitante a isso, também possui um grande número de conexões ferroviárias que possibilitam múltiplas possibilidades de escoamento, aumentando assim o fluxo de rotação do capital. A partir dessa lógica, mesmo que o centro produtivo D estar mais próximo, é no fluxo entre o centro produtivo E e o centro populacional F que a rotação do capital se realiza de uma forma mais produtiva.[27] Acontece uma situação em que, "*devido ao desenvolvimento dos meios de transporte e de comunicação, as diferenças relativas podem se modificar a ponto de deixar de corresponder às distâncias naturais*".[28]

Dentro desse processo de rotação do capital, a questão da distância não necessariamente determina o preço do transporte da mercadoria. O desenvolvimento dos transportes, além do aumento da velocidade, também "*encurtou temporalmente a distância espacial*". As mercadorias podem circular por vias distintas, inclusive em relação às distâncias geográficas divergentes, mas acabam, ao fim, tendo uma velocidade absoluta que não se altera. Com a distribuição do refluxo, ocorre a abreviação do tempo de curso e, consequentemente, também do tempo de rotação. O aumento da produção, geralmente, é sucedido por um incremento nos meios de transportes. Aumenta-se a frequência de composições e expande-se a capacidade de absorção do sistema. Inversamente, ocorre-se uma concentração de funções no centro de produção e, com isso, o mesmo ocorre no centro consumidor.[29]

---

27 MARX, Karl. *O capital, crítica da economia política, livro II*... *Ibidem*, p. 345-346.

28 MARX, Karl. *O capital, crítica da economia política, livro II*... *Ibidem*, p. 344.

29 MARX, Karl. *O capital, crítica da economia política, livro II*... *Ibidem*, p. 345.

A importância da rotação do capital pode ser observada na quantidade de litígios que ocorriam na época entre representantes industriais e a diretoria das empresas ferroviárias. A formação de centros industriais acaba, por fim, encarecendo o preço dos terrenos onde essas instalações encontram-se. Todavia, uma maior agilidade na rotação compensa esse processo de encarecimento. Com isso, Karl Marx insere os conceitos de *tempo de venda* e *tempo de compra* para analisar a reconversão do dinheiro em elemento do capital produtivo. O autor afirma:

> *A modificação nos meios de transporte provoca, portanto, uma diferenciação local no que diz respeito ao tempo de curso das mercadorias, às oportunidades de compra, venda, etc; ou distribui de outro modo as diferenciações locais já existentes (...). Se, por um lado, com o progresso da produção capitalista, e o desenvolvimento dos meios de transporte e de comunicação abrevia o tempo de curso para uma quantidade dada de mercadorias, esse mesmo progresso e a possibilidade dada com o referido desenvolvimento provocam, inversamente, a necessidade de trabalhar para mercados cada vez mais distante – numa palavra, para o mercado mundial.*[30]

O espaço físico, em si, não possui importância para a circulação do capital. O que seria, de fato, relevante, seriam os *atritos de distância*. Para David Harvey, ele é medido pelos custos de tempo, ou seja, variações de movimento ao longo do espaço físico. Isso, de acordo com o autor, é a *teoria das relações de espaço relativo*.[31] Em qualquer hipótese, sempre ocorre acréscimo de tempo duran-

---

30 MARX, Karl. *O capital, crítica da economia política, livro II... Ibidem*, p. 346.

31 HARVEY, David. *Para entender "O capital"* (Livro II e III). São Paulo: Boitempo, 2014, p. 257-275.

te a circulação. Entretanto, é possível mitigar esses efeitos com um aprimoramento do sistema de escoamento de mercadorias.

A técnica modificou de forma substancial as relações entre o ser humano e a natureza. Considerando as técnicas como "*um conjunto de meios instrumentais, com os quais o homem realiza sua vida, produz e, ao mesmo tempo, cria espaço*", somos levados a uma discussão que é própria do campo da geografia, mas que envolveu outras áreas do conhecimento das ciências humanas.[32] Para Milton Santos, o filósofo Gilbert Simondon sustenta a tese de que se cria um *meio associado*, pois não ocorre a adição do meio técnico ao meio natural, mas sim, a produção de outra coisa, técnica e geográfica.[33] Milton Santos, então, em uma ampla discussão sobre as técnicas, o tempo e o espaço geográfico, afirma que isso é uma visão incompleta, pois "*tende a reproduzir os dualismos e as ambiguidades da proposta epistemológica da geografia*"[34], fazendo, portanto, alguns questionamentos sobre o pensamento de Gilbert Simondon:

> *Nossa pergunta é a seguinte: porque uni-los, através de uma separação, em vez de considerá-los como fundidos ao produzir o meio geográfico? De fato, dizemos nós, não há essa coisa de um meio geográfico de um lado e de um meio técnico do outro. O que sempre se criou a partir da fusão é um meio geográfico, um meio que viveu milênios como natural ou pré-técnico, um meio no qual se chamou de meio*

32 SANTOS, Milton. *A Natureza do Espaço*: Técnica e Tempo, Razão e Emoção. São Paulo: Edusp, 2002, p. 29.

33 O argumentos criticados por Milton Santos encontram-se no livro: SIMONDON, Gilbert. *Du mode d'existence des objets techniques*. Paris, Aubier, 1989.

34 SANTOS, Milton. *A Natureza do Espaço... Idem*, p. 41.

> *técnico ou maquínico durante dois a três séculos, e que hoje estamos propondo considerar como meio técnico-científico-informacional.*[35]

Milton Santos também afirma que essa visão dualista busca "*renovar a oposição entre um meio natural e um meio técnico, com a recusa em ver a técnica integrada ao meio como uma realidade unitária*", e conclui afirmando que "*o espaço é um misto, um híbrido, um composto de formas-conteúdo*".[36]

A ampliação na circulação de mercadorias não foi o único impacto das ferrovias na sociedade da época. De acordo com Maurice Dobb, com o surto ferroviário, ocorreu uma grande exportação de capitais para a Índia. As ferrovias assumiram, então, uma dupla função no capitalismo inglês. A primeira foi a de absorver volumes consideráveis de capital, e a segunda foi a possibilidade de exportação de material manufaturado.[37]

Fréderíc Mauro afirma que a evolução da tecnologia e as experiências de "*engenheiros e operários especializados na arte da terraplanagem, dos aquedutos e dos túneis*" permitiram a concretização de obras de arte necessárias para que a infraestrutura ferroviária conseguisse suplantar dificuldades físicas de terreno e cada vez mais conquistassem territórios. Isso não significou, contudo, que os canais foram substituídos ou abandonados. Pelo contrário, foram aperfeiçoados e, em 1850, existiam "*quatro vezes mais canais na Inglaterra do que na França*".[38]

---

35 SANTOS, Milton. *A Natureza do Espaço... Ibidem*, p. 41.

36 SANTOS, Milton. *A Natureza do Espaço... Ibidem*, p. 42.

37 DOBB, Maurice. *A evolução do capitalismo*. São Paulo: Abril Cultural 1983, p.183-269.

38 MAURO, Frédéric. *História econômica mundial*: 1790-1970. Rio de Janeiro: Zahar, 1973, p. 39.

Se a primeira fase da Revolução Industrial se baseou na indústria têxtil, posteriormente ela se baseou "*nas indústrias de bens de capital, no carvão, no ferro e no aço*". Em relação à circulação das mercadorias, ocorreu a concorrência acirrada das primeiras ferrovias com o aperfeiçoamento dos canais de navegação. Entretanto, eles não tiveram força suficiente para impedir que as linhas ferroviárias se espalhassem pela Grã-Bretanha. Como explicar esse fato? A explosão das ferrovias esteve intrinsecamente relacionada a segunda fase da Revolução Industrial. A "*era da crise do industrialismo têxtil (...) foi a era da construção ferroviária*".[39]

Para Eric Hobsbawm, ocorreram duas razões. Não havia de onde importar determinados tipos de material industrial a não ser da "*oficina mecânica do mundo*". As exportações britânicas entre 1840 e 1860 foram muito maiores que as exportações de algodão entre 1780 e 1800. Já a segunda razão não tinha relação com a demanda, pois era baseada na "*pressão das (...) vastas acumulações de capital para investimento lucrativo, ilustrado a perfeição pela construção das estradas de ferro*".[40] O autor separa então a construção ferroviária em dois períodos distintos.

O período entre 1835 e 1837 é nomeado de "*pequena mania*". Já a "*gigantesca mania*" ocorreu entre 1845 e 1847. O excesso de capital acabou sendo desperdiçado em meio a investimentos controversos. Muito desse montante perdeu-se com as recessões que ocorriam após a euforia, já que muitos sentiam-se atraídos a investir nos caminhos de ferro sem levar em conta cálculos racionais de lucros. Eram movidos pela "*atração romântica da re-*

---

39 HOBSBAWM, Eric. *Da revolução industrial ao imperialismo.* Rio de Janeiro. Forense Universitária, 2009, p. 101.

40 HOBSBAWM, Eric. *Da revolução industrial... Idem*, p. 102.

*volução tecnológica*". Se esses investimentos não deram lucro e até mesmo levaram muitos a falência, deixaram também de herança um novo sistema de transportes.[41]

O processo de expansão mundial do capitalismo abalou-se em 1873 pois, pela primeira vez, foi possível afirmar que ocorria uma crise financeira mundial.[42] Teve como uma das principais causas a construção ferroviária descontrolada, apesar de Carlos Marichal alertar que não podemos explicar essa crise de forma monocausal através das ferrovias, como faz Eric Hobsbawm. Vários outros fatores também devem ser levados em conta, como, por exemplo, a repercussão financeira da guerra Franco-Prussiana.[43] Interrompeu-se a formação de uma rede mundial de ferrovias, pois diversos contratos foram cancelados, e muitas obras ficaram inacabadas.[44]

A cobrança das dívidas tornou-se uma questão não apenas de negócios, mas também de política externa. No Oriente Médio, por exemplo, o colapso financeiro foi intensificado com o alto grau de dependência das economias. Seus dirigentes ficaram com opções escassas de ação. Foi preciso optar entre novos empréstimos ou a moratória. Quando a segunda opção foi escolhida, o pagamento aos banqueiros passou a ser garantido na base de diplomacia violenta. A longa duração da crise pode ser confirmada com o bombardeio de Alexandria em 1882, ou seja, mais de uma década depois do início da crise. Conforme afirma Carlos Marichal, "*os disparos da artilharia britânica ao desembarcar em Alexandria marcaram o*

41 HOBSBAWM, Eric. *Da revolução industrial... Ibidem*, p. 102-105.

42 MARICHAL, Carlos. *Nueva historia de las grandes crisis financieras*. Buenos Aires: Debate, 2010, p. 41.

43 MARICHAL, Carlos. *Nueva historia... Idem*, p. 46.

44 HOBSBAWM, Eric. *Da revolução industrial... Ibidem*, p. 120.

*início da época de apogeu do imperialismo europeu e um novo auge financeiro em escala global*".[45]

Na mesma direção, Eric Hobsbawm afirma que "*a era da Grande Depressão gerou também a era do imperialismo*".[46] Nos anos finais do século XIX, o capitalismo, com as ferrovias e a navegação a vapor, expandiu seus tentáculos pelo mundo, deixando um rastro incalculável de violência e exploração.

## I. 2 A formação do Estado Imperial em perspectiva histórica:

Em 1808, um fato inédito na história das monarquias europeias ocorre. A transmigração de uma Corte inteira para uma colônia em outro continente. De acordo com Jurandir Malerba, esse encontro entre uma Corte migrada e uma elite econômica que vivia na cidade do Rio de Janeiro levou a uma série de transformações de hábitos e a criação de uma nova rede de interdependência que seria decisiva na formação do Estado Brasileiro ao longo do século XIX.[47]

Maria Odila Leite afirma que, com a chegada das Cortes Portuguesas, não ocorreu apenas uma mudança puramente administrativa, mas, também, confirmou a opção de fundar um novo Império nos trópicos e isso, por si só, já significava uma ruptura política com algumas frações da política portuguesa em Lisboa. O enraizamento do Estado português na região centro-sul, além de salvaguardar as possessões territoriais, foi o que de

45 MARICHAL, Carlos. *Nueva historia... Ibidem*, p. 52-53.

46 HOBSBAWM, Eric. *Da revolução industrial... Ibidem*, p. 121.

47 MALERBA, Jurandir. *A corte no exílio*: Civilização e poder no Brasil ás vésperas da independência, 1808-1821. São Paulo: Companhia das Letras, 2006, p. 31.

fato transformou de forma substancial a colônia. Esse processo foi denominado pela autora como a "*interiorização da metrópole*", que, ocorrendo nas duas primeiras décadas do século XIX, foi determinante e também base estruturante da formação do estado nacional no Brasil.[48]

Regina Horta Duarte afirma que o "*longo oitocentos*" foi um período no qual regras sociais e valores ainda estavam em definição e, a partir das lutas e disputas ocorridas no período, a sociedade brasileira constituiu-se.[49]

Um "*seleto grupo*" de comerciantes de escravos já estava instalados na cidade antes da chegada da Corte. Esses "*negociantes*" obtiveram títulos de nobreza e colaboraram com a administração colonial, marcando presença na sociedade da época. Logo após a chegada dos novos habitantes, eles formaram o Corpo de Comércio. Organizou-se, portanto, o primeiro clube de negociantes da cidade. Esse seria o primeiro aparelho privado de hegemonia dos negociantes e foi o precursor da poderosa Associação Comercial do Rio de Janeiro, fundada décadas depois, em 1867. A necessidade de recursos por parte da Coroa foi uma janela de oportunidades imperdível para esses negociantes, que aplicaram grandes somas de dinheiro como "*investimento direto*" no relacionamento com as autoridades. O autor afirma que, em "*uma sociedade como a existente no Brasil do início do século XIX, a proximidade com o poder*

---

48 DIAS, Maria Odila Silva. A interiorização da metrópole: 1808-1853. In: MOTA, Carlos Guilherme (Org). *1822*: Dimensões. São Paulo: Perspectiva, 1972, p. 165-171.

49 DUARTE, Regina Horta. O século XIX no Brasil: identidades conflituosas. In: CARVALHO, José Murilo de; NEVES, Lúcia Maria Bastos Pereira das (Orgs). *Repensando o Brasil dos oitocentos*: cidadania, política e liberdade. Rio de Janeiro: Civilização Brasileira, 2009, p. 568.

*e a segurança andam sempre juntas*". No processo de montagem e consolidação do Estado Imperial, esses "*negociantes*" adentraram no aparelho estatal através de cargos administrativos ou mesmo a partir de ligações pessoais.[50]

Durante a estadia da Corte Portuguesa, uma série de institutos foram criados para que quadros técnicos pudessem oferecer serviços ao novo governo.[51] Com a abertura de estradas e demais avanços das comunicações, ocorreu o primórdio da formação de uma comunidade de engenheiros. Essa geração ilustrada do período da independência foi moldada, em grande parte, com os esforços de engenheiros que aprimoravam as comunicações ao longo do território. Essa preocupação com uma infraestrutura capaz de dar contar de possibilitar a comunicação em escala continental permaneceu após a separação de Portugal.[52]

A consolidação da ideia de Império surgiu após o fracasso da experiência de monarquia dual encerrada em 1822.[53] Com a independência, o recém criado Império Brasileiro também não mediu esforços para possibilitar a oferta de uma infraestrutura física de transportes e comunicação.[54]

Esse processo de aprimoramento das comunicações ocorrido logo após o processo de independência, contudo, está intrinsecamente ligado à articulação política e institucional criada ao contexto da constituição de 1828, que possibilitou diversos

---

50 PIÑEIRO, Théo Lobarinhas. *Os simples comissários*: Negociantes & política no Brasil Império. Niterói: Eduff, 2014, p. 108-133.

51 OLIVEIRA, Geraldo de Beuclair Mendes de. *A Construção Inacabada*: A economia brasileira, 1822-1860. Rio de Janeiro: Vício de Leitura, 2001, p. 103.

52 OLIVEIRA, Geraldo. *A Construção Inacabada... Idem*, p. 107.

53 MATTOS, Ilmar Rohloff de. *O Tempo Saquarema... Idem*, p. 94.

54 OLIVEIRA, Geraldo. *A Construção Inacabada... Ibidem*, p. 101.

avanços em relação a comunicação no território. Ao contrário de interpretações que identificam a explosão nas comunicações somente a partir do meio do século, estes dispositivos não foram uma "*letra morta*", pois ocorreram muitos empreendimentos desse tipo. A ferrovia só se concretizaria em meados da década de 50 do século XIX. Entretanto, a navegação a vapor para conectar capitais das províncias litorâneas foi tão estimulada ao ponto de duas províncias, Rio de Janeiro e Bahia, tornarem-se verdadeiros polos de construção naval com as fundições de Ponta de Areia e o Arsenal da Marinha.[55]

Com o fim do Primeiro Reinado e a fase instável do Período Regencial, a possibilidade de desagregação territorial do Império foi um dos principais condicionantes conjunturais de um novo pacto político que, novamente, aproximou negociantes de grosso trato com os setores da classe dominante e proprietários de terras e escravos. Essa aliança, contudo, foi conflituosa, pois, ao mesmo tempo que uma fração de classe não tinha condições de "*derrotar*" a outra, fez-se necessário um novo rearranjo de forças entre as classes dominantes para que ambas convivessem. A extinção do comércio de escravos abalou os negociantes, que precisaram, naquele momento, desviar recursos para outras atividades. Nesse contexto de disputas internas, os proprietários de terra afirmariam sua dominação política, mas "*foram incapazes de construir uma hegemonia*", pois os negociantes não foram afastados da vida política.[56] Estes negociantes iriam atuar ativamente no início do processo de construção do Estado Imperial. Entretanto, não obtiveram o apoio que esperavam

---

55 OLIVEIRA, Geraldo. *A Construção Inacabada... Ibidem*, p. 154-158.

56 PIÑEIRO, Théo. *Os simples comissários... Idem*, p. 263-266.

após participarem ativamente do processo de reconhecimento da Independência por parte de outros países.[57]

O primórdio da formação do Estado Imperial deve ser compreendido a partir do conceito de *moeda colonial*, formulado por Ilmar Rolhoff de Mattos. Uma face da moeda era o rei, "*colonizador de corações e mentes*". A outra face era a colônia, que é, simultaneamente, a região e o particular. O autor afirma que a ideia de que existia uma unidade nacional sendo construída ou mesmo consolidada desde o período colonial é fantasiosa. O que ocorreu, de fato, foi a necessidade de legitimar a criação de um novo país, e esse processo deu-se dentro de um contexto internacional de formação e consolidação do estado-nação no século XIX, no qual o Brasil fez parte. A região "*só ganha significação quando percebida à luz de um sistema de relações sociais que articula tanto os elementos que lhe são internos quanto os externos*". Com isso, muito mais que limites físicos, também existem limites sociais.[58]

A relação entre essas duas faces dessa moeda era desproporcional e contraditória, pois a reprodução de uma das partes acabou gerando um obstáculo a outra.[59] No final do século XVIII, algumas possibilidades surgem no horizonte. A primeira possibilidade seria o rompimento da moeda colonial, para que ela fosse "*recunhada*" em condições que permitissem a reprodução da propriedade colonial. A segunda possibilidade seria o rompimento da moeda colonial, mas com o risco de se colocar a propriedade em risco. A terceira possibilidade foi o fortalecimento da agricul-

57 PIÑEIRO, Théo. *Os simples comissários... Ibidem*, p. 262.

58 MATTOS, Ilmar. *O Tempo Saquarema... Ibidem*, p. 34-36.

59 MATTOS, Ilmar. *O Tempo Saquarema... Ibidem*, p. 43.

tura mercantil-escravista.[60] Para o autor, o golpe da maioridade foi a primeira recunhagem da moeda colonial.[61] Com isso, afirma, *"ao ocupar a face complementar da moeda colonial em restauração, a Coroa preenche, em primeiro lugar, uma função simbólica. A Coroa se confunde com a figura do Imperador; a antecipação da Maioridade simboliza uma consolidação"*.[62]

É preciso compreender a articulação entre a parte, que é a região, e o todo, que é o Império. A lavoura foi a atividade que possibilitou essa articulação, e também a primeira expansão do território. Os tropeiros, responsáveis pela circulação nessas áreas, tornaram-se também proprietários e senhores de escravos. A segunda expansão do território, na expansão cafeeira no qual trataremos adiante, e deu-se com o advento da ferrovia.[63] Essas ferrovias possuíam características transformadoras e dissolventes. Com elas, a lavoura libertou-se do litoral.[64] De acordo com Ilmar Mattos, nessa fase da expansão, uma série de conflitos ocorreram no interior da classe dominante. Essas disputas violentas refletiam-se nos conflitos pelo controle do aparelho de Estado. Nessa conjuntura de transformações, foi preciso que a própria classe dominante fizesse uma reavaliação do que a mesma compreendia como a forma adequada de expansão da economia do Império.[65]

Ricardo Salles afirma que ocorreu um deslocamento geográfico do poder no Segundo Reinado, no qual as províncias do

---

60 MATTOS, Ilmar. *O Tempo Saquarema... Ibidem*, p. 44.

61 MATTOS, Ilmar. *O Tempo Saquarema... Ibidem*, p. 92.

62 MATTOS, Ilmar. *O Tempo Saquarema... Ibidem*, p. 93.

63 MATTOS, Ilmar. *O Tempo Saquarema... Ibidem*, p. 69-72.

64 MATTOS, Ilmar. *O Tempo Saquarema... Ibidem*, p. 109.

65 MATTOS, Ilmar. *O Tempo Saquarema... Ibidem*, p. 82-85.

centro-sul afirmaram-se através de uma aliança com conservadores das demais províncias tendo como intermediários os cafeicultores, principalmente os da bacia do Paraíba do Sul, que tiveram o papel de serem a principal base socioeconômica da consolidação monárquica e do sucesso do regresso conservador.[66]

A Corte Imperial sintetizava a parte da região. É a partir desta premissa, que dependia de um esforço de atender interesses de regiões diversas, que o local reconhecia os interesses da Corte Imperial como seus. O Império – entendido na época como um continente – deveria estar sob direção de uma "*elite ilustrada*". Essa ideia de Império, portanto, também sintetiza a ideia de nação, que ocupara um continente e deveria ser indivisível. A Coroa busca impedir o desmembramento desse território ocupando o lugar da região, para que ela possa reproduzir-se. Com isso, foi possível uma continuidade. É através desse processo de restauração por meio da elite ilustrada que possuía unidade, mas não possuía igualdade, que foi possível construir o Estado Imperial no Tempo Saquarema. Agindo como "*face complementar da moeda colonial em restauração*", a Coroa expandiu os monopólios da classe senhorial.[67] Ilmar Mattos afirma:

> *A íntima relação entre a construção do Estado Imperial e a constituição da classe senhorial faz que a Coroa assuma, desse modo, o papel de um partido, nos termos em que Antonio Gramsci o propõe. E este papel define sua modernidade. Por se constituir na expressão e forma mais avançada dos interesses da classe em constituição, a Coroa como um partido não se reduz à figura do Imperador. (...) E,*

66 SALLES, Ricardo. Gramsci, o Império do Brasil e o liberalismo de classe, 1815-1879. In: LAMOSA, Rodrigo; MENDONÇA, Sônia Regina de (Orgs). *Gramsci e a pesquisa histórica*. Curitiba: Appris, 2018. p. 39.

67 MATTOS, Ilmar. *O Tempo Saquarema... Ibidem*, p. 91-103.

> *enquanto partido, a eficácia da Coroa deve ser demonstrado a cada instante na capacidade de criar acontecimentos, assim como de impedir que outros se verifiquem: na competência de levar a efeito uma atualização, preservando uma singularidade. Como um partido, a Coroa deve lidar com as fissuras e divergências no interior da classe, (...) e, ao assim proceder, propicia a unificação e a homogeneização dos representantes políticos da classe senhorial, habilitando-os para um exercício de uma direção e de uma dominação.*[68]

Surgiu então a ideia de "*boa sociedade*", ou seja, uma elite que pretendia "*dirigir física e moralmente*" o país. E também governar o Estado.[69] Contudo, não ocorreu uma simples dominação coerciva por parte dos dirigentes Saquaremas. A legitimação desse processo ocorreu com a difusão das "*luzes*" da civilização.[70] Ricardo Salles afirma que a formação da classe senhorial não ocorreu apenas a partir de uma rede de ligações familiares. Ela necessitou primordialmente de uma dimensão de projeto e memória, para expandir-se como bloco histórico através da organização da cultura.[71]

A busca pela ordem, gradualmente, foi sendo substituída pela busca por civilizar. Assim podemos definir a consolidação do poder ao longo do século XIX.[72] Na época, sendo o Brasil uma sociedade cuja as bases estavam assentadas em uma força de trabalho escravizada, o complexo processo de constituição da abs-

---

68 MATTOS, Ilmar. *O Tempo Saquarema... Ibidem*, p. 104-105.

69 MATTOS, Ilmar. *O Tempo Saquarema... Ibidem*, p. 130-133.

70 MATTOS, Ilmar. *O Tempo Saquarema... Ibidem*, p. 170.

71 SALLES, Ricardo. *E o Vale era o escravo*: Vassouras, século XIX, senhores e escravos no coração do Império. Rio de Janeiro: Civilização Brasileira, 2008, p. 45-56.

72 MATTOS, Ilmar. *O Tempo Saquarema... Ibidem*, p. 213.

tração traduzida no conceito de povo utilizou-se fartamente da ilustração, fazendo esta parte da constituição da classe senhorial. A legitimação ocorreu com uma lógica de separação, ou seja, utilizando a instrução pública não só como forma de civilizar, mas também como forma de "*distinguir os cidadãos futuros da massa de escravos*", resgatando o país da "*barbaridade*".[73] Na restauração dessa moeda colonial, o lema dessas famílias da "*boa sociedade*" era "*manter a ordem e difundir a civilização*".[74]

## I. 3 A formação das primeiras ferrovias no Império Brasileiro, 1855-1889:

A difusão dessa ideia de civilização atingiu o ápice na metade do século XIX, quando o Brasil sentia os primeiros efeitos do advento da revolução industrial e da criação de um mercado internacional. A ferrovia seria a forma no qual o Império poderia entrar na rota da modernidade.[75] É na década de 50 do século XIX que as duas primeiras ferrovias brasileiras se materializam. Estas foram a E. F. Mauá e a E. F. Dom Pedro II. A primeira ferrovia destaca-se pelo seu pioneirismo, enquanto a segunda estrada de ferro notabiliza-se devido a sua magnitude e características peculiares que abordaremos a seguir.

---

73 MATTOS, Ilmar. *O Tempo Saquarema... Ibidem*, p. 287.

74 MATTOS, Ilmar. *O Tempo Saquarema... Ibidem*, p. 295.

75 Não cabe ao escopo do trabalho construir um extenso debate historiográfico acerca da história ferroviária. Um recente balanço da produção sobre o tema pode ser encontrado em: CORREA, Lucas Mariani; OLIVEIRA, Eduardo Romero de. História ferroviária e pesquisa: a consolidação da temática nas pesquisas de pós-graduação no Brasil, 1972-2016. In: *Topoi*, Rio de Janeiro, v. 19, n. 38, mai./ago, 2018, p. 140-168.

Conforme dito anteriormente, as primeiras tentativas de criação de um sistema de integração nacional derivam da Lei Feijó, que versava exclusivamente sobre as ferrovias, e também da Lei José Clemente, que tinha como objetivo a criação de uma rede de canais para a comunicação com o interior. Por motivos variados, ambas fracassaram. As razões vão desde a falta de capital acumulado necessário para a instalação de infraestrutura a falta de garantia de juros, um recurso amplamente utilizado em vários países. A E. F. Mauá, oficialmente a primeira ferrovia brasileira, foi construída em 1852 por Irineu Evangelista de Souza, ligando o porto de Mauá[76] até a Raiz da Serra de Petrópolis. Essa ferrovia foi parte de um sistema logístico projetado para atender a lavoura cafeeira da Zona da Mata em Minas Gerais. Essa ferrovia foi um empreendimento privado e custou 1.845$300. Um alto custo para a época. O acesso a apenas a parte baixa da Serra, por si só, não era suficiente e, por isso, fez-se necessário a construção de um sistema que ultrapassasse os limites naturais.[77]

A segunda concessão foi feita em 1861, dessa vez, sem favores especiais além do privilégio de 90 anos. Contudo, essa concessão acabou não vingando devido à crise bancária de 1864. Mesmo com esses contratempos, nos anos iniciais, a empresa obteve bons resultados financeiros, principalmente devido a integração que existia entre a Rodovia União e Indústria e os trechos ferroviários.[78]

Já a E. F. Dom Pedro II teve a particularidade de ter sido uma companhia privada, mas também financiada pelo governo,

---

76 Atual localidade de Guia de Pacobaíba.

77 FREIRE, Américo. *Guerra de posições na metrópole*: A prefeitura e as empresas de ônibus no Rio de Janeiro, 1906-1948. Rio de Janeiro: FGV, 2001, p. 24-25

78 FREIRE, Américo. *Guerra de posições... Idem*, p. 24-28.

entre 1855 e 1865, quando foi estatizada formalmente. De acordo com Almir Chaiban El-Kareh, como o Estado Brasileiro "*não estava preparado para assumir o papel de empresário (...), o governo brasileiro tratou de organizar no Império (...) uma companhia a quem transferisse a execução do contrato Price*".[79]

Apesar de usar capitais britânicos, a companhia foi organizada no Rio de Janeiro. Ela teve como objetivo realizar a construção de um trecho ferroviário que servisse de linha tronco para a conexão da Corte Imperial com as províncias de São Paulo e Minas Gerais. Em 1858, o primeiro trecho construído alcançou Belém[80], que seria transformado em um pátio para a expansão de futuros ramais para as outras províncias. Era proibida a utilização de força de trabalho escravizada na companhia. Para o autor, o montante exorbitante de 26.000:000$000, o capital necessário distribuído em forma de ações para a construção da ferrovia, fez dela uma contradição, ou seja, um experimento capitalista no interior de uma sociedade escravista, além de representar o ensaio para a construção de uma burguesia empresarial e do capitalismo no Brasil como um todo.[81]

Para que tenhamos uma dimensão do tamanho do capital dessa empresa, é preciso recordar que o montante total da E. F. Dom Pedro II era de 38.000:000$000. Esse valor superava o capital total do Banco do Brasil, que tinha um montante de 30.000:000$000, ou seja, essa companhia ferroviária era a maior empresa do Império.[82]

---

79 EL-KAREH, Almir Chaiban. *Filha branca de mãe preta*: a companhia da Estrada de Ferro Dom Pedro II, 1855-1865. Petrópolis: Vozes, 1982, p. 41.

80 Atual município de Japeri.

81 EL-KAREH, Almir. *Filha branca... Idem*, p. 9-10.

82 EL-KAREH, Almir. *Filha branca... Ibidem*, p. 58.

Nesse período, a economia imperial passava por profundas mudanças. De acordo com Carlos Gabriel Guimarães, o investimento direto britânico na época foi feito a partir de uma modalidade de "*free-standing companies*". Isso só foi possível devido às mudanças institucionais ocorridas a partir de 1850 que, de acordo com o autor, permitiram, por exemplo, o surgimento da Sociedade Anônima de Responsabilidade Limitada.[83]

A economia do Império sofreu, em todo o século XIX, com uma inflação crônica. Wilson Suzingan e Carlos Peláez calcularam uma média de aumento geral dos preços na taxa de 1% ao ano. Os autores identificam duas grandes crises econômicas pelo qual a economia imperial passou. A primeira fase ocorreu entre 1860 e 1869, devido à queda no preço do café. O estoque de moeda circulante aumentou, principalmente após a recessão de 1864, decorrente das emissões para financiamento da Guerra do Paraguai. Já a segunda fase da crise vai de 1877 a 1885, período concomitante com a construção da E. F. Rio d'Ouro - no qual a desvalorização do câmbio atingiu seu grau mais elevado, levando as finanças imperiais a beira do colapso. Durante todo o Segundo Reinado, foi utilizado um mecanismo classificado como "*engenhoso*" pelos autores, que tinha como objetivo isolar a economia interna da crise externa, tentando buscar uma estabilidade. Entretanto, nem sempre isso foi possível, e tais esforços muitas vezes não eram su-

83 GUIMARÃES, Carlos Gabriel. O Investimento Direto Estrangeiros no Brasil Imperial: a atuação dos bancos ingleses London and Brazilian Bank e Brazilian and Portugueses Bank/English Bank of Rio de Janeiro, no período 1862-1870. In: CARVALHO, José Murilo de; NEVES, Lucia Maria Bastos (Orgs). *Dimensões e fronteiras do Estado Brasileiro no oitocentos.* Rio de Janeiro: Eduerj, 2014, p. 240-241.

ficientes devido as próprias limitações orçamentárias para o controle e o equilíbrio da balança de pagamentos imperial.[84]

Os impactos da E. F. Dom Pedro II não ocorreram apenas no mercado de capitais que se formava. As necessidades técnicas para a construção de obras de arte, principalmente viadutos e túneis, fez com que diversos engenheiros britânicos desembarcassem no país e compartilhassem seus conhecimentos devido à ausência de técnicos qualificados no Brasil. Com isso, ocorreu uma preocupação por parte da diretoria da empresa de aproveitar a presença desses técnicos estrangeiros para formar técnicos nacionais. A atividade prática diária levou a engenharia brasileira a um grande salto qualitativo.

Sobre os trabalhadores braçais, mesmo com a restrição ao uso de força de trabalho escravizado, ela foi utilizada devido à falta de homens para a construção. O temor inicial dos fazendeiros de desvio de escravizados da lavoura para o campo de obras mostrou-se sem fundamento devido as dificuldades técnicas da construção. De acordo com Almir Chaiban El-Kareh, ao que parece, esses escravizados eram emprestados pelos fazendeiros que seriam beneficiados pela passagem da ferrovia.[85]

Revelou-se, a partir dos dez primeiros anos da E. F. Dom Pedro II, a necessidade da construção ferroviária como forma de integração da economia. Contudo, manifestaram-se, ao mesmo tempo, as dificuldades que a iniciativa privada tinha para levar adiantes projetos colossais que terminaram sendo encampadas. Após o período de estatização, a ferrovia pode expandir-se para

---

84 PELÁEZ, Carlos Manuel; SUZINGAN, Wilson. *História monetária do Brasil*: análise da política, comportamento e instituições monetárias. Rio de Janeiro: IPEA/INPES, 1976, p. 176-170.

85 EL-KAREH, Almir. *Filha branca... Ibidem*, p. 77

outras províncias com maior rapidez e organização. A década de 60 do século XIX foi marcada pelo aumento da presença do capital estrangeiro na construção ferroviária, fruto de uma expansão do sistema bancário inglês. Contudo, de acordo com Ana Célia Castro, o Brasil não foi um grande receptor de capitais na segunda metade do século XIX, por só apresentar-se como o grande produtor e exportador mundial de café na economia internacional.[86]

Foi nessa mesma época que se assentaram as bases do investimento estrangeiro no Brasil. Mesmo com a crise de 1873, investimentos ocorreram com o objetivo de melhorar o escoamento da produção. Gira em torno de 60% o montante de capital investido na época dedicado exclusivamente às ferrovias.[87]

No período que vai até 1885, tanto a origem como o setor não possuem muita diversidade de investimento. Contudo, é preciso ter cuidado com a explicação mecânica que associa capital estrangeiro a construção ferroviária dedicada ao café. As ferrovias na província de São Paulo foram construídas com capital nacional, enquanto as demais ferrovias do período, do Nordeste ao Sul, utilizaram-se de capital estrangeiro. Nesse sentido, a autora faz uma distinção entre duas grandes ondas de penetração do capital estrangeiro: a primeira, que dura em média vinte anos a partir de 1860, enquanto a segunda onda dá-se no período após a primeira guerra mundial.[88]

O ano de 1875 foi de profunda crise financeira. A reação a essa conjuntura difícil foi a utilização do Banco do Brasil para aumentar a emissão de moeda e, assim, injetar recursos no mer-

86 CASTRO, Ana Celia. *As empresas estrangeiras no Brasil.* Rio de Janeiro: Zahar, 1979, p. 21-30.

87 CASTRO, Ana. *As empresas... Idem*, p. 30-41.

88 CASTRO, Ana. *As empresas... Ibidem*, p. 41-47.

cado. A situação de calamidade financeira do Tesouro atingiu proporções tão grandes que, em 1879, os bancos pressionaram o governo para que o mesmo fizesse um empréstimo para "*salvar*" as finanças públicas.[89]

Esse contexto parece ter sido um dos principais motivos para que o país tentasse atrair novos capitais. Mesmo não sendo um grande receptor, o governo brasileiro não mediu esforços para tornar-se atraente para o investimento britânico. De acordo com Richard Grahan, apesar da utilização de capitais nacionais na construção de ferrovias em São Paulo, podemos notar no período uma "*intensa dependência*" da economia cafeeira, no qual a ferrovia estava estrategicamente conectada, com o mercado financeiro britânico, que penetrava na economia através de empréstimos. Para o autor, o sucesso das ferrovias dependia exclusivamente do comércio internacional. Essa leitura não se concentra apenas nas ferrovias paulistas, sendo expandida também para os investimentos britânicos diretos na região nordeste.[90]

Flávio Saes alerta para aqueles que associam diretamente as ferrovias paulistas ao café. Para o autor, o vínculo é nítido, mas, ao menos, uma ferrovia surge com o objetivo de transportar algodão, e não café. Foi a E. F. Sorocabana, construída em 1875. Posteriormente, essa ferrovia também absorveria o transporte de parte da produção de café da região.[91] Ocorre uma contradição, pois a década que é marcada pelas primeiras crises do capitalismo internacional também foi o período de estabelecimento das principais linhas ferroviárias. O autor dá duas expli-

89 PIÑEIRO, Théo. *Os simples comissários... Ibidem*, p. 249-253.

90 GRAHAN, Richard. *Grã-Bretanha e o início da modernização no Brasil*. São Paulo: Brasiliense, 1973, p. 59-78.

91 SAES, Flavio. *As ferrovias de São Paulo*. São Paulo: HUCITEC, 1981, p. 40-41.

cações para o fato, relacionando a taxa de câmbio que permite compensação por parte do produtor, além de que a construção ferroviária era autoalimentada pela expansão da lavoura cafeeira. Sendo assim, o declínio no custo do transporte aumentava a resistência a queda dos preços.[92]

A província de Minas Gerais foi uma das que mais obtiveram um desenvolvimento ferroviário considerável. O processo de implantação de ferrovias em Minas Gerais iniciou-se na década de 1870, a partir de uma lei assinada pelo presidente da província João Floriano Godoy. Um dos objetivos era atingir a cidade de São João del Rei. A implementação da ferrovia já estava imbuída em uma concepção de que a modernização regional dependia dos trens. Entretanto, o processo foi demorado, principalmente devido à questão das bitolas que, segundo Pablo Lima, revela não apenas uma questão técnica, mas também a disputa entre fornecedores. Somente em 1883 que Antônio Chaves, presidente da província do período, aceitou os projetos. De acordo com o autor, Antônio Chaves mostrou-se contrário a construção de ferrovias que conectassem centros populacionais às regiões desenvolvidas, pois tal modelo era apropriado apenas para a Europa devido ao território pequeno. No caso brasileiro, com um território de proporções continentais, a ferrovia deveria ser o indutor da penetração territorial.[93]

Para além da questão da montagem da infraestrutura ferroviária, precisamos pensar o trem como signo do que é a modernidade no século XIX. Francisco Foot Hardmann, em seu estudo sobre a construção da E. F. Madeira-Mamoré em plena Amazônia, parte de uma interessante reflexão que considera as exposições

---

92 SAES, Flavio. *As ferrovias... Idem*, p. 82.

93 LIMA, Pablo Luiz de Oliveira. *Ferrovia, sociedade e cultura, 1850-1930*. Belo Horizonte: Fino Traço, 2015, p. 70-90.

universais do século XIX como verdadeiras vitrines da ideologia liberal-burguesa. Essa ideologia percorreu a literatura e, por fim, chegou aos campos de trabalhos onde milhares de trabalhadores morreram das mais diversas e cruéis formas. As ferrovias sintetizavam e o enciclopedismo europeu e a ideia de missão civilizatória. É o advento da engenharia como pilar desse sistema.[94]

No caso brasileiro, nas ferrovias citadas acima que, majoritariamente, encontram-se no eixo entre Rio de Janeiro e São Paulo; o café e demais mercadorias sempre estão ligadas ao processo de expansão dessa malha ferroviária. Em fins do século XIX, os múltiplos objetivos dessas ferrovias construídas não eram, exatamente, apenas o transporte de mercadorias. Algumas serviram também como indutoras da ocupação do espaço, apesar de que esse fenômeno fosse mais comum já nos primórdios do século XX.

No Rio de Janeiro, uma ferrovia seria construída com um objetivo bem diferente das demais linhas férreas construídas no país. Se, em outras ferrovias, o protagonismo ferroviário dava-se através da circulação de mercadorias ou da penetração territorial, o objeto do nosso estudo era uma coadjuvante. Sendo auxiliar às obras do Novo Abastecimento de Água, a E. F. Rio d'Ouro emprestava seus trilhos para uma realização que tinha em sua essência um sentido de urgência, pois estava relacionada a uma necessidade de sobrevivência: o abastecimento de água.

É a partir dessa premissa que, nos próximos capítulos, investigaremos esse ponto fora da curva na história ferroviária brasileira.

94 HARDMAN, Francisco Foot. *Trem fantasma*: A modernidade na selva. São Paulo: Companhia das Letras, 1988. pp. 49-66.

# CAPÍTULO II

## Em busca do precioso líquido:
## O Rio de Janeiro e a luta pela água

Muitas questões que surgem para o historiador acerca do passado partem das observações do presente. A insuficiência no abastecimento ou a completa falta de água são dois dos muitos problemas que ainda atingem milhões de moradores da cidade do Rio de Janeiro e de municípios adjacentes da Região Metropolitana. Seria um ledo engano pensar que essa questão é recente. Os problemas de acesso a água na cidade espremida entre o mar e a montanha datam desde a sua fundação. Intervenções urbanas foram realizadas, desde o século XVII, com o intuito de mitigar os problemas, mas somente no século XIX, como veremos a seguir, é que ocorreu uma intervenção considerada de grande porte.

### II. 1 - A questão do abastecimento de água na atualidade:

Esse nome deriva das tubulações de ferro fundido que partiam de mananciais localizados na Baixada Fluminense e que distribuíam água pela cidade do Rio de Janeiro. Grande parte dessas tubulações margeavam a E. F. Rio d'Ouro, e existe um motivo específico para isso. Sem a linha de trem, a construção do sistema seria, se não impossível, no mínimo, extremamente dificultada.

Esse sistema, em sua formação atual, é composto de cinco grandes adutoras, herdeiras diretas do sistema montado no século XIX. É por meio dele que, ainda hoje, ocorre o abastecimento de água de municípios da Baixada Fluminense e também de alguns bairros da subúrbio do município do Rio de Janeiro. Ana Lúcia Britto destaca que um dos maiores problemas do sistema de abastecimento de água no Rio de Janeiro é a dependência de trajetória. Não trata-se, entretanto, de um conceito baseado no determinismo histórico, pois tudo é passível de mudanças. Contudo, as escolhas realizadas ao longo do tempo por agentes públicos e privados afetaram de forma tão profunda a constituição de tais instituições que existe uma enorme dificuldade em alterar a situação.[1] De acordo com Ana Britto e Suyá Quintslr:

> *Entende-se por dependência de trajetória que as escolhas adotadas na concepção de determinados sistemas técnicos só podem ser revisadas ou modificadas com grandes custos, o que inibe mudanças na forma como as cidades gerenciam seus recursos.*[2]

Foi a partir dos rios da Baixada Fluminense, localizados na Serra do Tinguá, que a cidade do Rio de Janeiro foi abastecida

---

1 BRITTO, Ana Lucia. A gestão do saneamento ambiental: entre o mercado e o direito. In: RIBEIRO, Luiz Césas de Queiroz (Orgs). *Rio de Janeiro*: Transformações na Ordem Urbana. *Rio de Janeiro*: Letra Capital / Observatório das Metrópoles, 2015, p. 486.

2 BRITTO, Ana; QUINTSLR, Suyá. Redes técnicas de Abastecimento de água no Rio de Janeiro: história e dependência de trajetória. In: *Revista Brasileira de História & Ciências Sociais*, v. 9, N. 18, Julho-Dezembro de 2017, p.139.

por um longo período. Trabalhando com dados de 2010, Ana Britto afirma que a região tem um abastecimento irregular que atinge menos de 90% da população.[3] Passou-se uma década. A situação alterou-se? Ao nosso ver, não.

Ainda hoje a região que alimentou as torneiras da cidade do Rio de Janeiro sofre cronicamente com a má qualidade do abastecimento de água. Com reservatórios vazios e rios completamente poluídos, a Baixada Fluminense depende de manobras complexas. Essa desigualdade no acesso a água é reflexo de uma assimetria maior, a questão centro-periferia, e os diferentes usos da água, industrial e doméstico, que são feitos. Com isso, fica evidente a associação entre a questão do abastecimento de água com a poluição de rios e as deficiências do saneamento básico. Menos de 50% do esgoto da região é tratado.[4]

Essa dependência de trajetória, de acordo com a autora, vem do tempo da criação da CEDAE, a partir da fusão do antigo Estado do Rio de Janeiro com o Estado da Guanabara. Entretanto, não podemos considerar que a situação do atual abastecimento de água tenha origem apenas nas escolhas definidas na época da fusão.[5] Não pretendemos realizarmos um recuo no tempo que busque a origem de tudo, como tanto criticava Marc Bloch.[6] Entretanto, é necessário um retrospecto para entendermos como

3 BRITTO, Ana Lucia. *A gestão do saneamento ambiental... Idem*, p. 488.

4 BRITTO, Ana Lucia. *A gestão do saneamento ambiental... Ibidem*, p. 490-491.

5 BRITTO, Ana Lucia. *A gestão do saneamento ambiental... Ibidem*, p. 490-494.

6 BLOCH, Marc. *Apologia da história, ou, o ofício do historiador*. Rio de Janeiro: Zahar, 2002, p. 56-60.

constituiu-se o atual sistema de abastecimento de água e, assim, recuperar um anexo importante dessa história: A E. F. Rio d'Ouro.

Ao estudarem as redes técnicas de abastecimento, Ana Britto e Suyá Quintslr utilizam-se da ecologia política como abordagem teórica. Essa perspectiva "*entende que a distribuição dos recursos naturais não é igualitária, nem neutra, dependendo fundamentalmente das relações de poder existentes na sociedade*". Buscando compreender as relações de poder que estruturaram essas condições, as autoras apresentam o interessante conceito, baseado em Thomas Hughes[7], de momentum, em que o sistema se consolida e adquire "*uma aparência de autonomia (...) relacionado com os compromissos estabelecidos, ativos fixos e custos irrecuperáveis*".[8]

As autoras iniciam o estudo em 1880, quando o Sistema Acari começa a ser construído, ainda na forma do Novo Abastecimento de Água, e encerram ele com a construção do Sistema Guandu. Tais sistemas encontram-se consolidados e, baseadas em Martin Melosi[9], afirmam que "*os sistemas apresentam uma forte estabilidade e durabilidade, no sentido de permanecer no tempo, devido aos custos de sua implantação*".[10]

---

7 HUGHES, Thomas; MAYNTZ, Renate (Orgs). *The development of large technical systems*. Boulder: Westview Press, 1988.

8 BRITTO, Ana; QUINTSLR, Suyá. *Redes técnicas de Abastecimento... Idem*, p. 138-139.

9 As autoras baseiam-se nos seguintes trabalhos: MELOSI, Martin. *The sanitary city*: environmental services in urban America from colonial times to the present. Pittsburgh. University of Pittsburgh Press, 2008 e MELOSI, Martin. *Effluent America*: Cities, industry, energy, and the environment. Pittsburgh: University of Pittsburgh Press, 2000.

10 BRITTO, Ana; QUINTSLR, Suyá. *Redes técnicas de Abastecimento... Ibidem*, p. 140.

## II. 2 Uma breve história do abastecimento de água no Rio de Janeiro:

A cidade do Rio de Janeiro na transição do século XVIII para o século XIX possuía um problema crônico de abastecimento de gêneros essenciais para a sobrevivência humana, como a alimentação e a água, além de péssimas condições de saúde, e refletiam uma condição que era generalizada em toda a colônia, onde o tema não era uma prioridade para a metrópole.[11] A definição corrente na época, baseada na teoria dos miasmas, era de uma cidade insalubre, no qual o ar e a água parada nas ruas, advindas das chuvas, era um veículo de propagação de doença.[12]

No caso do Rio de Janeiro, a falta de água potável também se configurava como um problema de saúde pública. Somente com a chegada da Família Real Portuguesa é que a cidade do Rio de Janeiro conheceu um esboço de política pública de urbanização.[13] Mesmo com as tentativas de melhoramentos urbanos, como a construção do Aqueduto da Carioca[14] em 1750, a cidade não tinha as condições necessárias para abrigar uma família real. Por esse motivo, mudanças foram necessárias.[15] A migração da Corte de Lisboa em 1808 teve como uma das consequências o estrangulamento do mercado regulador de gêneros comestí-

---

11 GAGLIARDO, Vinicius Cranek. *Uma Paris dos trópicos*? Perspectivas da europeização do Rio de Janeiro oitocentista. São Paulo: Alameda, 2014, p. 53.

12 GAGLIARDO, Vinicius. *Uma Paris... Idem*, p. 143.

13 GAGLIARDO, Vinicius. *Uma Paris... Ibidem*, p. 83.

14 Região turística da cidade do Rio de Janeiro conhecida atualmente como Arcos da Lapa.

15 GAGLIARDO, Vinicius. *Uma Paris... Ibidem*, p. 15.

veis.[16] Ocorreu um aumento na demanda do mercado consumidor, e o crescimento demográfico catalisado se sustentou por diversos meios, e não somente devido a imigração de nobres e acompanhantes da família real.[17]

A falta de água no Rio de Janeiro, de certo modo, pode não ter assustado tanto as pessoas que chegaram na época da transferência da Corte em 1808. A cidade de Lisboa também tinha problemas sérios relacionados a questão do abastecimento de água nos séculos XVII e XVIII que não estavam totalmente resolvidos no início do século XIX. Em Lisboa, a situação foi parcialmente solucionada com a construção de uma rede de arcos. Tal modelo foi repetido no Rio de Janeiro.[18] O cronista Luiz Edmundo, comparando as duas cidades, afirmou que "*Lisboa, na verdade, era qualquer coisa pouco melhor que o Rio*".[19] Contudo, em relação ao abastecimento de água, as semelhanças encerraram-se por aí.[20] A resolução do problema da água no Rio de Janeiro demandou uma intervenção mais consistente por parte do Estado. O problema foi parcialmente resolvido no final do século XIX, demandando uma ferrovia e uma rede de complexas tubulações.

---

16 MALERBA, Jurandir. *A corte... Idem*, p. 242.

17 LENHARO, Alcir. *As tropas da moderação*: o abastecimento da Corte na formação política do Brasil, 1808-1848. São Paulo: Símbolo, 1979. p. 41.

18 SCHWARCZ, Lilia Moritz. *A longa viagem da biblioteca dos reis*: do terremoto de Lisboa à independência do Brasil. São Paulo: Companhia das Letras, 2002, p. 47.

19 EDMUNDO, Luiz. *O Rio de Janeiro no tempo dos vice-reis*: volume 1. Rio de Janeiro: Conquista, 1956, p. 152.

20 Acerca da administração do Rio de Janeiro e suas relações com Lisboa, conferir: BICALHO, Maria Fernanda. *A cidade e o Império*: O Rio de Janeiro no século XVIII. Rio de Janeiro, Civilização Brasileira, 2003.

O engenheiro Antônio Rebouças, em relatórios da década de 1870, já salientava a necessidade de criação de um abastecimento que servisse para o presente e também para o futuro, e demandava que isso fosse buscado em algum rio distante. Antônio Rebouças apresentou documentos na Revista de Engenharia que afirmavam que os mananciais mais promissores não estavam nos limites da cidade, e sim fora dela, mais precisamente, na Serra do Tinguá. Para o engenheiro, o grande obstáculo seria realizar os 55 quilômetros de obras da rede de tubulação.[21]

A proposta de construir uma rede de tubulações a partir da Serra do Tinguá foi mais interessante que as outras propostas que surgiram. Destacamos uma que aparenta ter sido importante o suficiente para ser arquivada. A "*Proposta de Holland Brothers para o abastecimento d'agua da cidade do Rio de Janeiro*".[22] Logo na introdução desses documentos, os proponentes afirmam que a crise do abastecimento de água não afetava apenas a cidade, mas todo o país. Os relatores culpam a falta de água como causadora da última epidemia de febre amarela. Essas doenças atrapalhavam a imagem do país no exterior. Afirmam que:

> *Cada vez que aparece epidemia no Rio de Janeiro repercute logo em todas as cidades do litoral; despertam as quarentenas, e cada diz se abala mais a crença de que o Brasil seja um pais salubre. É esta com efeito a principal arma de que lançam mão os antagonistas da imigração para o Brasil; e sem este alimento, escusado é dizer, a futura prosperidade nacional não passa de uma conjectura apenas.*[23]

---

21 BRITTO, Ana; QUINTSLR, Suyá. *Redes técnicas de Abastecimento... Ibidem*, p.143.

22 HOLLAND BROTHERS. *Proposta de Holland Brothers para o abastecimento d'agua na cidade do Rio de Janeiro*. Rio de Janeiro: Typographia Alemã de L. Winter, 1873.

23 HOLLAND BROTHERS. *Proposta... Idem*, p. 3.

Em um contexto de declínio da escravidão, a falta de água era um entrave para a imigração europeia. Prometendo de 100 a 200 litros médios de água para cada habitante, os proponentes afirmam que são capazes de tornar a cidade salubre. A dúvida deles é "*se terá ou não o Governo o direito de impor água obrigatória aos prédios do âmbito da cidade*".[24]

Na apresentação à Câmara dos Deputados, os proponentes destacam a incapacidade dos arredores da cidade de fornecer água. Como solução:

> *Os proponentes, cônscios da grave responsabilidade que assumem para levar a cabo empresa de tal magnitude, não esmorecem ante a ideia ousada de ir buscar a grandes distancias, mesmo ao Paraíba, se preciso for, e por meio de obras hidráulicas de 1.ª ordem, a agua necessária ao abastecimento desta Capital.*[25]

Propondo também água gratuita para banhos, lavanderias e chafarizes, os proponentes comprometem-se também a pagar uma multa de 50:000$000 em caso de não cumprimento das obras em um prazo de 6 anos.[26] A proposta parecia tentadora. Entretanto, exigiam um privilégio de 99 anos a contar da conclusão das obras, direito de desapropriação, usufruto de terrenos devolutos e transporte gratuito pela E. F. Dom Pedro II.[27] O projeto não foi adiante.

O contrato vencedor foi o Antonio Gabrielli, que iremos analisar de forma mais detida adiante. Esse contrato previa o abastecimento a domicílio, ampliação de sistemas já existen-

---

24 HOLLAND BROTHERS. *Proposta... Ibidem*, p. IV-V.

25 HOLLAND BROTHERS. *Proposta... Ibidem*, p. 1.

26 HOLLAND BROTHERS. *Proposta... Ibidem*, p. 10.

27 HOLLAND BROTHERS. *Proposta... Ibidem*, p. 7.

tes e represas usando canos de chumbo, transportados através de uma linha de trem. O contrato foi bastante suspeito, pois a empresa foi acusada de superfaturamento, além de entregar as obras com uma série de problemas.[28]

Traçar um perfil biográfico de Antônio Gabrielli é uma tarefa difícil. Além de registros de entrada e saída no país, encontrados em jornais da época, o mais próximo que encontramos foi um artigo publicado em um jornal de Viena e traduzido pela Revista de Engenharia em 1882. O artigo é de 1873, mas foi publicado no Brasil em um momento no qual as relações de Antônio Gabrielli com o corpo técnico de engenharia brasileira estavam abaladas. Talvez este artigo tenha sido publicado para demonstrar que o empreiteiro tinha sim credenciais para a realização das obras no Rio de Janeiro, já que o mesmo estava sendo muito questionado e, antes do artigo, afirma-se que as obras em Viena foram executadas com êxito pelo mesmo empreiteiro.[29]

De acordo com tal artigo, Viena possuía, em 1873, a população de 1 milhão de habitantes. As águas do Rio Danúbio não possuíam qualidade para o abastecimento, sendo necessárias obras que buscassem o recurso hídrico nos Alpes, direto nas fontes. Esse fato é interessante, pois possui semelhança ao modelo que será aplicado ao sistema de abastecimento do Rio de Janeiro. As obras, que custaram 1.600.000 florins, tiveram como principal marca a construção de 13 túneis, feitos de cimento *portland* e tijolos, que passavam a água por cima do canal do Danúbio. Isso demandava reservatórios resistentes. O comando da obra estava

28 BRITTO, Ana; QUINTSLR, Suyá. *Redes técnicas de Abastecimento... Ibidem*, p.144

29 *Revista de Engenharia*, vol 4, 1882, p. 1-4.

nas mãos de Antônio Gabrielli, que utilizou uma força de trabalho que chegou a 6.000 trabalhadores. O empreiteiro, chamado de "Empresário Gabrielli" recebeu 1.000.000 florins como recompensa por ter encerrado as obras antes do contrato. O discurso do artigo é positivo, pois afirma que:

> *Sem dúvida alguma, essa obra, única em seu gênero, deve seu nascimento ao trabalho reunido de um grande numero de homens inteligentes e meritórios, que estavam compenetrados da justa convicção de que uma comunidade não pode ter um dever mais santo que o de cuidar em conservar a saúde de seus concidadãos.*[30]

Os meandros de como Antonio Gabrielli conseguiu a concessão ainda é um mistério, pois não obtivemos acesso a uma documentação mais apurada. Mas é preciso fazer algumas considerações. O empreiteiro não era um aventureiro, como afirmava Mauá, pois o mesmo tinha a experiência da construção do sistema de abastecimento de Viena. Entretanto, nada impede que Antonio Gabrielli tenha, de fato, reaproveitado projetos que não eram de sua autoria para obter a concessão. O que nós podemos afirmar é que, se em Viena o empreiteiro fora premiado por terminar as obras antes do tempo, no Brasil, a situação foi bem diferente, e o fato do artigo ter sido publicado em 1882 é sintomático pois, como veremos adiante, o início da década de 80 do século XIX foi repleta de críticas à atuação do empreiteiro e da forma como ele lidou com a condução das obras que buscavam mitigar a crise de abastecimento.

Mas quais as razões para que a cidade do Rio de Janeiro entrasse em uma situação de colapso hídrico? Um dos principais

---

30 *Revista de Engenharia*, vol 4, 1882, p. 1-4. *Idem.*

motivos foi o desmatamento do maciço da Tijuca. O ciclo do café na região durou de 1660 a 1840. As encostas foram devastadas, o que afetava diretamente os mananciais. Como solução primária, foram construídos os Arcos da Lapa, que distribuíam água nos chafarizes da Carioca e do Paço.[31]

Toda a região da Tijuca passou por algum tipo de intervenção humana, seja no sentido de destruição como no de restauração. Mas a região não foi a única modificada artificialmente. Fernanda Amanda traz como exemplo o Saco de São Diogo que foi progressivamente sendo aterrado, até a eliminação nas reformas urbanas de Pereira Passos.[32]

Fernanda Amante traz algumas informações interessantes sobre a Tijuca. Vem do tupi, *ty-iuc*, cujo tradução abarca uma série de sinônimos como líquido podre, pantanoso, até que, em um processo de evolução etimológica, chegou ao tijuco, sinônimo de brejo. De acordo com a autora, na área escoem drenagens que desembocavam na Baía de Guanabara. Seu aspecto físico e morfológico, portanto, era "*inadequado para um intenso processo de expansão urbana*", apesar de uma localização privilegiada no tocante a nascentes.[33]

A crise hídrica na cidade do Rio de Janeiro atingiu o auge na década de 70 do século XIX, quando surgiu a solução do Novo Abastecimento de Água. Convém recordar que a conjuntura dos anos anteriores era demasiadamente complexa. Tal crise desen-

31 AMANTE, Fernanda de Oliveira. *A água no espaço urbano*: uma abordagem sócio-ambiental e sua aplicação à Grande Tijuca. Dissertação de mestrado em Gestão e Estruturação do Espaço Geográfico. Rio de Janeiro: UERJ, 2006, p. 99.

32 AMANTE, Fernanda de Oliveira. *A água no espaço urbano... Idem*, p. 108.

33 AMANTE, Fernanda de Oliveira. *A água no espaço urbano... Ibidem*, p. 93.

rolou-se quase que simultaneamente a uma crise de proporções maiores, que impactavam não só o cotidiano da Corte Imperial como as finanças e as instituições políticas monárquicas: A guerra do Paraguai.

O conflito, ocorrido entre 1864 e 1870, demonstrou as diversas vulnerabilidades do Império Brasileiro, que não era apenas incapaz de ter uma capital com um nível mínimo de salubridade, como também de controlar o próprio território. De acordo com Franscisco Doratioto:

> *Para o Império do Brasil, a Guerra do Paraguai expôs sua fragilidade militar, em grande parte estrutural, devido ao regime escravocrata. O Império foi capaz, porém, de superar essa fragilidade, de mobilizar todos os seus recursos e atingir o apogeu do poder do Prata. Saiu vitorioso militarmente e fortaleceu a hegemonia, que se iniciou na década de 1850 e se prolongou até 1875. No plano interno, o conflito foi o ponto de inflexão que deu inicio à marcha descendente da monarquia brasileira. Os gastos com cinco anos de guerra exauriram o Tesouro brasileiro e o equilíbrio orçamentário do Império não foi recuperado.*[34]

Era o começo da longa agonia da monarquia que culminaria no golpe de 1889. Enquanto a monarquia derrapava, perdia legitimidade política e enfrentava uma grave crise em seu coração, o exército consolidava seu poder político, a partir de uma desassociação com o regime, sendo o "*instrumento dos re-*

34 DORATIOTO, Francisco Fernando Monteoliva. *Maldita guerra*: Nova história da guerra do Paraguai. São Paulo: Companhia das letras, 2002, p. 483-484.

*publicanos para dar o golpe de Estado que depôs Pedro II e criou a República brasileira".*[35]

O Império Brasileiro não encontrava problemas relativos a falta de água apenas na capital. O controle dos usos da água ocorria em diversas regiões do país. Recordemos que, enquanto na Corte Imperial discutia-se os meandros das intervenções relativas ao abastecimento, na província do Ceará, entre 1877 e 1879, ocorria uma das maiores secas da história. Durval Alburquerque Júnior identifica nesse período o surgimento do discurso da seca. Essa crise somou-se a desorganização da produção açucareira com a desarticulação da escravização da força de trabalho, que viria a abolir a escravidão em 1884, que ocorria na província. O total colapso da província ocorreu em 1878, com o cancelamento das eleições, fato noticiado em jornais da Corte Imperial, e obrigaram o Estado a intervir localmente, assumindo a linha de frente da resolução de uma questão da província. A população que não migrou para Fortaleza passou a trabalhar nas obras públicas. Entre 1877 e 1879, gastou-se 29.269:419$747. A questão tornava-se nacional.[36]

Gilmar Machado de Almeida, em sua importante pesquisa obre os usos da água no Rio de Janeiro, e que muito auxiliará nosso trabalho, divide em três momentos o desenvolvimento do sistema de abastecimento de água do Rio de Janeiro. O primeiro ocorreu na fundação da cidade, e era dependente da força de trabalho escravizada (indígena e negra) para a realização do trabalho. O segundo momento era uma combinação dos usos manuais com "*um conjunto de aparelhos (...) construídos com o*

35 DORATIOTO, Francisco. *Maldita guerra... Idem*, p. 483-484.

36 ALBURQUERQUE JÚNIOR, Durval. *Falas de astúcia e de angústia*: a seca no imaginário nordestino, de problema a solução. Dissertação de mestrado em História. Campinas: UNICAMP, 1988, p. 65-82.

*objetivo de aproximar a água*".[37] O terceiro momento é a partir de 1850, com as iniciativas estatais para atender as necessidades de acesso a água, a partir da distribuição caseira, o que formava "*uma nova dinâmica de acesso a água*", com "*modificações no espaço público e no espaço particular*".[38]

A vida cotidiana é heterogênea e hierárquica. Entretanto, essa condição não é imutável.[39] Segundo Agnes Heller:

> *A vida cotidiana não está "fora" da história, mas no "centro" do acontecer histórico: é a verdadeira "essência" da substância social. (...) as grandes ações não cotidianas que são contadas nos livros de história partem da vida cotidiana e a ela retornam. Toda grande façanha histórica torna-se particular e histórica precisamente graças a seu posterior efeito na cotidianidade. O que assimila a cotidianidade de sua época assimila também, com isso, o passado da humanidade, embora tal assimilação possa não ser consciente, mas apenas "em si".*[40]

É inegável que alterou-se o cotidiano da cidade com a distribuição direta da água.[41] É essa operação que Gilmar Almeida nomeou de *domesticação da água*. Transformou-se até mesmo o ato de beber um copo de água. Esse processo de domesticação, no sentido de domar as águas, mas também de levar ao ambiente doméstico, iniciava-se em regiões longínquas. Ocorria uma:

---

37 ALMEIDA, Gilmar Machado de. *A domesticação da água*: Os acessos e os usos da água na cidade do Rio de Janeiro entre 1850 e 1889. Dissertação de mestrado em história. Rio de Janeiro: UNIRIO, 2010, p. 6.

38 ALMEIDA, Gilmar. *A domesticação da água... Idem*, p. 8.

39 HELLER, Agnes. *O cotidiano e a história*. Rio de Janeiro: Paz e Terra, 1989, p.18.

40 HELLER, Agnes. *O cotidiano e a história... Idem*, p. 20.

41 ALMEIDA, Gilmar. *A domesticação da água... Ibidem*, p. 11.

> *Transformação de um elemento natural em elemento de consumo essencial. Água que saía das nascentes precisava ser processada até chegar as bicas públicas e particulares da cidade, ou seja, ela precisava ser transformada de seu estágio bruto para ser fruto do consumo humano domesticada.*[42]

O autor destaca que essa domesticação não significou um acesso igualitário para todos os habitantes da cidade.[43] Ao contrário, acentuou-se a desigualdade do acesso. Precisamos destacar que parte do trabalho de carregamento de água era feita por mulheres negras escravizadas, mas também por mulheres negras e brancas que eram pobres e estavam em condições de liberdade. Tais "criadas" aceitavam as formas de trabalho, obedientes, em troca de proteção. Sandra Graham afirma que "*transportar água ou lavar roupa no chafariz significava que algumas criadas trabalhavam fora da circunscrição da casa e do olhar da patroa*".[44]

A questão interessante é que, por vezes, invés de criar-se hierarquias entre as formas de trabalho, ocorria o contrário, pois mulheres em condições distintas podiam trabalhar no mesmo lugar, muitas vezes sob as mesmas condições. A partir de 1860, o trabalho doméstico já era, majoritariamente, livre. Os homens são excluídos da análise pois, por exemplo, em 1872, eles correspondiam a apenas um quarto da força de trabalho dessa categoria, enquanto no mesmo ano, dois terços das mulheres no serviço doméstico eram livres. A autora foca, portanto, na expe-

---

42 ALMEIDA, Gilmar. *A domesticação da água... Ibidem*, p. 12-13.

43 ALMEIDA, Gilmar. *A domesticação da água... Ibidem*, p. 17.

44 GRAHAM, Sandra Lauderdale. *Proteção e obediência*: Criadas e seus patrões no Rio de Janeiro, 1860-1910. São Paulo: Companhia das Letras, 1992, p. 18.

riência da vida privada da mulher, livre e escravizada, que vivia entre a proteção e a obediência.[45]

As mulheres que alicerçavam o sistema de distribuição de água, que também eram criadas, estavam sujeitas a todas as formas de violência - física, sexual, moral e simbólica - no trabalho cotidiano. Existia muita demanda para esse tipo de serviço, pois até 1860 as casas do Rio de Janeiro não eram saneadas. Com a chegada de novos serviços de saneamento, desapareceram os escravos "tigres", que tinham marcas no corpo devido ao transporte de dejetos.[46] Existiam três principais locais de sociabilidade para tais criadas: o Chafariz das Lavadeiras no Campo de Santana, o Chafariz do Largo da Carioca e o Mercado da Cidade.[47] Por uma questão de necessidade, a vida doméstica era organizada em torno da saga da obtenção de água, e isso gerava redes de sociabilidade.[48]

A chegada da água encanada, domesticada, alterou de forma substancial as condições do serviço doméstico. Na seca de 1878, tais mulheres tiveram mudanças em suas rotinas de trabalho que eram, de certo modo, previsíveis. A água recolhida deveria ser utilizada apenas para os serviços considerados essenciais, o que fazia com o que os patrões e patroas explorassem ainda mais tais criadas.[49]

O Morro do Castelo foi a primeira fonte de água da cidade, denominado por Gilmar Almeida como vertente do Corcovado, que tinha também o reforço do Rio Carioca, Rio Silvestre e Rio

---

45 GRAHAM, Sandra. *Proteção e obediência... Idem*, p. 15-21.

46 GRAHAM, Sandra. *Proteção e obediência... Ibidem*, p. 45-72

47 GRAHAM, Sandra. *Proteção e obediência... Ibidem*, p. 54.

48 GRAHAM, Sandra. *Proteção e obediência... Ibidem*, p. 55.

49 GRAHAM, Sandra. *Proteção e obediência... Ibidem*, p. 69.

Lagoinha.[50] Um dos problemas enfrentados pelo abastecimento de água era a questão das competências legais e atribuições destacadas de cada poder, seja ele público, privado e até religioso, devido à ausência de fronteira entre ambos. Constantemente, em momentos de grave crise, a resposta era lenta, o que gerava "*conflitos e diferenças nos acessos à água, assim como, perceber que a construção de um espaço urbano desigual gerou um uso assimétrico da água*".[51]

Enquanto algumas freguesias eram abandonadas a própria sorte, outras desenvolviam-se com bastante fluidez, tal como as freguesias da Candelária, São José, Sacramento, Santa Rita, Glória e Lagoa. De acordo com Gilmar Almeida, "*nenhuma outra região teve tão rápido desenvolvimento dos serviços de abastecimento de água como que ocorreu nessas freguesias*".[52] Para o autor, o acesso à água "*não se dava de maneira racional*", pois, "*não seguiam (...) o desejo humano pelo líquido vital, mas sim, a condição socioeconômica*".[53] Fazemos uma ressalva sobre o conceito de racionalidade, pois cremos que, do ponto de vista de uma cidade construída de forma excludente, o que pode, aparentemente, ser irracional, revela-se, de fato, imbuída com bastante racionalidade – pensada nos termos da época –, no sentido de reforçar uma hierarquia social. Isso não passou desapercebido pelo autor, que destaca que o acesso a água, nos moldes modernos (da água encanada disponível na torneira dentro de casa), era dado pelo Ministério do Império, e "*quem não podia pagar pela concessão, continuava a buscar água nas bicas e chafarizes*".[54]

50 ALMEIDA, Gilmar. *A domesticação da água... Ibidem*, p. 20-21.

51 ALMEIDA, Gilmar. *A domesticação da água... Ibidem*, p. 24.

52 ALMEIDA, Gilmar. *A domesticação da água... Ibidem*, p. 27.

53 ALMEIDA, Gilmar. *A domesticação da água... Ibidem*, p. 27-29.

54 ALMEIDA, Gilmar. *A domesticação da água... Ibidem*, p. 28-29.

O sistema de abastecimento entrava facilmente em colapso, ao menos até 1850, devido à ausência de caixas de purificação.[55] Gilmar Almeida destaca que qualquer visitante que circulasse na segunda metade do século XIX poderia observar até cinco formas distintas de acesso à água: rios, poços, bicas, chafarizes e penas d'água.[56] Historicamente, o primeiro tipo de acesso foi o rio e, posteriormente, os poços – públicos e privados,[57] O chafariz e a bica tiveram o apogeu no final do século XVIII. Salientando a diferença entre os dois dispositivos, o autor afirma:

> *A bica era um aparelho simples e pontual, podia ser particular ou público, a sua quantidade por ponto (torneiras) podia variar, mas isto dependia quase sempre da demanda local. Era a opção de abastecimento de água mais usual nos arrabaldes, especificamente nas freguesias mais afastadas do centro de decisão da cidade, contudo, nas freguesias do centro existiram inúmeras bicas, os chafarizes eram aparelhos mais complexos, onde se podia executar mais de uma tarefa, pois funcionavam inúmeras torneiras para o abastecimento de água e também um tanque para se lavar roupas. Em alguns casos dar água aos animais (...). Além disso, os chafarizes possuíam dupla função: servir ao abastecimento público e de ornamento das praças e Largos onde estavam instalados.*[58]

Gilmar Almeida, portanto, interpreta o fenômeno na mesma direção de Sandra Graham, demonstrando que formavam-se laços de sociabilidade, por vezes assimétricos, nesses locais.[59] O chafariz, com sua beleza estética, civilizava a água. O processo,

55 ALMEIDA, Gilmar. *A domesticação da água... Ibidem*, p. 33.

56 ALMEIDA, Gilmar. *A domesticação da água... Ibidem*, p. 35.

57 ALMEIDA, Gilmar. *A domesticação da água... Ibidem*, p. 38.

58 ALMEIDA, Gilmar. *A domesticação da água... Ibidem*, p. 38-39.

59 ALMEIDA, Gilmar. *A domesticação da água... Ibidem*, p. 39-40.

contudo, foi contraditório. Se, por um lado, a água encanada "*representou a negação da forma escravista para o abastecimento*", por outro, manteve-se, por um longo tempo, a distribuição manual de água em barris. O arranque já tinha ocorrido e, de uma forma ou de outra, hábitos de higiene e rotinas em si alteraram-se. O espaço privado – da porta da casa para dentro, em contraposição a rua – modificou-se de forma substancial.[60] Segundo Gilmar Almeida:

> *A distribuição da água direta às residências confirma-nos que a lógica de acesso à água na cidade do Rio de Janeiro não era racional, simétrica e equilibrada, ou seja, não visava sanar de forma igualitária, as necessidades de todas as residências da cidade. Pois, tínhamos, muitas vezes, na mesma freguesia, uma parte da população buscando água em chafarizes e bicas e a outra com água distribuída em casa por pena d'água. O acesso variava de acordo com as posses, ou melhor, com a capacidade financeira de cada família ou estabelecimento comercial.*[61]

É difícil falarmos em irracionalidade no acesso à água no período exposto pelo autor. Nesse sentido, até mesmo hoje o sistema de abastecimento de água seria irracional, se pensarmos o tamanho dos problemas enfrentados pela Zona Oeste e a Baixada Fluminense no acesso à água. Contudo, há uma racionalidade nessa "lógica". Se pensarmos que a cidade se constituía, na época, através de uma lógica escravista e excludente, em que determinadas freguesias eram privadas de um acesso pleno à água por razões socioeconômicas e ficavam à mercê de formas consideradas arcaicas – até mesmo pelos engenheiros modernizantes do Ministério do Império – de acesso à

60 ALMEIDA, Gilmar. *A domesticação da água... Ibidem*, p. 46.

61 ALMEIDA, Gilmar. *A domesticação da água... Ibidem*, p. 48.

água limitado. Podemos afirmar, em concordância com o autor, que aqueles que não possuíam renda não podiam obter a água com tanta facilidade. Entretanto, discordando do que é postulado acerca da caracterização do processo, entendemos, em nossa leitura, que ele está plenamente dentro da lógica sistêmica, de caráter socialmente excludente. O sistema não era feito para ser simétrico e equilibrado, e sim, para reforçar privilégios de acesso. Citamos:

> *A modernização do sistema de abastecimento de água foi marcada também pelo início da comercialização da água, que deixou de ser um bem natural contido de valor de uso, para ser transformar em mercadoria e assim em valor de troca. Contudo, não podemos considerar que água tenha entrado diretamente na lógica capitalista, como ocorreu, por exemplo, com os serviços de iluminação, esgotamento sanitário e transportes, que se modernizaram através do processo de multiplicação do capital privado. Isso porque, o governo Imperial por diversas vezes negou a possibilidade de privatização do serviço de abastecimento de água.*[62]

Nesse sentido, concordamos com o autor com o fato de que, com o impedimento do Governo Imperial de privatização do abastecimento de água entre a década de 1850 e 1860, ocorreu uma espécie de entrave à plena entrada da água na lógica capitalista do século XIX, com reprodução do capital. Entretanto, como podemos ler no trecho destacado, já existia a comercialização de água, ou seja, ela já estava deixando de ser um bem público - de acessos variados e socialmente hierárquicos, mas, acima de tudo, público - para tornar-se mercadoria. É importante chamar atenção para o fato de que mesmo a privatização não tendo ocorrido, isso não significa que não existiam traços do processo, no mínimo, de um capitalismo

62 ALMEIDA, Gilmar. *A domesticação da água... Ibidem*, p. 49.

mercantil. A situação só mudaria radicalmente com a criação do Novo Abastecimento de Água e a pressão pelo controle do uso da água mediante hidrômetro.

A água encanada permitia novos hábitos de higiene. Não podemos esquecer que no período, o discurso médico legitima a teoria dos miasmas, e o odor é parte fundamental nessa estrutura interpretativa do processo social. É o período em que Alain Corbain chama de vigilância olfativa, que tem como objetivo detectar "*ares irrespiráveis*". É um projeto calcado no erro, mas pautou todo o século XVIII na Europa, e encontrava ecos nos trópicos do século XIX.[63] A cidade do Rio de Janeiro, entendida como uma capital fétida, concorria simbolicamente, em desvantagem, com a capital argentina que, ironicamente, chamava-se Buenos Aires. Faltavam no Rio de Janeiro bons ares, e isso só seria possível através de medidas de higienização que perpassavam, inevitavelmente, por um maior acesso à água para a aquisição de novos hábitos de higiene.

Alain Corbin destaca que a questão da qualidade do ar não era relativa apenas à respiração ou à podridão dos alimentos, mas girava em torno da ideia de purificação.[64] Em um processo que tem como auge o período entre 1750 e 1880, estando cercada pelas secreções da miséria das classes populares, a burguesia europeia presta bastante atenção aos odores do corpo, que seduzem e enojam, e da rua, que obriga o contato entre classes distintas, criando, então, o advento do perfume como instrumento de dis-

---

63 CORBIN, Alain. *El perfume o el miasma*: El olfato y lo imaginario social, siglos XVIII y XIX. Ciudad del Mexico: Fondo de Cultura Económica, 1987, p. 23.

64 CORBIN, Alain. *El perfume o el miasma... Idem*, p. 49.

tinção.[65] É preciso, por outro lado, terem maiores pesquisas para uma história dos odores no Rio de Janeiro, embora há indícios de que a dinâmica se repetiu por aqui.

Não existia capital disponível na iniciativa privada para um projeto de tamanha magnitude. As graves secas na década de 1860 e 1870 forçaram o Governo Imperial a intervir com recursos do Tesouro. De acordo com Gilmar Almeida, podemos dividir a transformação do abastecimento de água em três momentos: O primeiro foi com a fundação do MACOP e as comissões técnicas.[66] O segundo momento são os debates acerca do Novo Abastecimento de Água e, o terceiro momento, que nos interessa e será analisado de forma minuciosa no capítulo a seguir, é o início, de fato, das obras correspondentes ao projeto vencedor: O Contrato Gabrielli.[67]

De acordo com Sandra Pesavento, foi a partir da Corte Imperial que construiu-se, em instâncias culturais diversas, um imaginário de nação.[68] Mesmo sendo capital do Império, o Rio de Janeiro ainda apresentava problemas tidos como coloniais e, se a Corte Imperial era a síntese do Império, problemas básicos, como o abastecimento de água, precisavam ser solucionados urgentemente. Mas como ocorreram as tensões e disputas ocorridas em relação à solução apresentada para o abastecimento de água? Para respondermos essa questão, precisamos antes entender as tensões relativas à Floresta da Tijuca.

---

65 CORBIN, Alain. *El perfume o el miasma... Ibidem*, p. 248.

66 ALMEIDA, Gilmar. *A domesticação da água... Ibidem*, p. 64-65.

67 ALMEIDA, Gilmar. *A domesticação da água... Ibidem*, p. 65.

68 PESAVENTO, Sandra Jatahy. *Quando a nação é, sobretudo, uma questão de sensibilidade*. In: CARVALHO, José Murilo de; NEVES, Lúcia Maria Bastos Pereira das (Orgs). *Repensando o Brasil dos oitocentos: cidadania, política e liberdade*. Rio de Janeiro: Civilização Brasileira, 2009. p. 574.

## II. 3 - A questão da Floresta da Tijuca

A preservação de florestas torna-se uma questão no Brasil ao longo do século XIX. O estudo de Keith Thomas demonstrou que na Europa, entre 1500 e 1800, verificou-se uma série de mudanças nas formas de relacionamento entre as pessoas, homens e mulheres de distintos níveis sociais, com a paisagem e o mundo natural. São as primeiras contestações a um suposto direito que humanos teriam de explorar a natureza. A ideia de preservar a natureza surge apenas após a associação entre o ato e o estrago provocado pela destruição.[69]

A questão da preservação de floresta deu-se de maneiras distintas ao redor do mundo. Na França, por exemplo, de acordo com o estudo de Andrée Corvol, foi na segunda metade do século XIX que, de forma progressiva, ocorreu a mudança na visão acerca de florestas montanhosas, que deixaram de ser locais apenas de extração de madeira, para serem regiões cuja "*a defesa do meio natural era a sua principal finalidade*".[70] Tal processo desenrolou-se na França após uma "*longa maturação*" que ocorria desde meados do século XVIII, nas palavras do autor, da metamorfose do conceito de natureza.[71] Críticas ao desmatamento podem ser rastreados no período, com o surgimento de defensores da preservação de bosques e florestas, em que temos:

---

69 THOMAS, Keith. *O homem e o mundo natural*: mudanças na atitude em relação às plantas e aos animais, 1500-1800. São Paulo: Companhia das Letras, 1989, p 18.

70 CORVOL, Andrée. *L'Homme aux bois*: Histoire des relations de l'homme et de la forêt, XVII-XX siècle. Paris: Fayard, 1987, p. 271.

71 CORVOL, Andrée. *L'Homme aux bois... Idem*, p. 282.

> *Na consciência comum, o desmatamento gera um drama, como se a Natureza se vingasse das ofensas que as práticas camponesas provocam nela. Sendo assim, os bosques constituem-se como o mais belo ornamento, e a sua profanação passa a ser considerada um pecado abominável.*[72]

O relacionamento entre as pessoas e a natureza é demarcado por uma série de conflitos. Bruno Capilé demonstra em sua pesquisa a complexidade da relação da população da cidade do Rio de Janeiro com os rios. Existia uma aparência de desordem e o anseio de combate a "*elementos indesejáveis da socionatureza urbana*". Esse controle deu-se através de dois diapositivos de poder, que eram técnicos e discursivos: a medicina e a engenharia. Esses idealizadores da socionatureza foram agentes da construção de uma cidade saneada, cosmopolita, com uma "*socionatureza urbana desejável*". Eram influenciados pelo saber técnico-científico europeu e estadunidense, mas precisavam, logicamente, adaptá-las à realidade brasileira.[73]

O autor demonstra que as comissões imperiais deixam de focar de forma única e exclusiva nos mananciais da Tijuca, e passam a voltar seus olhos para os distantes mananciais do Tinguá que, até aquele momento, quase não tinham sido explorados. Mesmo que as comissões tenham trabalhado para a preservação desses mananciais, isso não deixa de ser, de certo modo, uma exploração, pois, sem esses mananciais, a cidade do Rio de Janeiro ficaria sem água. Foge do escopo do presente trabalho realizar uma análise da histó-

---

72 CORVOL, Andrée. *L'Homme aux bois...*,p. 288.

73 CAPILÉ, Bruno. *Os muitos rios do Rio de Janeiro*: Transformações e interações entre dinâmicas sociais e sistemas fluviais na cidade do Rio de Janeiro, 1850-1889. Tese de doutorado em História Social. Rio de Janeiro: UFRJ, 2018, p. 26-27.

ria dos conceitos de consciência ambiental e preservação ambiental no Brasil, mas é preciso salientar que, no caso da Floresta da Tijuca, existia uma percepção da necessidade de preservação de florestas e sua relação coma a água:

> *O discurso de proteção dos mananciais sai de destaque da retórica dos burocratas imperiais, conforme a necessidade de mananciais maiores e mais distantes tornava-se inevitável. Em vez de justificar seus atos através do argumento do abastecimento d'água para a cidade, os homens do governo imperial defendiam desenvolver uma floresta como patrimônio estético e material.*[74]

No conturbado período entre o retorno da família real portuguesa e a independência, criou-se no país um quadro científico que, nos dizeres de Warren Dean, era modesto, mas básico. De fato, esse corpo técnico foi a base para as comunidades científicas que surgiram no país ao longo do século XIX. Entretanto, isso não significou que, naquele momento, ocorresse uma situação mais favorável à preservação das florestas. Emílio Joaquim da Silvia Maia fazia a relação entre patriotismo e conservação da floresta, mas era uma voz isolada, e não encontrava "ecos".[75]

O impacto do regime agrícola escravista foi notável. A explicação de Warren Dean deu-se a partir do raciocínio de que a causa da destruição era o pouco valor que o governo dava a terra.[76] Quando esgotava-se a terra, bastava procurar outra. O resultado dessa lógica predatória foi um rastro de destruição em toda a Mata Atlântica Brasileira. Mesmo assim, os proprietários busca-

74 CAPILÉ, Bruno. *Os muitos rios do Rio de Janeiro... Idem*, p. 30.

75 DEAN, Warren. *A Ferro e fogo*: A história e a devastação da mata atlântica brasileira. São Paulo. Companhia das letras, 1998, p. 160-161.

76 DEAN, Warren. *A Ferro e fogo... Idem*, p. 163.

ram livrar-se da legislação florestal, que versava sobre o corte de madeiras de lei. Aos poucos, esses dispositivos legais foram desmontados. Em 1831, os hortos são extintos e em 1876 a proibição do corte de madeira de lei cai. Com isso, desmonta-se a legislação que vigorava desde o período colonial.[77]

Em relação a Floresta da Tijuca, renasceu o plantio da cana de açúcar, que tinha entrado em declínio no século XVII. Com a descoberta do ouro, não apenas a floresta era derrubada para ceder espaço ao plantio. As árvores também serviam como combustível para os engenhos.[78] Após o período do renascimento da cana de açúcar, um novo agente iria ocupar a vasta região da Mata Atlântica. Era o início da era do café. Seu plantio era feito em encosta íngremes. Queimadas eram feitas para diminuir os custos de produção. Logo a cidade do Rio de Janeiro passou a sofrer com longas nuvens amarelas, que chegavam a obscurecer o sol. Entretanto, Warren Dean afirma com precisão que o café não foi o principal motivo da derrubada da floresta. Outros fatores, como a urbanização uma recente industrialização, também foram causadores desse desmatamento.[79] A cidade do Rio de Janeiro era uma grande consumidora de lenha, e a floresta parecia uma fonte infindável de recursos.[80] Warren Dean afirma:

---

77 DEAN, Warren. *A Ferro e fogo... Ibidem*, p. 76.

78 DEAN, Warren. *A Ferro e fogo... Ibidem*, p. 183-191.

79 Bruno Capilé, contudo, afirma que pesquisas recentes realizadas pelo Instituto de Geografia da PUC-RIO tem demonstrado que a região tem poucos vestígios de carvoarias, comparando-se com a região da Pedra Branca, mais distante e, portanto, com policiamento mais frágil. Conferir: CAPILÉ, Bruno. *Os muitos rios do Rio de Janeiro... Ibidem*, p. 36.

80 DEAN, Warren. *A Ferro e fogo... Ibidem*, p. 193-211.

> *A ferrovia foi um imenso avanço na paisagem desembaraçada de quaisquer rastros além dos de pés humanos e cascos de gado e montaria. Embora estes tivessem necessariamente evitado caminhos dentro da floresta, a locomotiva era indiferente: procurava apenas os declives mais planos e os traçados mais diretos; a derrubada da floresta era uma despesa menor. A mata atlântica estava, pois, diretamente na trilha do que era tomado como progresso no século XIX.*[81]

A necessidade de alimentação das locomotivas das primeiras ferrovias aumentou ainda mais o desmatamento. As primeiras consequências graves já podiam ser observadas. Surge, no alvorecer do século XIX, a ideia de que o desmatamento poderia ter relação com a seca de nascentes. Em 1817, proibiu-se o desmatamento na Floresta da Tijuca. Em 1856, ocorreu a desapropriação de terrenos nas paineiras. Entre 1862 e 1873, a administração da floresta ficou sob responsabilidade de Manoel Gomes Archer que, utilizando força de trabalho escravizada, replantou parte da floresta, mesmo que com espécies que não eram nativas. Depois, a administração passou a ser responsabilidade de Gastão de Escrangolle, até sua morte em 1866.[82]

Próximo ao fim da cultura do café em 1840, a região passou a ser habitada por pessoas com alto poder aquisitivo que estabeleceram chácaras.[83] Simultaneamente a isso, o Estado passou a regular de forma definitiva as políticas de reflorestamento.[84] Contudo, mesmo com as iniciativas citadas anteriormente, até 1860 as cartas cartográficas da região não estavam finaliza-

---

81 DEAN, Warren. *A Ferro e fogo... Ibidem*, p. 226.

82 DEAN, Warren. *A Ferro e fogo... Ibidem*, p. 225-240.

83 CAPILÉ, Bruno. *Os muitos rios do Rio de Janeiro... Ibidem*, p. 33.

84 CAPILÉ, Bruno. *Os muitos rios do Rio de Janeiro... Ibidem*, p. 42.

das.[85] Bruno Capilé afirma que a comissão chefiada por Antônio Maria de Oliveira Bulhões em 1866 foi a mais completa, com medições acerca da quantidade de água disponível, que estava quase 1/3 menor do que os níveis antigos.[86]

Antônio Bulhões divergia de seu antecessor, engenheiro Bento Sobragy, acerca da privatização da água. Na opinião deste, deveria se desenvolver um projeto que buscasse semelhança com os planos da Companhia City Improvement.[87] Conforme dito anteriormente, a questão hídrica ocorreu em um contexto turbulento, a guerra do Paraguai, para o Império. Mas isso não significou a interrupção de obras em mananciais, tamanha a gravidade do problema.[88]

O fortalecimento do Estado refletia-se na criação do MACOP. Isso significava um "*amadurecimento do corpo de engenheiros civis no quadro de funcionários*", preparando o "*processo de reducionismo do ambiente biofísico em prol dos interesses imperiais*". Prossegue o autor afirmando que era preciso manter a Corte Imperial com uma floresta sadia, e isso significou um aperfeiçoamento da força policial.[89]

Não ocorriam apenas conflitos entre humanos e florestas. É preciso recordar os conflitos existentes entre humanos e rios. A forma encontrada de mediar tais conflitos com os rios foi a construção de pontes. Nesse sentido, é muito interessante a ideia apresentada por Bruno Capilé de negociação com a natureza. Afirma o autor:

---

85 CAPILÉ, Bruno. *Os muitos rios do Rio de Janeiro... Ibidem*, p. 47.

86 CAPILÉ, Bruno. *Os muitos rios do Rio de Janeiro... Ibidem*, p. 51.

87 CAPILÉ, Bruno. *Os muitos rios do Rio de Janeiro... Ibidem*, p. 53.

88 CAPILÉ, Bruno. *Os muitos rios do Rio de Janeiro... Ibidem*, p. 57.

89 CAPILÉ, Bruno. *Os muitos rios do Rio de Janeiro... Ibidem*, p. 81.

> *Estradas e pontes podem ser interpretadas tanto como uma imposição quanto como uma negociação. Os cálculos dos engenheiros consideraram as curvas e a inclinação das montanhas durante a construção das estradas do maciço da Tijuca. Porém, ao serem construídas em trechos planos, vemos que o aterro e a retilinização dos rios foram uma imposição da engenharia, e do poder municipal e imperial. Nessas relações, diferentes agentes compartilhavam a perspectiva de rios como obstáculos.*[90]

Nessas tensas relações entre sociedade e natureza, o Bruno Capilé conclui, ainda que os "*rios urbanos interagiram de maneira ativa e passiva, direta e indiretamente, com e através de, a sociedade urbana. No entanto, isso não significou que os diferentes grupos sociais responderam da mesma maneira às adversidades ambientais.*[91] O ambiente modificou-se através da ação humana, mas também houve resistência por parte da natureza. A relação, portanto, foi bastante conflituosa. A engenharia da época, embebida nos ideais de civilização e progresso, precisou de muitos dispositivos, tecnológicos e discursivos, para superar as barreiras que impediam a urbanização da cidade. Foi necessário buscar água em uma região que estava além da Corte Imperial.

---

90 CAPILÉ, Bruno. *Os muitos rios do Rio de Janeiro... Ibidem*, p. 89.

91 CAPILÉ, Bruno. *Os muitos rios do Rio de Janeiro... Ibidem*, p. 287.

# CAPÍTULO III

## Na Corte com sede, a água vem de trem: A Estrada de Ferro Rio d'Ouro e a construção do Novo Abastecimento de Água do Rio de Janeiro Imperial, 1876-1889

A crise hídrica assolava a Corte Imperial e demandava soluções urgentes. Para entender esse processo, faremos uma análise dos relatórios ministeriais entre 1876 e 1889. Investigaremos momentos importantes, como o encerramento do contrato entre o Império e Antonio Gabrielli; a abertura do tráfego de passageiros; a absorção da administração da infraestrutura pelo Estado e a situação da E. F. Rio d'Ouro até o momento da queda do Império. De acordo com Lucia Silva, a questão da água era um dos maiores problemas da cidade, e mobilizou uma imensa gama de profissionais que futuramente pertenceriam à área do urbanismo.[1]

### III. 1 A Inspetoria Geral de Obras Públicas da Corte no Rio de Janeiro no século XIX:

O Ministério de Negócios do Império foi constituído como uma das primeiras pastas após 1822 e, com ele, sur-

---

1 SILVA, Lúcia. *Memórias do urbanismo na cidade do Rio de Janeiro 1778/1878*: estado, administração e práticas de poder. Rio de Janeiro: E-Papers, 2012. p. 111.

giram também os primeiros projetos para abastecimento de água.[2] As disputas no interior do bloco no poder expressaram-se na criação de novas pastas, como o Ministério da Agricultura, Comércio e Obras Públicas[3] no ano de 1861. O objetivo do mesmo foi reforçar a "*vocação agrícola*" do Brasil, além de ser um ambiente de interação política, ou melhor, um aparelho, que permitisse a organização dos variados setores agrícolas do país.[4]

Diversas forças antagônicas foram agrupadas na pasta e permaneceriam inalteradas até meados de 1889, no momento da queda da monarquia. O MACOP possuiu uma série de problemas de ordens materiais, e era comum haver críticas por parte de membros da própria pasta. Contudo, ele não era monolítico, e possuía a presença do moderno e a diacronia das resistências arcaizantes, simultaneamente. O fato do MACOP ter herdado muitas funções do Ministério do Império, inclusive sua sede, o levou a ter uma pesada estrutura administrativa e, com isso, também a participar ativamente da administração. Em 1868 ocorreu uma reforma com o objetivo de melhor organizar as frentes que o ministério ocupava. Isso não impediu que o próprio ministro interino Diogo Velho Cavalcanti de Albuquerque realizasse críticas contundentes, principalmente em relação as restrições orçamentárias. Nesse instante, o ministério:

2 SILVA, Lúcia. *Memórias do urbanismo... Idem*, p. 112.

3 Abreviado como MACOP a partir daqui.

4 PIÑEIRO, Théo. *Os simples comissários... Ibidem*, p. 213.

> *Dividia-se em três sessões, incumbindo à primeira as estradas de ferro, as estradas e caminhos comuns (...); à segunda sessão incumbia as obras públicas gerais no município da Corte e nas províncias (...); à terceira sessão incumbia os trabalhos para a navegabilidade dos rios.*[5]

A década de 60 do século XIX foi decisiva para as mudanças no ministério. A ascensão do Gabinete Olinda, do Partido Liberal-Progressista, entre 1862 e 1864, conhecido como "*ministério dos velhos*", teve João Lins Vieira Cansanção de Sinimbú como titular do MACOP. Seria essa a primeira das duas passagens dele na pasta.[6] Nessa época, as discussões sobre o abastecimento da Corte Imperial tornam-se constantes nos relatórios ministeriais. Sua administração na pasta tentou resolver uma série de problemas relativos ao grande número de funções da mesma e, com isso, iniciou-se um processo tímido de descentralização. Cansanção de Sinimbú foi um grande crítico da pasta, principalmente na questão da contabilidade. Além disso, foi preciso esperar até 1871 para que se criasse uma Diretoria-Geral de Estatísticas.[7] Em 1873, ainda, o ministério passaria por uma nova reforma no sentido de organizar uma "*racionalidade administrativa*". Fernando Lima, por ter matriz teórica na obra de Max Weber, entende que esses arcaísmos do ministério são uma "*trava*" ao desenvolvimento do racionalismo administra-

---

5 LIMA, Fernando Sgarbi. *Organização e administração do Ministério da Agricultura no Império*. Brasília: Fundação Centro de Formação do Servidor Público, 1988, p. 16-36.

6 Para um estudo aprofundado da biografia de João Lins Vieira Cansanção de Sininbú, conferir o trabalho de: COSTA, Craveiro. *O Visconde de Sinimbú*: Sua vida e sua atuação na política nacional, 1840-1889. São Paulo: Companhia Editora Nacional, 1937.

7 Abreviado como DGE a partir daqui.

tivo que ocorria em uma sociedade que vivia um "*burocratismo semi-patrimonial*".[8]

Criou-se posteriormente uma repartição denominada Inspetoria Geral das Obras Públicas da Corte[9], que atuava junto com a Câmara. A década de 1830 foi de reformas dos principais chafarizes da cidade e, após o golpe da maioridade, o Estado Brasileiro concentrou seus esforços em resolver ou, ao menos, mitigar os problemas da Corte Imperial. A autora afirma que, em 1843, a Chefia da Polícia, cargo ocupado na época por Euzébio de Queiróz, tinha uma grande preocupação em relação a temas como saúde e segurança da população e, por isso, deixou esses problemas sendo administrados diretamente pela Inspetoria.[10]

É nesse contexto da década de 1840 que são instauradas uma série de comissões para resolver o problema da falta de água na cidade. O custo das obras era o principal assunto das discussões referentes aos projetos de abastecimento.[11] Muitas propostas eram repetições ou atualizações de projetos formulados na década anterior, e as sugestões não eram seguidas, afinal, sempre tinham como obra principal a canalização do Rio Paineras, levando as águas para o Aqueduto da Carioca.[12]

Existiam dois sistemas de abastecimento funcionando simultaneamente: o sistema Carioca, formado majoritariamente pelo Rio Carioca e abastecia o centro da cidade e a região da Glória, e o sistema Maracanã, formado pelo Rio Maracanã e seus riachos adjacentes, que abastecia as demais freguesias, princi-

---

8 LIMA, Fernando. *Organização e administração... Idem*, p. 43-48.

9 Abreviado como IGOPC a partir daqui.

10 SILVA, Lúcia. *Memórias do urbanismo... Ibidem*, p. 113.

11 SILVA, Lúcia. *Memórias do urbanismo... Ibidem*, p. 114-115.

12 SILVA, Lúcia. *Memórias do urbanismo... Ibidem*, p. 116.

palmente São Cristóvão. A regulação estava sob jurisdição do Ministério dos Negócios do Império.[13] Já em 1860, ocorreu a transferência das competências administrativas do abastecimento de água para o recém criado MACOP.[14]

Irineu Evangelista de Sousa que, na época, ostentava o título de Barão de Mauá, também solicitou uma concessão para o abastecimento de água, criticando as "*despesas exageradas*" da Inspetoria com a aquisição de água. Contudo, seu projeto de abastecimento de água, na verdade, era apenas a complementação de um projeto maior de abastecimento de gás para a cidade.[15]

Baseado nas memórias de Mauá, Jorge Caldeira afirma que o mesmo deixou os projetos com um funcionário do Ministério com a promessa de reembolso caso o projeto fosse executado por outra pessoa. Enquanto isso, chega ao Brasil um empreiteiro inglês de nome Antonio Gabrielli[16], com uma carta de crédito da casa Rothchild e, em 15 dias, consegue a concessão dos serviços. Mauá afirmou que seus cálculos foram cedidos ao empreiteiro por funcionários do governo, sem que ele sequer tenha visitado os locais das obras. Sem a necessidade de realizar os cálculos, o

13 SILVA, Lúcia. *Memórias do urbanismo... Ibidem*, p. 117-118.

14 SILVA, Lúcia. *Memórias do urbanismo... Ibidem*, p. 121.

15 SILVA, Lúcia. *Memórias do urbanismo... Ibidem*, p. 124.

16 Não há quase nenhuma informação biográfica sobre Antônio Gabrielli, apenas informações esporádicas em jornais e uma longa reportagem na Revista de Engenharia, que faz uma exposição histórica sobre suas realizações em Viena. Por exemplo, no mais completo estudo sobre as relações entre o Brasil e a Áustria no período monárquico, não há sequer uma referência sobre sua atuação. Para maiores informações sobre essas relações, conferir: RAMIREZ, Ezequiel Stanley. *As relações entre a Áustria e o Brasil, 1815-1889*. São Paulo: Companhia Editora Nacional, 1968.

preço do projeto teria sido muito menor e, assim, teria justificado a escolha por parte do Estado do projeto inglês.[17]

Enquanto Jesúino Marcondes de Oliveira era titular da pasta do MACOP, houve diversas críticas, principalmente por parte de engenheiros, à capacidade do Estado de desempenhar liderança das obras de abastecimento como se fosse uma empresa.[18] Essas críticas causavam calorosas discussões na imprensa, muito pelo fato de que os engenheiros possuíam um alto grau de legitimidade, mesmo que isso tenha acontecido mais nitidamente após a criação da Escola Politécnica em 1874. Convém lembrar que, de acordo com Edmundo Coelho, os engenheiros "*não botavam a mão na massa, mas sim, examinavam pareceres, contratos e fiscalizavam obras*".[19]

A possibilidade da utilização de uma ferrovia para auxiliar obra não era exatamente uma inovação na época, pois os trens possuem uma altíssima capacidade de transportar toneladas de equipamentos. Contudo, isso se fazia em trajetos pequenos. A proposta de Antonio Gabrielli era, caso não se usasse os ramais da E. F. Dom Pedro II, que se construísse uma ferrovia exclusivamente para as obras do abastecimento. Como os projetos tinham como objetivo trazer água da Serra do Tinguá, a ferrovia teria, em média, 60 quilômetros de extensão. Mas por qual motivo Antonio Gabrielli optou por construir a ferrovia?

---

17 CALDEIRA, Jorge. *Mauá*: empresário do império. São Paulo: Companhia das Letras, 1995, p. 511-512.

18 SILVA, Lúcia. *Memórias do urbanismo... Ibidem*, p. 126.

19 COELHO, Edmundo Campos. *As profissões imperiais*: medicina, engenharia e advocacia no Rio de Janeiro, 1822-1930. Rio de Janeiro: Record, 1999, p. 94-95

Nos relatórios ministeriais e na imprensa, não há uma justificativa exata para isso. É possível que a alternativa de uma nova linha tenha se realizado por dois motivos. Em primeiro lugar, um fato mais fácil de se visualizar é o de que a construção de uma linha totalmente nova movimentaria um montante maior de capitais por parte do Estado para com o empreiteiro e, com isso, a margem de lucro se elevaria substancialmente, apesar de que não necessariamente isso ocorra sempre. Em segundo lugar, levantamos a hipótese de que, como a sobrevivência dos próprios ramais da E. F. Dom Pedro II estava ameaçada, optou-se pela construção de uma linha nova que seguisse, mais ou menos, paralelamente a linha da E. F. Dom Pedro II. Para explicar essa hipótese, vamos analisar um processo que ocorreu, sobretudo, no bairro do Engenho de Dentro.

Ocorreu uma campanha na imprensa pela supressão de ramais ferroviários nos subúrbios, para que não houvesse mais a competição entre passageiros e mercadorias. O oposto ocorre, já que houve um aumento nos horários dos trens de subúrbio, com a diminuição do preço das passagens. A partir de 1875, em média, 16 trens passaram a realizar viagens em direção à Corte Imperial ou ao subúrbio. O funcionamento dos trens começava às 04:00 da manhã na estação de Cascadura. Esse horário surgiu após moradores reivindicarem composições antes das 05:00 da manhã, para chegarem às fábricas. Em 1877, já são 26 trens diários partindo do subúrbio a partir de Cascadura e, em alguns horários, até mesmo de Sapopemba.[20]

20 SERFATY, Elaina Reioli Cirilo. *Pelo trem dos subúrbios*: disputas e solidariedades na ocupação do Engenho de Dentro (1870-1906). Rio de Janeiro: Arquivo Geral da Cidade do Rio de Janeiro, 2018, p. 37 .

Ainda assim, o MACOP continuou na investida de supressão dos horários de trens de subúrbios. A medida foi bloqueada após uma carta de moradores suburbanos endereçada ao imperador. Elaina Serfaty salienta que o discurso desses indivíduos "*atrelava os investimentos imobiliários ao desenvolvimento e a ocupação dos subúrbios*", e que "*os investidores interessados no retorno do lucro de seus vultuosos empreendimentos imobiliários na região eram também sujeitos desse processo de disputa*".[21]

Não podemos esquecer que, entre dezembro de 1879 e janeiro de 1880, o Rio de Janeiro passou por uma das maiores contestações sociais contra o aumento das passagens no transporte público; a revolta do Vintém. De acordo com Ronaldo Jesus, a medida foi adotada para diminuir o *déficit* da coroa. Esse fato, obviamente, não passaria desapercebido pela imprensa local, que considerou a medida extremamente impopular.[22] A sucessão de acontecimentos levou, inclusive, a queda do Gabinete Sininbú.

Um dos periódicos de maior circulação da Corte Imperial era o *Diário da Noite*, de Lopes Trovão. De acordo com Ana Ramos, o jornal foi acusado de "*insuflar a população*" e que, "*após os confrontos, suas edições sofreram sérias dificuldades de circulação*".[23] Devido à violência da repressão de agentes públicos, outros periódicos, como o Gazeta de Noticias, Jornal do Comércio e o Cruzeiro, assinaram uma nota que pedia ao povo moderação e prudência. Periódicos críticos, como a Revista

---

21 SERFATY, Elaina. *Pelo trem... Idem*, p. 41.

22 JESUS, Ronaldo Pereira. *A revolta do vintém e a crise na monarquia*. In: *História Social*, n. 12 2006, p. 73-74.

23 RAMOS, Ana Flavia. Barricadas em rodapés de jornais: Revolta popular e cidadania política na Gazeta de Notícias, 1880. In: Revista de História da USP. n. 179, 2020, p. 10-11.

Ilustrada, também recuaram, considerando o povo ora como *"consciente de seus direitos"* e ora *"manipulável e incapaz de agir autônomamente"*. Posteriormente, a Gazeta de Noticias denunciaria os abusos cometido pelo Estado durante a revolta.[24]

Em 5 de setembro de 1882, a questão da supressão dos trens de subúrbio e as supostas relações do ministro Pádua Fleury com a Companhia de Carris Villa-Isabel voltaram ao debate público, devido a nova investida do MACOP. Por sugestão do vereador Malvino Reis, foi feito um protesto da Câmara dos Vereadores, aprovado por unanimidade, contra as medidas tomadas por parte do MACOP. No dia 18 de setembro, rejeitou-se a sugestão de supressão. A recente revolta do Vintém talvez tenha sido um fator determinante na ocasião, pois algo de magnitude maior poderia acontecer nos subúrbios. Ocorreu uma representação de que os interesses dos investidores convergiam com o dos moradores. Isso não significa que ocorreu um apagamento das diferenças sociais entre as populações do subúrbio e os investidores. As pessoas estavam "*unidas nas diferença pela permanência dos trens de subúrbio*".[25]

Todo esse processo de permanência ou não de ramais ferroviários no subúrbio durou até a 90 do século XIX, portanto, num período bem posterior à construção das E. F. Rio d'Ouro. Naquele momento, o subúrbio do Rio de Janeiro passou a contar com uma maior infraestrutura, principalmente devido aos projetos de transformar a região em subúrbios ferroviários aos molde estadunidense e britânico. Ocorreu uma reivindicação

---

24 RAMOS, Ana Flavia. *Barricadas em rodapés de jornais:* Revolta popular e cidadania política na Gazeta de Notícias, 1880. In: *Revista de História da USP*. n. 179, 2020, p. 10-11.

25 SERFATY, Elaina. *Pelo trem... Ibidem*, p. 47-53.

por obras, principalmente em um contexto de "*guerra pública*" contra a insalubridade do centro da capital. Mesmo assim, na imprensa, a região ainda mantinha uma característica de vida bucólica. Mas também havia um tom desarmônico pois, segundo Elaine Serfaty, construiu-se no momento uma imagem homogênea de um subúrbio carente de investimentos. Um dos principais motores da construção dessa imagem eram as colunas de "*queixas e reclamações*".[26]

## III. 2 O contrato entre o empreiteiro Antonio Gabrielli e o Império Brasileiro:

Com as discussões encerradas sobre diferentes propostas encerradas e com o governo Imperial optando pelo projeto do empreiteiro inglês Antonio Gabrielli, surgiram novas questões. A mais importante de todas seria a cobrança, ou não, de imposto pela água. Não é preciso divagar muito para compreender que a escolha imediata foi pela cobrança. Gilmar Almeida recupera a fala de Jeronymo Jardim, um famoso engenheiro da época, que aparecerá como personagem principal em muitos momentos do texto, e que disse, de forma sintética, que "*a água não era como o ar e não chegava gratuitamente ao estômago*". Os engenheiros não tinham objeções relativas à cobrança de impostos para os variados tipos de usuários, sendo a arrecadação mais do que necessária para o próprio financiamento, entendido não como um direito da população, mas sim como um serviço a ser prestado e consumido.[27]

O mesmo não pode ser dito acerca de hospitais e casas de caridade, que estariam livres da cobrança, assim como a popu-

---

26 SERFATY, Elaina. *Pelo trem... Ibidem*, p. 79-84.

27 ALMEIDA, Gilmar. *A domesticação da água... Ibidem*, p.164.

lação que não tivesse as condições mínimas de poder efetuar os pagamentos. Com isso, as bicas públicas e chafarizes desapareceriam com o tempo.[28] Gilmar Almeida afirma:

> *Pensando desta forma teria o governo dois tipos de usuários: fornecimento intermitente e o fornecimento por medidores. O primeiro era cobrado de acordo com o valor dos imóveis e segundo pela quantidade de água consumida.*[29]

A partir dessa percepção, podemos verificar uma verdadeira luta contra as bicas e os chafarizes, em prol de uma forma mais mercantil de fornecimento de água. Para isso, criou-se uma diretoria especial para essas obras, a Diretoria do Novo Abastecimento, que tinha como objetivo concentrar esforços na construção do gigante e complexo reservatório de Dom Pedro II, junto com as obras da E. F. Rio d'Ouro. Já as vertentes da Carioca e da Tijuca eram entendidas como partes do sistema antigo. Isso era problemático do ponto de vista jurídico e, durante o andamento das obras, "*era costumeiro as falhas no fornecimento, pois um órgão empurrava para o outro a responsabilidade*".[30]

O empreiteiro Antonio Gabrielli possuía uma carta de crédito e recomendações da Casa Rothschild, além de ter a experiência de ter construído o sistema de abastecimento d'água da cidade de Viena. O contrato entre ele e o Império foi assinado em 29 de fevereiro de 1876. Na ausência do empreiteiro, seu representante legal foi Stanley Peter Youle. O objetivo do acordo era para a "*execução das obras e fornecimento de todo o material*

---

28 ALMEIDA, Gilmar. *A domesticação da água... Ibidem*, p.166.

29 ALMEIDA, Gilmar. *A domesticação da água... Ibidem*, p.166.

30 ALMEIDA, Gilmar. *A domesticação da água... Ibidem*, p.180.

*necessário à construção do projeto de abastecimento d'água á cidade de São Sebastião do Rio de Janeiro*".[31]

Fazemos uma ressalva ao utilizarmos o conceito de contrato, tratando-se do Brasil do século XIX, apesar do termo utilizado na documentação ser, de fato, *contrato*. O estabelecimento de vínculos entre partes, na historiografia sobre o século XIX é chamada de "*prática conceitual*". Contudo, o processo de normatização jurídica entre a esfera pública e privada ainda estava em construção. Mesmo assim, podemos considerá-lo um contrato do tipo moderno, firmado entre o governo Imperial e o empreiteiro Antonio Gabrielli, ou seja, sendo, portanto, uma negociação estatal com um ente privado, com o objetivo de fazer uma tarefa delegada pela esfera pública. Essa forma de contrato, nas palavras de Gilmar Almeida, seria conveniente para o Estado, pois com as obras sob responsabilidade de terceiros, "*a fiscalização seria muito mais simples e o pessoal administrativo mais reduzido*".[32]

Essa forma de contrato, por usar trabalho livre, foi diferente das "*práticas contratuais*" ocorridas no século XIX, em relação à experiência de escravização, por exemplo, calcadas em uma série de violências, mas que também eram marcadas:

---

31 *Contracto celebrado entre o Governo Imperial do Brasil e Antonio Gabrielli, subdito inglez (denominado neste contracto "O empreiteiro" para execução de projecto de abastecimento d'água á cidade de S. Sebastião do Rio de Janeiro*. p. 29. [ANEXO] In: MACOP. *Relatorio apresentado á assembléa geral legislativa na primeira sessão da decima sexta legislatura pelo ministro e secretario de Estado dos negócios da Agricultura, Commercio e Obras Publicas, Thomaz José Coelho de Almeida*. Rio de Janeiro: Typographia Perseverança, 1877.

32 ALMEIDA, Gilmar. *A domesticação da água... Ibidem*, p.162

> *Por uma sequência infindável de conflitos e negociações entre escravizados e seus proprietários que, embora travados em condições extremamente desiguais, foram capazes de imprimir uma dinâmica particular e "negociada" ao sistema escravista. A relação entre senhores e escravos se caracterizou pela presença de uma série de cláusulas que, ainda não tivessem força de lei, carregavam o peso dos costumes.*[33]

De acordo com Clemente Penna, isso ocorria pelo fato da sociedade brasileira ainda ter o regime escravista enraizado em suas práticas legais. Daí as discussões acerca da legalidade de um mercado de trabalho que estava em um contexto, década de 1870, de transição do trabalho escravizado para o trabalho livre.[34] No caso de Antonio Gabrielli, essa questão não se aplicava, pois era necessário, por contrato, que se utilizasse força de trabalho livre, e não há registros, até o momento, que força de trabalho escravizada tenha sido utilizada.

O projeto foi organizado pela IGOPC e uma das obrigações era a construção de um "*tramway*" para auxílio nas obras, além do fornecimento de todo o material necessário para a obra. Um detalhe interessante do contrato é que a ferrovia só seria construída caso as tubulações não seguissem em paralelo as linhas da E. F. Dom Pedro II.[35]

O governo, em um prazo de seis meses, comprometeu-se a colocar à disposição do empreiteiro todos os terrenos necessários à construção da obra, além do fornecimento de todos os desenhos e plantas necessários. Em caso de demora no fornecimento para

33 PENNA, Clemente Gentil. *Economias urbanas*: Capital, créditos e escravidão na cidade do Rio de Janeiro, 1820-1860. Tese de doutorado em História Comparada. Rio de Janeiro: UFRJ, 2017, p.19.

34 PENNA, Clemente. *Economias urbanas... Idem*, p. 20.

35 *Contracto celebrado... Idem*, p. 31.

obras não previstas, o empreiteiro não seria indenizado. Houve um cuidado especial em relação aos planos de obras não recebidas, que não poderiam sair do escritório da IGOPC.[36]

A ação do empreiteiro em relação à modificação e adaptação das obras ficou engessada pela cláusula 11 do contrato, que proibia o mesmo de alterar os planos entregue pelos técnicos, sob a pena da mesma ser demolida. Um fato importante a ser sinalizado é que:

> *Em todos os casos o empreiteiro é o único responsável perante o Governo pela fiel execução do presente contrato; e por todos os danos públicos ou particulares que causas na execução das obras ou de tudo que com estas tenha relação.*[37]

A futura ferrovia seria construída seguindo o leito da Estrada da Polícia, caso a opção de seguir a E. F. Dom Pedro II fosse abandonada. Caso fosse considerada, o empreiteiro construiria um pequeno ramal do depósito de tubos até um local onde fosse possível acessar a ferrovia. Essa opção foi descartada e optou-se pela construção de uma nova estrada de ferro. O pagamento das obras seria feito em moeda corrente, mensalmente, e de cada pagamento seria reduzida a quantia de 5% como caução. O empreiteiro seria responsável por seis meses pelas obras e, somente após esse período, ele estaria autorizado a retirar a caução disponível.[38]

Sobre a tubulação, o governo teria a opção de fabricar em território nacional com engenheiros de sua escolha. Contudo, como veremos adiante, isso não ocorreu, e o empreiteiro teve seu fornecimento de tubos no estrangeiro. Todo o material ne-

---

36 *Contracto celebrado... Ibidem*, p. 32.

37 *Contracto celebrado... Ibidem*, p. 34.

38 *Contracto celebrado... Ibidem*, p. 35.

cessário para a construção e conservação seria livre de direitos, gozando de vantagens semelhantes a qualquer obra pública feita pela administração estatal.[39]

A força de trabalho necessária na obra seria livre e fornecida pelo empreiteiro, com jornadas de trabalho de até 9 horas. As obras feitas sob administração, ou seja, pelo Estado, que demandassem trabalhadores associados às obras do referido contrato, deveriam ser fornecidos pelas mesmas tarifas acertadas para as obras feitas pelo empreiteiro.[40]

As obras iniciaram-se ainda em 1876, ano em que ocorreu o assentamento dos trilhos da 1° sessão e o preparo para as conduções das tubulações. Já o ano de 1878 foi tranquilo a respeito do ritmo das obras. Existiu uma expectativa do aumento da receita do Estado com a instalação das novas penas d'água em quase 300:000$. Também foi construída a 2° sessão da ferrovia, cujo trecho finalizado já tinha transportado 3.768 tubos de canalização gera, 1.051 barricas de cimento, 1.724 barras de chumbo e 34.000 tijolos. A justificativa na demora da abertura do tráfego para passageiros foi de que isso poderia implicar na demora da conclusão das obras. A partir do momento que a ferrovia atingisse a localidade da Pavuna, o tráfego seria autorizado.[41]

---

39 *Contracto celebrado... Ibidem*, p. 37-39.

40 *Contracto celebrado... Ibidem*, p. 45.

41 JARDIM, Jeronymo Rodrigues de Moraes. *Relatorio da Inspectoria Geral das Obras Publicas apresentado a S. Ex. o Sr. Conselheiro João Lins Vieira Cansanção de Sinimbu, ministro e secretario de Estado dos negocios da agricultura, commercio e obras publicas, por Jeronymo Rodrigues de Moraes Martins, inspector geral*. p. 8 [ANEXO]. In: MACOP. *Relatorio apresentado à Assembléa Geral na segunda sessão da décima legislatura pelo ministro e secretario de Estado dos Negocios da Agricultura, Commercio e Obras Publicas, João Lins Vieira Cansanção de Sinimbu*. Rio de Janeiro: Imprensa Industrial de João Paulo Ferreira Dias, 1879.

O andamento das obras mostrou que o antigo regulamento de 4 de maio de 1866 estava obsoleto e seria institucionalmente ineficaz para solucionar a questão. Sendo assim, Jeronymo Jardim foi incumbido de organizar um novo regulamento.[42] Seu relatório justificou a necessidade de obras a partir do colapso no abastecimento ocorrido devido à intensa crise hídrica de 1879, na qual, entre julho e agosto, choveu apenas por 4 dias. Afirma o engenheiro:

> *Em emergência tão difícil tomou esta Inspetoria todas as providências a seu alcance, e lançou meios, que já havia disposto para casos extremos. Toda a cidade foi sujeita ao regime de distribuição intermitente; estabeleceu-se a fiscalização mais rigorosa a fim de evitar-se que as águas do abastecimento da cidade fossem abusivamente distraídas em caminho; proibiu-se expressamente que as carroças de pipas d'água fizessem provisão nas bicas destinadas aos aguadeiros do serviço doméstico, e suspendeu-se o fornecimento aos estabelecimentos industriais, assim como aos navios surtos no porto. De par com as precauções expostas criou esta Inspetoria, previamente autorizada por V. Ex., um serviço de transporte d'agua pelo tramway do Rio do Ouro, em relação às necessidades do caso, e fez distribui-la regularmente na Ponta do Cajú, às lanchas que ali a iam buscar para os arsenais de guerra e marinha, assim como aos armadores e mais industriais, a quem se passavam guias, conforme a concessão de cada um.*[43]

Conforme apontado no relatório, enquanto as obras não ficavam prontas, a solução para atenuar a crise foi a autorização provisória para o transporte de água nos carros da E. F. Rio d'Ouro. Em novembro do corrente ano, a canalização atingiu

42 JARDIM, Jeronymo. *Relatorio... Idem*, p. 6.

43 JARDIM, Jeronymo. *Relatorio... Ibidem*, p. 7.

níveis satisfatórios, permitindo de forma emergencial o suprimento de 1 milhão de litros de água por dia.[44]

O fato de as obras serem recentes não significou um ritmo moderado de trabalhos de reparo. Na tabela abaixo, podemos ter dimensão dos serviços prestados pela IGOPC nos cinco distritos o qual foi responsável no ano de 1879:

| **Tipo de serviço** | **Quantidades** |
|---|---|
| Conserto nos encanamentos de ferro | 604 |
| Conserto nos encanamentos de chumbo | 3.642 |
| Conserto nos encanamentos betuminosos | 238 |
| Conserto nos ramais de torneira pública | 2.189 |
| Conserto nas derivações de penas d'água | 562 |

Fonte: JARDIM, Jeronymo. *Relatorio... Ibidem.*

O relatório não apresentou valores e a única informação expressa é a de que o conserto de tubos betuminosos foi de caráter experimental. Podemos levantar a hipótese de que a preferência por tubos de ferros fundidos deu-se pelo fato de que os mesmos avariavam menos, ao contrário dos encanamentos de chumbo. O alto número de consertos de torneiras públicas e penas d'agua deu-se, provavelmente, pois eram antigas ou foram substituídas por novas, com o intuito de otimizar a distribuição de água. A rede de tubulações na cidade do Rio de Janeiro chegou aos 400 quilômetros em 1879.[45]

As obras coordenadas por Antonio Gabrielli tiveram um bom andamento, e a população teria usufruído da água canalizada se as obras não tivessem perdido o fôlego ao se separarem do leito

44 JARDIM, Jeronymo. *Relatorio... Ibidem*, p. 7.

45 JARDIM, Jeronymo. *Relatorio... Ibidem*, p. 8.

da ferrovia O motivo do afastamento não foi informado, mas isso demonstra que em algumas localidades, as tubulações não seguiam exatamente o traçado do leito da ferrovia, que se encontrava em bom estado de conservação em sua estrutura, necessitando apenas a troca de alguns dormentes que se achavam estragados.[46]

Outro motivo que levou a queda no ritmo de trabalho das obras foram as contendas judiciais com donos de terrenos marginais ao Rio São Pedro. Essa disputa só foi resolvida através de desapropriação judicial. Foi citada no relatório a existência de plantas do vale do rio.[47] Até o presente estágio da pesquisa, não encontramos tais documentos depositados no Arquivo Nacional.

No ano de 1879, as obras do Rio do Ouro já estavam quase concluídas, ao passo que as obras do Rio Santo Antonio ainda não tinham começado. Algumas obras foram construídas por administração, sendo ajustadas depois com o empreiteiro. Um dos empecilhos para o prosseguimento das obras foi a falta de válvulas utilizadas nas caixas e represas, que naquele momento, ainda não tinham sido assentadas.[48]

O ano também foi intenso para os trabalhadores da ferrovia. O transporte de tubos em carros-prancha e as obras de reparo da via consumiram muito tempo e energia, com a construção de pontes de alvenaria. Ritmo esse que diminuiu apenas no último trimestre do ano, impedindo até mesmo que o relator conseguisse estabelecer um prazo para o término das obras.[49]

---

46 JARDIM, Jeronymo. *Relatorio... Ibidem*, p. 14.

47 JARDIM, Jeronymo. *Relatorio... Ibidem*, p. 15.

48 JARDIM, Jeronymo. *Relatorio... Ibidem*, p. 60.

49 JARDIM, Jeronymo. *Relatorio... Ibidem*, p. 170.

Alguns fatos atrapalharam o andamento das obras de canalização e expansão da ferrovia. Antonio Gabrielli suspendeu alguns trabalhos depois de ter feito uma reclamação formal acerca de supostos baixos valores pagos pelo governo. Não tinha sido a primeira vez que as obras eram paralisadas a mando do empreiteiro. Jeronymo Jardim afirmou que "*não sendo julgadas plausíveis as razões invocadas pelo empreiteiro para justificar a súbita suspensão de trabalhos tão urgentemente reclamados, foi multado em 10:000$*". Essa punição somou-se a três multas que totalizavam 3.000$000, aplicadas também pelo antecessor do inspetor.[50]

Foi determinante, na diminuição do ritmo das obras, a saída de alguns engenheiros da comissão. Em particular, a saída de Honório Bicalho, motivada por desavenças com Antonio Gabrielli, que o substituiu provisoriamente na superintendência geral dos trabalhos. Foi o único momento em que o empreiteiro acumulou cargos na condução da obra. O comentário de Jeronymo Jardim é elogioso ao seu colega, pois afirmou no relatório que Honório Bicalho é:

> *Em todo o largo período da sua direção, se houve invariavelmente com escrupulosa fidelidade no desempenho das obrigações da empresa para com o Estado, tendo merecido da Inspetoria Geral público testemunho do seu honroso juízo".* [51]

O engenheiro Borja Castro, na condição de diretor engenheiro-fiscal, afirmou que a população seria privada de abastecimento enquanto a questão dos mananciais do Tinguá não se resolvesse.[52]

---

50 JARDIM, Jeronymo. *Relatorio... Ibidem*, p. 170.

51 JARDIM, Jeronymo. *Relatorio... Ibidem*, p. 170.

52 CASTRO, Agostinho Victor de Borja. *Relatorio apresentado a S. Ex. O Sr. Conselheiro Manoel Buarque de Macedo, ministro e secretario d'estado dos*

A entrada na década de 80 do século XIX foi desconfortável para a Coroa. O regime monárquico, para a opinião pública concentrada principalmente na Corte Imperial, era um sistema travado que impedia reformas urgentes. A associação entre a figura de Dom Pedro II, já bastante adoecido, e a própria Coroa era primordial. Havia uma dúvida generalizada se, de fato, ocorreria um Terceiro Reinado. A própria máquina pública estava a par dos fatos. Isso, porém, não significa que não houvessem pessoas de vislumbrassem a possibilidade de reformas como medida para manutenção de uma monarquia combalida. De acordo com Maria Mello, os "*homens de governo*" estavam cientes da necessidade de tais reformas e chegaram, até, a ensaiar projetos de reforma sistêmica.[53] A crise na última década do Império se refletiu de formas distintas no dia-a-dia da ferrovia.

No ano de 1880, ocorreram grandes testes com 2.211 tubos na Ponta do Cajú, onde somente 37 se perderam por se acharem fendidos. Sobre os tubos curvos, perdeu-se apenas 5. Os dados expostos no relatório afirmam que "*embarcaram com destino a casa Winter de Visser, de New York, 406.400 quilogramas de ferro dos tubos quebrados nas experiências, em novembro 508.000 quilogramas para Glasgow aos fabricantes de tubos*".[54] Portanto, os tubos de ferro

*negocios da agricultura, commercio e obras publicas por A. Victor de Borja Castro, diretor engenheiro-fiscal.* p. 5. [ANEXO]. In: MACOP. *Primeiro volume de annexos ao relatorio apresentado à Assembléa Geral na primeira sessão da decima oitava legislatura pelo ministro e secretario de Estado interino dos Negocios da Agricultura, Commercio e Obras Publicas, José Antonio Saraiva.* Rio de Janeiro: Typographia Nacional, 1881.

53 MELLO, Maria Tereza Chaves de. A república consentida: Cultura democrática e científica do final do Império. Rio de Janeiro: Editora FGV, 2007, p. 181.

54 CASTRO, Agostinho. *Relatório... Idem*, p. 28.

utilizados na obra eram importados. Mesmo em situações de emergência, onde as fundições de Ponta da Areia pudessem ser utilizadas, optou-se por importar.

O ano de 1880 não aparentou ser um bom período para a E. F. Rio d'Ouro. Começam a aparecer problemas relativos aos dormentes da ferrovia, e a ausência de segurança nas operações tornou-se uma companheira de viagem para quem precisava utilizar a ferrovia para se deslocar para os campos de trabalho; viagem essa que, com o avanço das obras, tornou-se cada vez mais incomum. Citamos Borja Castro:

> *Não estão ainda substituídos todos os dormentes estragados, e pois a linha não oferece toda a segurança (...). Embora o serviço dos transportes não seja atualmente muito ativo, todavia o engenheiro chefe da construção tem insistido com a empresa para dar cumprimento a esta obrigação, de conservar a linha em boas condições de tráfego.*[55]

Logo após relatar os problemas advindos da má conservação do material rodante, Borja Castro narra que há uma disputa de interesses entre os moradores que ansiavam por transporte de passageiros por onde passou a ferrovia e a empresa construtora, que insistiu que essa transformação atrapalharia o andamento das obras:

> *O serviço misto de cargas e passageiros não está estabelecido, como desejavam os moradores do lugar, por se opor a isto a empresa, pretextando que tal serviço produziria alguma complicação nos transportes dos materiais, e assim o melhoramento projetado ficou para ser realizado quando a linha estiver desimpedida.*[56]

---

55 CASTRO, Agostinho. *Relatório... Ibidem*, p. 30.

56 CASTRO, Agostinho. *Relatório... Ibidem*, p. 30.

Mesmo com baixo tráfego na linha principal da ferrovia, o ano de 1880 marcou também o início das obras do Ramal Carlos Padeiro, que ia ao encontro do campo de trabalho no Rio São Pedro. Os moradores da localidade, em diversas as ocasiões, embargaram as obras, o que provocou, em alguns casos, a total dispersão dos operários. Esses embargos também atrapalharam as obras da represa do Rio Santo Antonio, que só foi concluída nos últimos dias de dezembro. As chuvas do período, contudo, criaram diversos abalos e, com isso, revelaram-se quase de imediato os problemas estruturais recorrentes de falhas de projeto e construção. Foi insistido com o empreiteiro a necessidade de cumprir os planos originais expostos nos contratos.[57]

A inauguração do reservatório Dom Pedro II, o principal do novo sistema, mostrou-se problemática. Poucos dias após a inauguração, surgiram fendas no concreto usado nas muralhas, nos fundos e na cobertura. Montou-se uma comissão de investigação formada por Milnor Roberts, J. Revy, Borja Castro e André Rebouças, e a solução encontrada foi a de suspensão provisória das obras. Existia, portanto, um sério problema de penetração de água no solo.[58]

Logo após o fato, aconteceu uma reunião em 12 de junho de 1881, no qual tiveram presentes os engenheiros Jeronymo Jardim, Agostinho Victor de Borja Castro, Honorio Bicalho, Luiz Francisco Monteiro de Barros, Domingos José Rodrigues e Raymundo Teixeira Belford Roxo, cuja ata é citada no documento, e o parecer

---

57 CASTRO, Agostinho. *Relatório... Ibidem*, p. 31.

58 MACOP. *Relatorio apresentado à Assembléa Geral na primeira sessão da decima oitava legislatura pelo ministro e secretario de Estado interino dos Negocios da Agricultura, Commercio e Obras Publicas, José Antonio Saraiva*. Rio de Janeiro: Typographia Nacional, 1882, p. 149.

apresentado por Borja Castro é de falha no projeto, afinal, segundo ele, "*quando o reservatório esta vazio não há perigo, mas quando está com água...*", afirmando também que "*a linha interna do perfil transversal da muralha devia ter sido mais inclinada*".[59]

O surgimento de novas falhas estruturais na obra leva Borja Castro a pedir sua exoneração. Com isso, Francisco de Paula Bicalho assume a direção das obras por administração, enquanto Raymundo Teixeira Belford Roxo assume a comissão relativa ao encerramento da empreitada de Antonio Gabrielli. Com isso, paralisam-se as obras relativas aos compartimentos superiores do reservatório.[60]

As obras do reservatório de São Bento se concluíram sem maiores problemas. O mesmo não se pode dizer sobre os reservatórios de Santa Tereza e do Morro da Viúva. Sobre o primeiro reservatório, o relatório afirma que, após um procedimento de esvaziamento, revelaram-se extensas fendas. O empreiteiro Antonio Gabrielli foi convocado para realizar as obras de reparo. Novamente foi feito um procedimento de esvaziamento, e as fendas reapareceram, gerando uma tensão entre o empreiteiro com a Inspetoria, que aplicou uma multa de 1:000$ ao contratado. Já sobre o reservatório do Morro da Viúva, as tensões entre o empreiteiro e um sub-empreiteiro, que não é nomeado, somadas à dificuldade de desapropriação de terrenos e a falhas no projeto, levaram ao surgimento de duas fendas que atravessavam toda a espessura, em que:

---

59 MACOP. *Relatorio apresentado à Assembléa Geral na primeira sessão da decima oitava legislatura... Idem*, p. 150.

60 MACOP. *Relatorio apresentado à Assembléa Geral na primeira sessão da decima oitava legislatura... Ibidem*, p. 152.

> *Julgou conveniente o ex-diretor demolir o canto perto do qual se haviam mostrado as fendas, ou reforçá-los por meio de contraforte. Não tendo o empreiteiro começado uma ou outra destas obras, foi-lhe marcado prazo de seis meses para a concluir, sob pena de multa.*[61]

Logo após o fato, ocorre um acidente e, na avaliação de Borja Castro, "*tudo isto faz crer [...] que o acidente provém da má construção*".[62] A situação calamitosa da condução das obras levou ao abandono, por parte de muitos técnicos, da empresa de Antonio Gabrielli. Isso foi fartamente noticiado na Revista de Engenharia. De acordo com o artigo, a demissão em massa só causaria estranheza a quem não acompanhou a forma como a qual as obras ocorreram.[63] Com um tom crítico, o artigo endossa a tese de Mauá de que Antônio Gabrielli era um aventureiro, pois:

> *Apesar de haver propostas, nas quais falou-se, estavam interessados, além de outros nacionais, os distintos engenheiros ingleses Gotto e Benest, vantajosamente conhecidos por terem dirigido os trabalhos de esgotos desta cidade, foi entretanto, com surpresa geral, contratada a empreitada com o Sr. Antonio Gabrielli, que bem pode parodiar a César e dizer: Veni, vidi, vici.*[64]

Prossegue o artigo afirmando que "*causou até assombro a presteza com que foi decidido negócio de tal magnitude*". E as consequências, é claro, seriam pagas pelos contribuintes. Alguns dados interessantes são revelados, como por exemplo, o fato de que

---

61 MACOP. *Relatorio apresentado à Assembléa Geral na primeira sessão da decima oitava legislatura... Ibidem*, p. 154.

62 MACOP. *Relatorio apresentado à Assembléa Geral na primeira sessão da decima oitava legislatura... Ibidem*, p. 152-154.

63 *Revista de Engenharia*. Anno II, num 2, p. 1.

64 *Revista de Engenharia*. Anno II, num 2, p. 1. *Idem*.

Gabrielli contratou rapidamente cada tubo por 12 libras, ao passo que, na verdade, ocorreu uma subcontratação, pois em Glasgow o empreiteiro conseguira tubos por preços que girava em torno de 5 e 6 libras, ou seja, o lucro do empreiteiro não se dava apenas com o contrato de licitação, mas também com a possibilidade de comprar material com preço superfaturado.[65]

A passagem da administração para o engenheiro Eduardo Lynch não solucionou os problemas. Este, inclusive, posteriormente moveria um processo contra Antônio Gabrielli. A empresa passou a ser dirigida por José Bulhões, que não tinha boas relações com Antônio Gabrielli, e que viria a falecer em seguida, em um desastre nas próprias obras da construção do Novo Abastecimento de Água. A crise generalizada na condução das obras só foi solucionada através da intervenção de André Rebouças. Este, em acordo com Antônio Gabrielli, alçou Honório Bicalho ao posto de condutor das obras. Por fim, este também abandonaria as obras, e Antônio Gabrielli, a contragosto de todo o corpo técnico e já gerando desconfianças, voltaria ao controle das obras. Apesar de narrar em detalhes todos os problemas, a Revista de Engenharia, que no ano seguinte publicou um artigo traduzido com tom elogioso, citado anteriormente, posicionou-se contra a saída de vários engenheiros de renome:

> *Não aplaudimos as retiradas em massa, porque podem vir a ser traduzidas como paredes, isto é, como imposições por meio da resistência passiva. O que nos penaliza é ver que quem mais sofrerá com tudo isto é o publico.*[66]

65 *Revista de Engenharia*. Anno II, num 2, p. 1. *Ibidem.*

66 *Revista de Engenharia*. Anno II, num 2, p. 1. *Ibidem.*

Se na Corte Imperial ocorriam problemas relativos à má condução das obras e a falhas de projeto, na Serra do Tinguá, a grande dificuldade era reorganizar as obras de abastecimento devido às fortes chuvas que atingiam a região no ano de 1881, e prejudicaram as represas do Rio Santo Antonio e Rio do Ouro. Tais chuvas também prejudicaram a E. F. Rio d' Ouro, que precisou de obras de reparos em seu leito. Nesse momento, realizam-se também outras obras necessárias como a troca de dormentes e aterros dos pântanos do Retiro Saudoso e Pavuna, por onde passava a Estrada da Polícia, principal via que guiou o assentamento dos trilhos.[67]

No ano de 1881, a dificuldade de desapropriação de terrenos por onde deveriam passar as tubulações secundárias do sistema, além dos trilhos da ferrovia, também se tornou um grande problema a ser enfrentado pela IGOPC na condução das obras. Em relação ao Rio São Pedro, por exemplo, optou-se por explorar uma vertente da Serra do Tinguá onde nasciam vários mananciais, o que não impactou de forma significativa o orçamento previsto da obra. Contudo, o imbróglio atingiu a proporção de prejudicar a própria contabilidade a ser apresentada a Assembleia Geral, pois:

> *O estado e a natureza das obras, por se acharem algumas em estudo à vista das dificuldades da desapropriação dos terrenos do Rio São Pedro, não permitem a organização de orçamento cujas previsões inspirem absoluta confiança".*[68]

---

67 MACOP. *Relatorio apresentado à Assembléa Geral na primeira sessão da decima oitava legislatura... Ibidem*, p. 156.

68 MACOP. *Relatorio apresentado à Assembléa Geral na primeira sessão da decima oitava legislatura... Ibidem*, p. 158.

As obras, de 1875 até novembro de 1882, já tinham consumido um montante de 19.872:317$990.[69] Já em estado final, as obras da E. F. Rio d' Ouro necessitaram apenas de 45:000$000 para sua conclusão. Bem mais custoso foi o assentamento de 12 quilômetros de tubos condutores, que consumiram 100:000$000. A conclusão dos principais trechos da ferrovia e o assentamento de nove ligações no Rio do Ouro proporcionaram uma melhora progressiva no fornecimento de água à cidade do Rio de Janeiro. A necessidade de abastecimento, mesmo evoluindo em relação a anos anteriores, precisou do reforço dos carros da E. F. Rio d'Ouro, que transportava a água até a Ponta do Cajú, para uma distribuição intermitente. De lá, a água corria por novas tubulações, ou mesmo, pelo antigo sistema de distribuição feito de casa em casa. Provisoriamente, o problema da água estava sendo solucionado com as obras, mas, de acordo com o relatório de Antonio Saraiva, "*de idêntico melhoramento carecem, entretanto, numerosas ruas, não incluídas no projeto do novo abastecimento, e n'outras os encanamentos necessitam pronta substituição*".[70]

Com o andamento das obras, a necessidade de uma nova reforma da IGOPC ficou cada vez mais nítida, e foi salientada por Antonio Barros, que ocupava o cargo de chefia em 1881. Em anexo ao relatório apresentado por José Saraiva à Assembleia Geral, o inspetor geral afirmou:

> *Organizada por decreto de 2 de junho de 1843, tem esta repartição sofrido posteriormente tantas alterações que me afastarei muito da*

---

69 MACOP. *Relatorio apresentado à Assembléa Geral na primeira sessão da decima oitava legislatura... Ibidem*, p. 158.

70 MACOP. *Relatorio apresentado à Assembléa Geral na primeira sessão da decima oitava legislatura... Ibidem*, p. 160-162.

> *realidade dizendo que por nenhum regulamento se rege. Bastará esta circunstância para fazer sentir a urgente necessidade de reformá-la, atendendo não só aos importantes e vários sérvios que tem a seu cargo, como à sorte do seu pessoal que atualmente é em geral mal retribuído, e se acha em posição inferior à dos outros empregados dos ministérios, administração provincial e Câmara Municipal, que de certo não têm melhor direito para gozar de vantagens, de que são aliás merecedores, mas que infelizmente não cabem ainda aqueles seus companheiros.*[71]

Antônio Barros sustentou uma narrativa de que os recursos limitados perpetraram uma dificuldade, mas o trabalho da repartição conseguiu, ao fim, atender de forma satisfatória à população.[72] A obrigatoriedade do suprimento de água para proprietários e moradores se deu em 1875 e, por isso, existia a necessidade de substituição de diversos encanamentos. Mas o parecer final é mais pragmático, pois, "*não é possível em um ou dois anos assentar encanamentos em todas estas ruas, a menos que se elevem de muito as despesas do Estado*".[73]

Este relatório é muito interessante pois expõe de forma mais aberta a opinião do relator, ao contrário de outros documentos que se esforçam em apresentar uma descrição puramen-

---

71 BARROS, Antonio Augusto Monteiro de. *Relatorio apresentado a s. ex. sr. Conselheiro José Antonio Saraiva, presidente do Conselho de Ministros, Ministro e Secretario d'Estado dos negócios da Fazenda e interino dos da Agricultura, Commercio e Obras Publicas, por Antonio Augusto Monteiro de Barros, inspetor geral*. p. 5. In: MACOP. *Primeiro volume de annexos ao relatorio apresentado à Assembléa Geral na primeira sessão da decima oitava legislatura pelo ministro e secretario de Estado interino dos Negocios da Agricultura, Commercio e Obras Publicas, José Antonio Saraiva*. Rio de Janeiro: Typographia Nacional, 1881.

72 BARROS, Antonio. *Relatorio... Idem*, p. 6.

73 BARROS, Antonio. *Relatorio... Ibidem*, p. 7.

te estatística. Em relação ao serviço florestal, o autor revela ter consciência de que os problemas referentes as secas na cidade davam-se, sobretudo, pelo desmatamento de florestas. Destacamos para ilustrar a hipótese uma longa citação:

> *A este importante serviço está tão intimamente ligado o regime das águas que suprem os encanamentos, especialmente os do Maracanã e Carioca, que nunca serão de mais os cuidados e despesas empenhados em sua conservação e necessário desenvolvimento para que, abrangendo maior zona, torne mais amplos os benéficos resultados que seguramente fornecerá em época embora mais ou menos remota. A devastação das matas, que há cerca de 30 anos ainda circundavam a cidade, pouco a pouco foi fazendo sentir seus inconvenientes; as nascentes começaram a enfraquecer umas, outras desapareceram e a falta d'água nos encanamentos da cidade tornou-se cada vez mais, de ano para ano. As matas, que até então afluíram na atmosfera para formação de chuvas regulares, não só impediam que águas de despenhassem pelas encostas das montanhas, como principalmente concorriam para conservar a força das nascentes, senão aumentá-la, facilitando em maior escala sua infiltração até as correntes e depósitos subterrâneos, origem das fontes e cursos d'água. Felizmente de 1862 para cá começou-se a empregar, em escala mais ou menos limitada, os meios necessários para evitar o prosseguimento da devastação das matas, criando-se o serviço florestal de que estou tratando [...].*[74]

Em outro relatório interno, de 16 de julho, apresentado por Borja Castro para o ministro José Antonio Saraiva para o primeiro semestre de 1881, afirmou-se que, com a exceção do pavilhão de registros, todas as obras do reservatório Dom Pedro II foram feitas por administração, onde Antonio Gabrielli ficou responsável apenas pelo pessoal, material e aparelhos. O diretor

---

74 BARROS, Antonio. *Relatorio... Ibidem*, P. 9.

faz uma crítica ao resultado final das obras da nova cascata do Tinguá, em que foi necessário um "*melhoramento de subido valor*", que foi pô-la em "*lugar que a torna visível de mui longe*", para evitar o acumulo de resíduos no reservatório. Isso demandaria uma operação de limpeza custosa.[75]

Sobre o reservatório de Santa Tereza, Borja Castro apontou falhas estruturais na obra e, mesmo com as modificações que foram feitas a mando de Antonio Gabrielli, elas reapareceram. Novamente, o diretor critica o empreiteiro, afirmando que o terreno não pode ser culpabilizado pelas falhas no projeto e muito menos o tamanho da placa de concreto utilizada, que foi a mesma do reservatório São Bento, e este não teve problemas. Borja Castro afirma que "*o empreiteiro empregava cimento com demasiada quantidade de resíduos, até 40% [...], portanto não admira o que foi observado no concreto desse reservatório*".[76]

Não foi a primeira vez que Antonio Gabrielli era acusado de utilizar materiais de má qualidade. Ao que parece, a utilização de cimento com resíduos, sem passar pelo processo de peneiração, deu-se como estratégia para a redução dos custos da obra, aumentando assim a taxa de lucro do empreiteiro. Borja Castro é enfático ao afirmar que "*substituído semelhante concreto, nenhum outro acidente se dará*". Apesar das críticas, o empreiteiro alegou não ser responsável pelo fato e, por isso, não fez a substituição.[77]

---

75 CASTRO, Agostinho Victor de Borja. *Relatorio do Dr. A. Victor de Borja Castro, diretor. p. 6.* [ANEXO]. *In*: MACOP. *Primeiro volume de annexos ao relatorio apresentado à Assembléa Geral na primeira sessão da decima oitava legislatura pelo ministro e secretario de Estado interino dos Negocios da Agricultura, Commercio e Obras Publicas,* José Antonio Saraiva. Rio de Janeiro: Typographia Nacional, 1881.

76 CASTRO, Agostinho. *Relatorio... Idem*, p. 8.

77 CASTRO, Agostinho. *Relatorio... Ibidem*, p.8.

Borja Castro segue seu relatório fazendo críticas à condução das obras do reservatório do Morro da Viúva por parte do empreiteiro, que novamente teve um desacordo com subempreiteiros e com proprietários de terrenos na região. Resolvida a contenta, as obras prosseguiram em um ritmo regular, até que foi paralisada novamente devido a fendas nas muralhas. Foi apresentado ao empreiteiro as opções de demolir a obra, ou, então, reforçá-la com contraforte. Contudo, nada foi feito. O diretor expressou sua indignação com Antonio Gabrielli no relatório para José Antonio Saraiva, pois o empreiteiro mais uma vez recorreu a requerimentos judiciais para se livrar de suas responsabilidades em falhas técnicas:

> *Embora preferisse o segundo alvitre por mais econômico, ao empreiteiro comuniquei que lhe cumpria construir caso não quisesse demolir o que estava feito segundo expressa determinação do contrato; mas o empreiteiro nada disto fez, até que em data de 5 de abril fui obrigado a marcar-lhe o prazo de seis dias para dar execução ao que lhe fora ordenado, declarando-lhe incorrer na multa de 500$ si o não fizesse. Apesar disto o contraforte não foi principiado e nem demolido o canto, tendo o empreiteiro recorrido desta minha decisão em requerimento pelo qual alegou não ser responsável pelas obras que executara; mas V. Ex. indeferindo semelhante pretensão, confirmou a multa imposta. Até a presente data a empresa tem-se ocupado em transportar o material com muito vagar, mas por minha parte não tinha perdido de vista semelhante objeto e quando julgar conveniente acelerar o trabalho, marcarei novo prazo e multa dobrada pela reincidência. Por ora deixarei que sejam esgotados todos os recursos e exames até que a empresa se convença de que o acidente das muralhas deste reservatório provém de sua má construção.*[78]

78 CASTRO, Agostinho. *Relatorio... Ibidem*, p 9.

Em relação à E. F. Rio d'Ouro, o primeiro semestre de 1881 foi um período de conserto de dormentes, que estavam em péssimo estado. As obras mais importantes nesse momento foram: a construção de pontes, aterros em pântanos, principalmente na Pavuna, e muralhas, com o objetivo e conter encostas e assim preservar o leito da ferrovia, que sempre tinha problemas de interdição devido a desmoronamentos em época de chuva intensa. O empreiteiro tratava com desleixo a conservação da ferrovia, principalmente em relação a dormentes. Contudo, a ferrovia não podia ser paralisada, pois isso implicava na diminuição do ritmo das obras do abastecimento, ou mesmo a interrupção, o que ia contra o contrato assinado com o Governo Imperial.[79]

Já no relatório de 1 de dezembro de 1881, também apresentado a Antonio José Saraiva, Francisco Bicalho recordou que, com a exoneração a pedido do próprio Borja Castro, ocorreu a divisão da comissão original em duas. Com isso, abriu-se caminho para a liquidação do contrato com Antonio Gabrielli. A primeira comissão ficou responsável pela liquidação e condução das obras sob administração, enquanto a segunda comissão ficou sob comando do próprio Francisco Bicalho, que afirmou que "*para dirigir interinamente esta segunda comissão fui nomeado por Portaria de 14 de agosto e tomei posse do cargo a 11 do mesmo mês*". Depois de ser alçado à condição de diretor interino, essa nova comissão ficou "*encarregada da execução de todas as demais obras para o novo abastecimento d'água*".[80]

79 CASTRO, Agostinho. *Relatorio... Ibidem*, p. 13.

80 BICALHO, Francisco de Paula. *Relatorio apresentado a S. Ex. Sr. Conselheiro José Antonio Saraiva, Presidente do Conselho de Ministros, Ministro e Secretario de Estado dos Negócios da Fazenda e interino dos da Agricultura, Commercio e Obras Publicas, por Francisco de Paula Bicalho, Director-chefe*. p. 17. [ANEXO]. In: MACOP. *Primeiro volu-*

Esse relatório possui uma escrita mais descritiva e técnica, com bastante uso de expressões do campo da engenharia. O texto iniciou-se debatendo exatamente a questão dos acidentes, que levaram Borja Castro a deixar a direção das obras. Francisco Bicalho explicou que, em vista da grande quantia que o Estado empregou na obra, foi necessária uma longa explicação ao "*espírito publico*", que estava cheio das "*apreensões e receios*".[81]

Nesse período, ocorreu a resolução de alguns problemas que ainda estavam em aberto. A questão das fontes e do abastecimento do matadouro eram dois dos principais. A liquidação do contrato com Antonio Gabrielli só foi possível quando o mesmo encomendou 14 fontes de ferro e duas fontes de pedra. Já as obras de abastecimento d'água do matadouro acabou sendo contratadas com o empreiteiro Pedro Leandro Lamberti.[82]

Contudo, prosseguiam as questões relativas à desapropriação de terrenos na Serra do Tinguá. Os proprietários da região seguiam oferecendo resistência a esse processo. A situação conflituosa encontrou-se sem solução, pois o laudo dos peritos foi desprezado. Enquanto isso, marcou-se o valor das indenizações, que acabaram sendo recusadas pelos proprietários, que pediram recurso. O conselheiro Buarque de Macedo, juntamente com Borja Castro, já desligado das obras, saíram em uma expedição em busca de mananciais que pudessem ser explorados sem a necessidade de desapropriação. Ao fim, toda a Serra do Tinguá estava explorada.[83]

---

*me de annexos ao relatorio apresentado à Assembléa Geral na primeira sessão da decima oitava legislatura pelo ministro e secretario de Estado interino dos Negocios da Agricultura, Commercio e Obras Publicas, José Antonio Saraiva*. Rio de Janeiro: Typographia Nacional, 1881.

81 BICALHO, Francisco. *Relatorio... Idem*, p. 18.

82 BICALHO, Francisco. *Relatorio... Ibidem*, p. 22.

83 BICALHO, Francisco. *Ibidem*, p. 25.

Um outro problema enfrentado em relação ao abastecimento d'água foi a obra no matadouro. Antonio Gabrielli foi dispensado dessa obra e ela foi contratada pelo empreiteiro Pedro Leandro Lamberti. Mas, de acordo com Francisco Bicalho, "*desde o seu começo não tem tido este serviço, por parte do empreiteiro, o andamento desejável, apesar das ordens e reclamações feitas*". Contudo, as chuvas fortes também prejudicaram os trabalhos.[84]

As desapropriações continuavam sendo debatidas. Em vista da dificuldade das mesmas, e com a exploração realizada, descobriu-se que o principal rio que poderia servir como alimentador de água do sistema, o Rio Sant'Anna, que atravessava a estação de Belém na E. F. Dom Pedro II, não podia auxiliar nos serviços, devido às impurezas. Além disso, outras cachoeiras foram cogitadas, e mesmo com águas cristalinas, os estudos não obtiveram dados positivos devido à altura. A solução sugerida foi a construção de aquedutos para trazerem água do quilometro 9 do Rio do Ouro.[85]

Em 23 de agosto de 1881, instalou-se a Comissão Fiscal do Contrato Gabrielli, que foi incumbida de liquidar as contas do contrato. Outro objetivo foi a organização da direção das obras adicionais, em que a dispensa de Antonio Gabrielli fez-se necessária. No relatório apresentado à Assembleia Geral, afirmou-

---

84 BICALHO, Francisco de Paula. *Relatorio apresentado a S. Ex. Sr. Conselheiro Manoel Alves de Araujo, Ministro e Secretario de Estado dos Negocios da Agricultura, Commercio e Obras Publicas, por Francisco de Paula Bicalho, Director-interino*. p. 17. [ANEXO]. In: MACOP. *Relatorio apresentado à Assembléa Geral na segunda sessão da decima oitava legislatura pelo ministro e secretario de Estado dos Negocios da Agricultura, Commercio e Obras Publicas*. Rio de Janeiro: Typographia Nacional, 1882.

85 BICALHO, Francisco de Paula. *Relatorio apresentado a S. Ex. Sr. Conselheiro Manoel Alves de Araujo... Idem*, p. 8-9.

-se que a liquidação estava terminada, e que os últimos ajustes necessários eram as contas de pagamento da última prestação sobre o material metálico importado.[86]

Os dados expostos são mais detalhados do que em outros relatórios. A comissão chegou à conclusão de que Antonio Gabrielli recebeu 5.804:041$627, pagos no Rio de Janeiro, e 88.969 libras, 2 xelins e 2.12 pences, pagos em Londres. Esses valores organizaram-se da seguinte forma:

86 MACOP. *Relatorio apresentado à Assembléa Geral na terceira sessão da decima oitava legislatura pelo ministro e secretario de Estado dos Negocios da Agricultura, Commercio e Obras Publicas, Henrique d'Ávila*. Rio de Janeiro: Typographia Nacional, 1883, p. 125.

| Obra | Pagamento em moeda estrangeira | Pagamento em moeda nacional |
|---|---|---|
| Reservatório e aqueduto de derivação do Rio do Ouro e do Rio Santo Antônio | Inexistente | 587:281$831 |
| E. F. Rio d'Ouro | Inexistente | 721:931$383 |
| Canalização geral ou de linha dupla de encanamentos do Rio do Ouro ao Pedregulho | 718.403 libras, 3 xelins e 3.18 pences | 1.325:733$218 |
| Canalização da cidade e interna dos reservatórios | 168.565 libras, 18 xelins e 10.95 pences | 570:589$218 |
| Reservatório do Morro de São Bento | Inexistente | 205:269$077 |
| Reservatório Dom Pedro II | Inexistente | 1.602:487$269 |
| Reservatório Santa Tereza | Inexistente | 277:827$358 |
| Reservatório do Morro da Viúva | Inexistente | 152:626$522 |
| Reservatório da Tijuca | Inexistente | 360:295$522 |

*Fonte: MACOP. Relatorio apresentado à Assembléa Geral na terceira sessão da decima oitava legislatura pelo ministro e secretario de Estado dos Negocios da Agricultura, Commercio e Obras Publicas, Henrique d'Ávila. Rio de Janeiro: Typographia Nacional, 1883.*

Com esses dados, é possível fazer uma análise sobre como estruturou-se as despesas. A obra que mais consumiu recursos foi a do reservatório Dom Pedro II, que era o centro do sistema de abastecimento. Em segundo lugar, a instalação dos canos que distribuíam a água foi a obra que mais consumiu recursos. Isso se deu pelo fato dela depender da compra de tubos fora do país e, por isso, ocorreu o encarecimento da obra com a necessidade do pagamento em moeda estrangeira.

Já a construção da ferrovia para transporte de materiais revelou-se mais custosa do que as obras dos reservatórios secundários e derivações localizadas dentro e fora dos limites da Corte Imperial. O relator Henrique d'Ávila afirma que "*muito descurada achava-se a conservação desta ferrovia quando foi recebida do empreiteiro Antonio Gabrielli*".[87] Mesmo assim, o empreiteiro foi obrigado a conduzir obras de reparos, baseado em um acorde de ajuste. Esse acordo também abarcava a transformação da ferrovia em transporte de passageiros.[88]

Sugerimos a hipótese de que um dos motivos para que a ferrovia não ter sido desmontada logo após a conclusão das obras, mesmo estando em condições precárias foi o fato de que ela acabou sendo mais dispendiosa do que os reservatórios que alimentavam e distribuíam as águas pelo sistema. Na época, muitas ferrovias eram construídas de forma provisória, pois serviam apenas para transporte de materiais e trabalhadores, geralmente de uma localidade que assumia um caráter essencial na obra, como um porto, por exemplo. Contudo, o próprio desmonte da

---

87 MACOP. *Relatorio apresentado à Assembléa Geral na terceira sessão da decima oitava legislatura... Idem*, p. 137.

88 MACOP. *Relatorio apresentado à Assembléa Geral na terceira sessão da decima oitava legislatura... Ibidem*, p. 137.

ferrovia consumiria recursos que poderiam ser aplicados em sua conservação e expansão, enquanto seu completo abandono seria um desperdício dos recursos aplicados.

Em 16 de fevereiro de 1882, Antonio Gabrielli transferiu para uma administração especial algumas obras que estavam para ser concluídas. Após um curto tempo, a IGOPC assumiu a responsabilidade, fazendo as obras por administração, salvo as obras do reservatório São Bento e a inspeção do assentamento de peças de distribuição, que ficaram a cargo de novos empreiteiros. O término de todas as obras dos reservatórios do morro de Santa Tereza e Viúva se deram em dezembro de 1882.[89]

Devido à utilização de materiais inadequados, o principal reservatório sofreu três grandes acidentes em toda a condução da obra. O relatório demonstra uma tensão entre o resultado das obras de encanamento e a expectativa do relator Henrique d'Ávila que afirma que os mesmos "*não se prestavam aos fins a que eram destinados*".[90] Contudo, ele também afirma que os encanamentos da Serra do Tinguá estavam funcionando de modo regular. A avaliação mais ponderada feita pelo relator para a região talvez tenha ocorrido devido às fortes chuvas que atingiram, levando a destruição e a interrupção de alguns serviços. Inclusive, foi por causa dessas chuvas que ocorreu a manutenção de 537 dormentes da ferrovia, que já estavam em estado precário.[91]

---

89 MACOP. *Relatorio apresentado à Assembléa Geral na terceira sessão da decima oitava legislatura... Ibidem*, p. 129.

90 MACOP. *Relatorio apresentado à Assembléa Geral na terceira sessão da decima oitava legislatura... Ibidem*, p. 133.

91 MACOP. *Relatorio apresentado à Assembléa Geral na terceira sessão da decima oitava legislatura... Ibidem*, p. 134.

Mesmo nos momentos finais da obra do Novo Abastecimento de Água, ainda ocorria a necessidade de compra de novos terrenos para as obras, principalmente na região do Tinguá. Isso não se deu de forma harmoniosa e a opção encontrada pela IGOPC foi declarar sem efeito o decreto nº 6092 de 2 de janeiro de 1876, sobre desapropriações na região. Desvios foram feitos para evitar o desgaste de uma batalha judicial sobre terrenos. A justificativa da anulação do decreto e da desistência da aquisição de novos terrenos foi ter "*cessado os motivos de utilidade pública que determinaram a desapropriação dos mesmos terrenos para abastecimento d'água à capital do Império*".[92]

No relatório da comissão fiscal de prestação de contas à Manoel Alves de Araújo, de 15 de março de 1882, Raimundo Teixeira Belford Roxo recordou que todos os desenhos entregues a Antonio Gabrielli contavam com a informação sobre terrenos impermeáveis. Novamente, suas palavras foram ácidas, pois afirmou que "*não há engenheiro que ignore ser condição imprescindível em construções semelhantes*". Logo após, também afirma que "*infelizmente porém os acidentes, que ocorreram em alguns dos reservatórios, provam que nem sempre se verificou a hipótese dos projetos*".[93]

---

92 MACOP. *Relatorio apresentado à Assembléa Geral na terceira sessão da decima oitava legislatura... Ibidem*, p. 136.

93 ROXO, Raimundo Teixeira Belford. *Novo abastecimento d'água, comissão fiscal do contrato-Gabrielli, relatorio apresentado a S. Ex. Sr. Conselheiro Manoel Alves de Araujo, Ministro e Secretario de Estado dos Negocios da Agricultura, Commercio e Obras Publicas, pelo engenheiro-chefe Raimundo Teixeira Belford Roxo*. p. 13. [ANEXO]. *In*: MACOP. *Relatorio apresentado à Assembléa Geral na segunda sessão da decima oitava legislatura pelo ministro e secretario de Estado dos Negocios da Agricultura, Commercio*

Mais uma vez, ocorreu uma tensão com empreiteiro, que foi acusado de se aproveitar de deficiências do contrato para obter vantagens. As inúmeras falhas na construção dos reservatórios fizeram Raimundo Teixeira Belford Roxo afirmar que:

> *Não podia consentir que o empreiteiro enchesse qualquer daqueles reservatórios sem que primeiramente os tornasse estanques, e senti que se tivesse recusado à intimação, que lhe fiz, para não arriscar os reservatórios dos morros da Tijuca e da Viúva aos mesmos acidentes dos do Pedregulho e Santa Tereza. Reconheço que nem sempre os sub-empreiteiros executaram as obras de acordo com as instruções e ordens de serviço que receberam, mas atualmente não é possível determinar quanto esta circunstância vem ativar a causa principal dos acidentes. Creio porém que todos os inconvenientes, com que tem lutado a execução do projeto do abastecimento d'água desta cidade, teriam sido evitados, se o empreiteiro tivesse tido a mais ampla responsabilidade como se costuma exigir em contratos semelhantes, tanto mais que não é possível estabelecer para todas as obras condições parciais tão apropriadas como as da canalização. Em todo o caso pela deficiência da relação [...], e ainda mais pela redação duvidosa de diversas cláusulas, o empreiteiro apenas concluiu uma parte do seu contrato.*[94]

Partindo da perspectiva que a responsabilização, ao fim, deve caber ao empreiteiro chefe, o engenheiro expôs sua opinião:

> *Creio porém que todos os inconvenientes, com que tem lutado a execução do projeto do abastecimento d'água desta cidade, teriam sido evitados, se o empreiteiro tivesse tido a mais ampla responsabilidade*

---

*e Obras Publicas, Manoel Alves de Araujo*. Rio de Janeiro: Typographia Nacional, 1882.

94 ROXO, Raimundo. *Novo abastecimento d'água, comissão fiscal do contrato--Gabrielli... Idem*, p. 14.

> *como se costuma exigir em contratos semelhantes, tanto mais que não é possível estabelecer para todas as obras condições parciais tão apropriadas como as da canalização.*[95]

As reclamações sobre a condução das obras prosseguiram, principalmente em relação ao fato de que apenas o reservatório São Bento estava em pleno funcionamento. Os demais encontravam-se prejudicados por problemas estruturais. Sobre a E. F. Rio d'Ouro, o relatório considerou livre de responsabilidades o empreiteiro. Para isso, baseou-se nas 2ª e na 9ª cláusulas, previstas nos ajustes contratuais de 1878. A partir daí, iniciou-se uma defesa da ferrovia por parte de Raimundo Teixeira Belford Roxo. Naquele momento, a ferrovia não teve mais transporte de materiais e de trabalhadores para as obras, e o empreiteiro viu-se livre de obrigações. Com isso, o diretor-chefe relembrou a importância da ferrovia nas obras, afirmando que:

> *O empreiteiro sempre considerou o tramway como linha de serviço ou de carácter provisório, apesar de não ser a ideia dominante na ocasião do ajuste do custeio e conservação.*[96]

Também recordou o fato de que o empreiteiro não entregou algumas obras. Para se blindar de multas, Antonio Gabrielli iniciou uma disputa judicial de que não era possível datar a época de algumas obras e, sob protestos de Raimundo Teixeira Belford

---

95 ROXO, Raimundo. *Novo abastecimento d'água, comissão fiscal do contrato--Gabrielli... Ibidem*, p. 15.

96 ROXO, Raimundo. *Novo abastecimento d'água, comissão fiscal do contrato--Gabrielli... Ibidem*, p. 16.

Roxo, foi entendido em sua reclamação e, enfim, terminou as obras necessárias para a liquidação do contrato.[97]

Com o término das obras do novo abastecimento, e passado o prazo de conservação, o empreiteiro Antonio Gabrielli, no dia 27 de março de 1882, entregou para o Estado o controle da ferrovia, já transportando passageiros e mercadorias, junto com o sistema de abastecimento. Nesse momento, os carros de transporte de tubos se transformaram nos primeiros carros de passageiros, e afirma o relator:

> *Julga o diretor das obras que convirá estabelecer, como ensaio, um serviço de tráfego provisório, até que se tornem melhor conhecidas as necessidades e conveniências dos habitantes e produtores da zona, atravessada pela ferrovia.*[98]

No ano de 1883, reapareceram fendas no reservatório Dom Pedro II e a sugestão foi a utilização de asfalto no lugar de concreto para solucionar a questão.[99] Em junho desse ano as obras do reservatório do Livramento se concluíram. Contudo, a água não chegou à população, pois as 14 fontes que não foram entregues por Antonio Gabrielli também não foram entregues

---

97 ROXO, Raimundo. *Novo abastecimento d'água, comissão fiscal do contrato--Gabrielli... Ibidem*. p. 16.

98 *Relatorio apresentado à Assembléa Geral na segunda sessão da decima oitava legislatura pelo ministro e secretario de Estado dos Negocios da Agricultura, Commercio e Obras Publicas, Manoel Alves de Araújo*. Rio de Janeiro: Typographia Nacional, 1882, p. 139.

99 *Relatorio apresentado à Assembléa Geral na quarta sessão da decima oitava legislatura pelo ministro e secretario de Estado dos negocios da Agricultura, Commercio e Obras Publicas, Affonso Augusto Moreira Penna*. Rio de Janeiro: Typographia Nacional, 1884, p. 149-150.

por Pedro Leandro Lamberti. Com isso, um novo empreiteiro, Joaquim da Silva Paranhos, assumiu o contrato de fornecimento dessas fontes após vencer uma concorrência.[100]

A situação de conflito com proprietários de terra na região do Tinguá resolveu-se com a compra da Fazenda da Conceição, de propriedade do Barão do Tinguá, que possuía cinco cachoeiras, além da nascente do Rio São Pedro. Os terrenos onde se localizavam duas importantes cachoeiras para alimentação do sistema foram desapropriados judicialmente porque os proprietários, após longa batalha judicial, não conseguiram apresentar todos os documentos legais sobre a posse da propriedade.[101]

Nesse ano, o Rio Iguassú entrou na mira do abastecimento d'água. Iniciou-se um projeto de expansão por empreitada para a localidade de Cava, distante 14 quilômetros do reservatório do Rio do Ouro. Essa expansão do sistema de abastecimento, não mais sob responsabilidade de Antonio Gabrielli, foi o embrião do futuro ramal de Cava da E. F. Rio d'Ouro construído nos anos seguintes.[102]

No ano de 1883, o tráfego de passageiros começou a se estruturar de forma regular. A ferrovia passou a ser administrada pelo Estado, que realizou os reparos necessários, pois alguns trechos estavam críticos. A prioridade na operação dos trens ainda era o auxílio às obras. Contudo, foi um ano onde pela primeira vez diversas pessoas puderam utilizar a ferrovia como meio de locomoção entre suas casas e o trabalho sem precisarem estar di-

100 *Relatorio apresentado à Assembléa Geral na quarta sessão da decima oitava legislatura... Idem*, p. 152.

101 MACOP. *Relatorio apresentado à Assembléa Geral na quarta sessão da decima oitava legislatura... Ibidem*, p. 154.

102 MACOP. *Relatorio apresentado à Assembléa Geral na quarta sessão da decima oitava legislatura... Ibidem*, p. 155.

retamente vinculadas às obras do abastecimento. Por esse motivo, também foi o primeiro ano onde obtivemos dados sobre a operação da ferrovia como serviço independente de passageiros.[103]

Neste ano, foi construído um pequeno ramal de 982 metros para que as locomotivas pudessem ser reparadas nas oficinas do Engenho de Dentro. Isso dispensou a construção de um pátio de manutenção. Esse ramal também foi o primeiro ramal que desviava da linha entre a Quinta do Cajú e a represa do Rio do Ouro, cujo objetivo não era auxiliar um serviço onde a ferrovia tinha um papel secundário. A partir desse ramal, construiu-se um desvio particular para a Olaria de José Moutinho dos Reis. O ramal de Inhaúma, por exemplo, tinha como serviço principal a manutenção dos canos de abastecimento d'água.[104]

O material rodante da ferrovia, comparado com outras da mesma época, é bem modesto. É, majoritariamente, de origem britânica e estadunidense. A utilização de apenas 5 locomotivas demonstra que o tráfego de trens ainda não era tão intenso como os da E. F. Dom Pedro II. Contudo, mesmo com viagens limitadas, a ferrovia já conseguia ser um meio de deslocamento de mercadorias de lavradores e, no trecho próximo a Inhaúma, que iniciava seu processo de industrialização, a ferrovia também pode ter servido de transporte para trabalhadores. Ainda não era permitido ao balanço da ferrovia depender exclusivamente da venda de bilhetes e da contabilidade de mercadorias. Nos gráficos abaixo, podemos ter uma dimensão visual de como se estruturavam as receitas, despesas e o transporte de mercadorias:

---

103 MACOP. *Relatorio apresentado à Assembléa Geral na quarta sessão da decima oitava legislatura... Ibidem*, p. 156.

104 MACOP. *Relatorio apresentado à Assembléa Geral na quarta sessão da decima oitava legislatura... Ibidem*, p. 157-160.

## Gráfico 1 - Mercadorias transportadas no ano de 1883

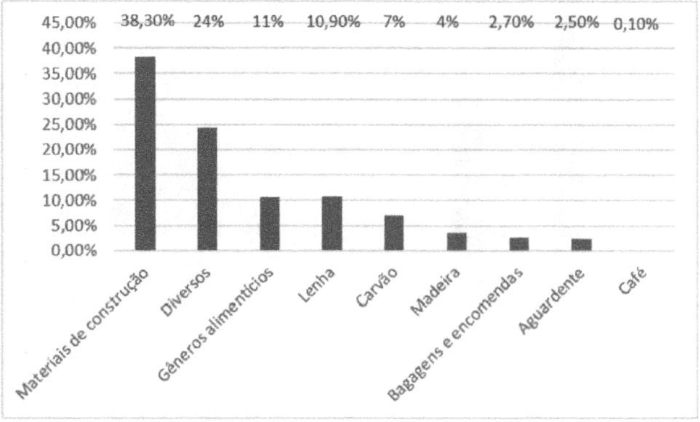


## Gráfico 2 - Despesas de custeio em 1883

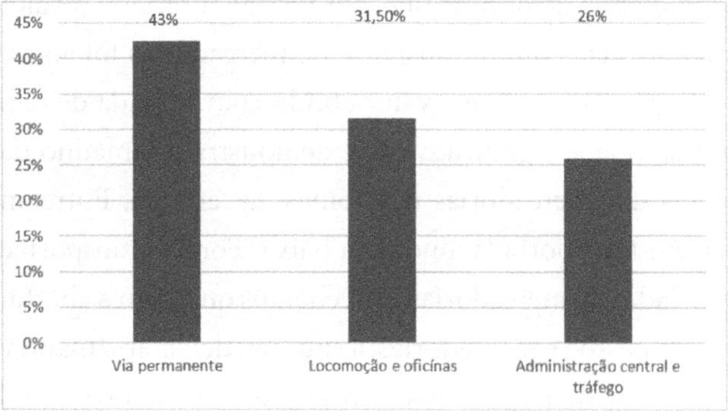

**Gráfico 3 - Contribuições para a receita**

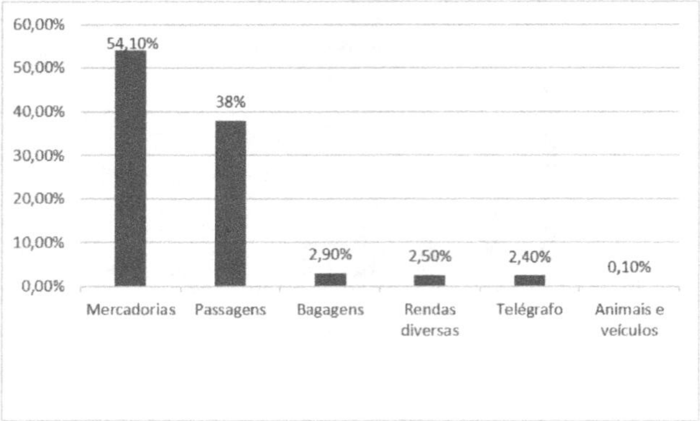


Gráficos confeccionados a partir de informações obtidas no relatório ministerial de 1884

Podemos identificar que, em relação a receita, o valor que entrou em caixa com o transporte de mercadorias foi aproximadamente 30% maior que o valor obtido com a venda de bilhetes. Uma quantidade significativa que demonstra o tamanho da importância das mercadorias nas contas da ferrovia. Entretanto, a tonelagem transportada ainda era baixa. Foram transportados 5 mil toneladas de mercadorias. Percebemos que, com a abertura do tráfego de pessoa e mercadorias, a situação deficitária manteve-se. A quantidade de passageiros transportados não correspondeu à renda obtida, significando, portanto, que muitos trafegavam nos carros da ferrovia sem efetuar pagamentos. As passagens de 2ª classe tinham um custo menor, mas transportavam aproximadamente 41% a mais de passageiros do que a 1ª classe. Logo, a quantidade alta de pessoas transportadas na 2ª classe, por si só, não foi suficiente para um equilíbrio nas contas da ferrovia.

Existiu uma expectativa por parte da IGOPC que a abertura do tráfego de passageiros pudesse tirar a ferrovia da situação deficitária. Entretanto, isso não ocorreu porque o *déficit* corrente nesse ano foi de 72:204$644, um valor alto e que superava o faturamento inteiro da ferrovia, que era de 60:843$395.

Mesmo desmembrada das obras de abastecimento, a ferrovia ainda dependia dele. Seria infrutífero um ensaio interpretativo que desconsiderasse a importância que as obras do abastecimento de água possuíram na trajetória da ferrovia. Suas características demonstram que a mesma era uma autarquia, e não uma empresa pública. Enquanto existiu abastecimento de água dependente dos mananciais do Tinguá, mesmo sob constante *déficit*, a ferrovia continuou funcionando. A tentativa da IGOPC de dotar a E. F. Rio d'Ouro de independência mostrou-se frustrante.

Os relatórios analisados elucidaram as constantes tensões entre os engenheiros do Estado Brasileiro e o empreiteiro. Não raras, vozes como Raimundo Teixeira Belford Roxo, Francisco Bicalho e Borja Castro levantam-se contra a forma controversa de Antonio Gabrielli conduzir as obras. O empreiteiro estava sempre buscando a redução de custos para aumentar sua margem de lucros. E os engenheiros? No apagar das luzes de um Império escravocrata, eles tinham pressa em civilizar de forma metódica o Rio de Janeiro, superando as formas arcaicas de produção e organização urbana, dotando o mesmo de serviços públicos capazes de demonstrar ao mundo que a cidade tinha condições de ser capital de um país-continente. Uma modernização, sobretudo, conservadora. São constantes as comparações com o abastecimento de água de cidades na Europa. Existiu uma concepção de que, sem água, não há progresso. Não é uma mera consciência que Antonio Gabrielli tenha utilizado como principal propaganda de seu projeto a experiência nas obras de abastecimento de Viena.

O estado da via permanente entregue por Antonio Gabrielli era precário e os recursos limitados para a manutenção das linhas deixaram a mesma em segundo plano, dependente das águas. As despesas de custeios nos seus primeiros anos de operação demonstraram que a ferrovia tinha pouco ou quase nenhum recurso para realizar investimentos. A ferrovia não possuía pessoal suficiente para realizar serviços de manutenção. É forte o tom de improviso na operação dos trens. Nos capítulos seguintes, buscaremos compreender como foi a difícil tarefa, para os administradores da ferrovia, de equilibrar a dupla função que a E. F. Rio d'Ouro assumia a partir de então. Dentro da estrutura produtiva, no âmbito da circulação de mercadorias, e como um dos eixos estruturantes do processo de penetração urbana no dito "interior", ou seja, nas regiões para além dos limites da Corte Imperial. Um grande dilema sobre seu caráter dominante surge e duas alternativas surgem no horizonte.

São distintas as possibilidades. Na primeira alternativa, (a) uma ferrovia que *transporta ou abastece água*, a administração da E. F. Rio d'Ouro escolheria qual seria o seu verdadeiro papel na estrutura urbana. Transportar passageiros e mercadorias apenas de forma esporádica e tendo como função principal ser uma linha auxiliar ao abastecimento de água? Essa opção era possível. Já na segunda alternativa, (b) uma ferrovia que *transporta e abastece água*, a administração da ferrovia assumiria o compromisso de não cessar o ritmo de expansão do sistema de abastecimento de água ao passo que, simultaneamente, abriria a possibilidade de que o transporte de cargas e passageiros se tornasse uma operação regular.

## III. 3 Transportar ou abastecer? Os dilemas da Estrada de Ferro Rio d'Ouro na crise do regime monárquico, 1883-1889:

Estando autorizado o transporte de passageiros a partir do ano de 1883, poder-se-ia, *a priori*, considerar tal fato como um recorte temporal na dinâmica organizacional da ferrovia. Entretanto, não o identificamos. A estrutura continuava diretamente relacionada ao sistema de abastecimento de água da Corte Imperial. Sendo assim, nossa opção em iniciar, literalmente, um novo capítulo na história da ferrovia dá-se mais pela novidade do elemento *renda de passagens* do que por uma mudança nas configurações da estrada de ferro.

Mesmo que tenha sido mantida a essência da E. F. Rio d'Ouro como elemento de suporte ao abastecimento de água, não podemos negar que a inauguração da locomoção de pessoas mediante pagamento de passagens revelou-se uma grande mudança em vários aspectos sendo o principal a possibilidade de utilização da ferrovia para promover a circulação de pessoas e mercadorias entre distintas áreas do Rio de Janeiro.

Em 1884, eram de responsabilidade da Diretoria do Novo Abastecimento de Água, de modo geral, três grandes empreendimentos. O primeiro era as obras do Reservatório Dom Pedro II. O segundo eram as obras de canalização de diversos rios. O terceiro era a administração da própria ferrovia.[105]

A abertura ao tráfego de passageiros não levou a uma maior independência administrativa da ferrovia. A situação que ocorreu neste ano foi, pelo contrário, a de um aprofunda-

105 MACOP. *Relatorio apresentado a Assembléa Geral na primeira sessão da décima nona legilslatura pelo ministro e secretário de estado dos negocios da agricultura, commercio e obras publicas João Pereira de Moura*. Rio de Janeiro: Imprensa Nacional, 1885, p. 141.

mento da dependência da ferrovia em relação as obras do Novo Abastecimento de Água, continuando a mesma a seguir as diretrizes estabelecidas no planejamento de obras, apesar de que, naquele contexto, o consumo de água estava em queda. Se em 1882 o consumo da cidade foi de 12.277.112 $m^3$ de água, no ano de 1883 a taxa caiu para 9.437.391 $m^3$ de água, para em 1884 chegar 8.980.006 $m^3$ de água, a menor taxa desde 1878 - o que nos leva a crer que, salvo um período de seca entre agosto e setembro, ocorreu uma certa estabilização do clima, com chuvas que permitiram maior margem de manobra.[106]

A ferrovia foi fundamental nas obras de emergência para esse curto período de seca, que buscaram canalizar mananciais que se encontravam em terrenos do Estado, cuja água foi conduzida para o reservatório de Rio do Ouro. Contudo, apenas essas intervenções não bastaram. Em 1883 iniciaram-se as obras de expansão para Cava, com 14 quilômetros de extensão. Concomitantemente a isso, iniciou-se a construção de 5 represas e 5 pequenas caixas. Essa expansão da infraestrutura foi feita por regime de empreitada, no qual sagraram-se vencedores os "*engenheiros José Maria Mendes Golçalves e Luiz Simonet, que ofereceram abatimento geral de 7% nas tarifas que serviram de base ao orçamento*".[107]

As obras não seguiram conforme o planejado, por dois principais motivos. O primeiro foram as febres que acometiam os operários e o segundo, as chuvas, que muito prejudicavam as obras. Ao fim de 1884, assentaram-se apenas 4 dos 14 quilômetros planejados de trilhos. Estando a ferrovia ainda com "*tráfego provi-*

106 MACOP. *Relatorio apresentado a Assembléa Geral na primeira sessão da décima nona legilslatura... Idem*, p. 143

107 MACOP. *Relatorio apresentado a Assembléa Geral na primeira sessão da décima nona legilslatura... Ibidem*, p. 152-153.

*sório de passageiros e mercadorias*", o *déficit* em suas contas foi de 40:809$823. Mesmo deficitária, a ferrovia expandia-se financeiramente, com o aumento da renda devido ao transporte de material das obras do abastecimento. Comparando-se os anos de 1883 e 1884, podemos perceber um acréscimo de 21:625$263 na renda da ferrovia apenas com esse tipo de transporte.[108]

O que deveria ser feito para solucionar o duplo problema do *déficit* e da dependência do abastecimento de água? De acordo com os relatórios ministeriais, a solução era a expansão dos trilhos, mas não no sentido habitual conforme ocorria, ou seja, assentando trilhos fora dos limites da Corte Imperial, mas sim em direção ao centro da cidade. Apesar do *déficit*, existiu naquele momento a expectativa de expansão, apesar da inversão da lógica, afinal, o que procuravam era uma expansão em direção ao centro. O que de forma alguma invalida a expansão rumo a novos mananciais. Havia a possibilidade da ferrovia sustentar-se sem *déficit*, apenas com a produção local, mas com a condição de que fosse construído um ramal que estabelecesse como estação inicial o Mercado de São Diogo, pois:

> *A estação inicial da estrada, achando-se atualmente na Imperial Quinta do Cajú e assim isolada do centro do consumo, permite a concorrência de carroças e da navegação por pequenos barcos, apesar de pagarem os produtos por essa forma transportados fretes mais pesados que os da ferrovia*".[109]

---

108 MACOP. *Relatorio apresentado a Assembléa Geral na primeira sessão da décima nona legilslatura... Ibidem*, p. 154-155.

109 MACOP. *Relatorio apresentado a Assembléa Geral na primeira sessão da décima nona legilslatura... Ibidem*, p. 156.

Ao realizarmos a análise dos dados disponíveis para o ano de 1884, identificamos que, dentre todas as mercadorias transportadas pela ferrovia, existiu a predominância no tráfego de material de construção, seja ele específico para as obras de abastecimento, como também de tipo variado, o que pode sinalizar um breve surto de construção nas margens da ferrovia. Isso não significa que esses materiais variados tinham condições de competir em volume com os materiais do abastecimento.[110]

Precisamos salientar a grande disparidade de volume transportados entre as cargas, pois, se os materiais de construção das obras de abastecimento correspondiam a média de 16 mil toneladas, a quantidade de materiais diversos correspondia a média de 1.800 toneladas. Em 1884, a ferrovia transportou mais material para as obras do abastecimento do que outros tipos de material.[111]

A receita geral da ferrovia em 1885 foi de 131.182$422, comparando-se com o ano de 1884, que teve uma receita geral de 93:250$383. Identificamos, portanto, um substancial aumento na renda da ferrovia, o que indica que, além de um acréscimo da demanda por serviços, a administração também estava conseguindo equilibrar as contas. Verifica-se isso através da dinâmica positiva da elevação da renda e redução dos custos, pois a despesa geral no ano de 1885 foi de 132:518$250, ligeiramente menor que a despesa geral do ano de 1884, que foi de 134:060$206.[112]

---

110 MACOP. *Relatorio apresentado a Assembléa Geral na primeira sessão da vigesima legislatura pelo ministro e secretário de estado dos negocios da agricultura, commercio e obras publicas Antônio da Silva Prado*. Rio de Janeiro: Imprensa Nacional, 1886, p. 251.

111 MACOP. *Relatorio apresentado a Assembléa Geral na primeira sessão da vigesima legislatura... Idem*, p. 251.

112 MACOP. *Relatorio apresentado a Assembléa Geral na primeira sessão da vigesima legislatura... Ibidem*, p. 251.

Ocorreu uma diferença positiva em 8 de 9 itens listados no relatório ministerial, sendo mais nítida a receita referente às mercadorias, viajantes e rendas diversas. A única queda registrada foi a de impostos de nomeação. Neste ano, ainda não tinha ocorrido uma solução para o problema do escoamento da produção, e repetiram-se as queixas da ausência de uma estação terminal no centro da Cidade Nova.[113]

Comparado com o ano de 1884, o relatório de 1885 demonstra que, dentro de um contexto geral, as despesas continuaram de certo modo equilibradas. Ocorreu um aumento de despesas relativas a administração do tráfego e a locomoção e oficinas. O controle estatístico da ferrovia também melhorou, pois, os relatórios possuem informações detalhadas sobre o direcionamento dos gastos da renda como, por exemplo, os custos de conservação da linha, esgotos e reparação de máquinas. Pela primeira vez, aparecem também informações sobre as cinco locomotivas da E. F. Rio d'Ouro, denominadas *São Pedro, Pedregulho, Rio de Janeiro, Rio do Ouro e Santo Antônio*. É um número pequeno de máquinas.

A estrutura toda ainda era muito rudimentar porque, além da via ser singela, só existiam 8 edifícios, sendo que apenas 2, as estações de Rio d'Ouro e a estação da Quinta do Cajú, eram, de fato, propriedade da ferrovia. Os demais edifícios eram particulares, sendo 4 cedidos gratuitamente pelas propriedades. Entretanto, tendo em vista as possibilidades de escoamento que essa estrutura permitia, parece-nos plausível admitir que os agentes privados que cediam propriedades não o faziam apenas por uma crença no desenvolvimento da região. A construção de

---

113 MACOP. *Relatorio apresentado a Assembléa Geral na primeira sessão da vigesima legislatura... Ibidem*, p. 251.

paradas e depósitos não era dispendiosa para esses proprietários, até mesmo pois os edifícios eram rudimentares, já que a maioria utilizava madeira como material principal. Esse movimento foi um verdadeiro jogo de interesses em que ambas as partes tinham convergência.[114]

Da parte do Estado, em primeiro lugar, mesmo custando pouco, o Tesouro Público não precisava realizar o investimento na construção de edifícios. Com isso, era uma despesa a menos para ser contabilizada ao *déficit* da ferrovia. Em segundo lugar, permitir que os proprietários construíssem estações nas margens da ferrovia evitava um longo processo judicial de desapropriação. Por parte dos agentes privados, ceder edifícios à administração da ferrovia era duplamente positivo, pois os mesmos livravam-se da cobrança de impostos, além de passarem a ter em seus terrenos uma parada de passageiros e um depósito de mercadorias, dinamizando assim o escoamento da produção. Aparentemente, ambas as partes ganham, mas é a parte privada que mais obtém benefícios.[115]

Apesar dos avanços relativos a construção de edifícios, ainda podemos perceber que a administração da ferrovia ainda necessitava de malabarismos para que tudo funcionasse. Por exemplo, para as obras de reparo, foi empregado dormentes retirados do desmonte do desvio de Inhaúma que tinha sido recentemente desativado. A ferrovia contava em 1884 com 95 veículos. Esse material rodante tinha origem estadunidense e inglesa. A manutenção mais elaborada desse maquinário só podia ser feita nas oficinas da E. F. Dom Pedro II, em Engenho de Dentro.

114 MACOP. *Relatorio apresentado a Assembléa Geral na primeira sessão da vigesima legislatura... Ibidem*, p. 253.

115 MACOP. *Relatorio apresentado a Assembléa Geral na primeira sessão da vigesima legislatura... Ibidem*, p. 253.

Para reparos menores, a E. F. Rio d'Ouro contava apenas com uma pequena oficina na Quinta do Cajú, que possuía um torno mecânico e duas forjas, ou seja, material insuficiente para consertar uma locomotiva após um descarrilhamento ou qualquer acidente da mesma gravidade. Dos 95 veículos, existiam apenas 5 locomotivas, já citadas anteriormente. O que chama a atenção é a desproporção na quantidade de carros de passageiros em relação ao número de carros plataformas e troles. Eram apenas 8 carros para passageiros, independente da classe. Existiam 21 carros de diversos tipos para transporte de mercadorias variadas. Já em relação ao transporte de material, temos o número exorbitante de 43 carros plataformas e 17 troles para manutenção da tubulação. Mesmo com o tráfego de passageiros funcionando, a maior parte da capacidade da ferrovia era desviada para o funcionamento do sistema de abastecimento de água.[116]

No ano de 1885, houve um aumento na quantidade de manobras necessárias para o suprimento de água a cidade do Rio de Janeiro. Com a possibilidade de uma nova crise de abastecimento, exigiu-se cada vez mais que a E. F. Rio d'Ouro priorizasse o tráfego de carros plataforma com materiais para desvios e obras de emergência. A partir daí, podemos deduzir as razões da dificuldade do transporte de passageiros se consolidar, apesar do crescente aumento nos dois primeiros anos.[117]

Podemos levantar duas hipóteses para explicar esse fato. Estaria a E. F. Rio d'Ouro tendo problemas para auxiliar no abastecimento e isso deu-se em decorrência da abertura do tráfego de

116 MACOP. *Relatorio apresentado a Assembléa Geral na primeira sessão da vigesima legislatura... Ibidem*, p. 254.

117 MACOP. *Relatorio apresentado a Assembléa Geral na primeira sessão da vigesima legislatura... Ibidem*, p. 119.

passageiros? A presença ou ausência do transporte de passageiros não teria feito diferença substancial à organização da ferrovia, já que o consumo de água da cidade estava acima da capacidade de distribuição do sistema e, por consequência, da própria ferrovia? De acordo com o relatório ministerial, o grande problema não era a capacidade instalada do novo sistema de abastecimento, que de fato necessitava de melhorias, mas sim, do grande desperdício de água consumida na cidade. A sugestão por parte da IGOPC é a adoção de um sistema misto, tornando o mesmo obrigatório para fins domésticos e higiênicos, e facultativo para outras formas de consumo, mediante pagamento de taxas. Esses valores não poderiam ser "*um sensível ônus para a população*" e nem "*incentivo para a redução do consumo útil*". Retorna, portanto, a discussão pública e no interior do aparelho administrativo se a água é um direito ou um serviço.[118]

Mesmo com chuvas irregulares e com o decréscimo da capacidade de acúmulo de água no fim do ano, ocorreu um funcionamento estável dos encanamentos do Rio do Ouro e Rio Santo Antônio, que demandaram apenas um pequeno reparo. Sendo assim, a E. F. Rio d'Ouro foi pouco utilizada para o transporte de material de manutenção. Seu uso foi, majoritariamente, para obras de expansão do sistema. Nas regiões cortadas pela ferrovia foram instaladas torneiras para consumo público em Pavuna, Colégio e Irajá, que desviavam água das tubulações principais que seguiam junto com o leito do trem. A necessidade da construção dessa infraestrutura indica que já existia, portanto, uma presença considerável de moradores nessas regiões.[119]

---

118 MACOP. *Relatorio apresentado a Assembléa Geral na primeira sessão da vigesima legislatura... Ibidem*, p. 119.

119 MACOP. *Relatorio apresentado a Assembléa Geral na primeira sessão da vigesima legislatura... Ibidem*, p. 124-125.

Sobre a questão dos mananciais, é interessante ressaltar que, devido a desistência do Governo Imperial em adquirir alguns terrenos que continham cachoeiras, um agente particular denominado Manoel Ubelhart Lemgruber fez a compra de duas propriedades e as ofereceu ao governo a preço de escritura. O intermediário dessa negociação foi André Paulo de Frontim. A questão do uso da ferrovia retorna em um relatório interno de autoria de Raymundo Teixeira Belford Roxo. De acordo com o relator, a IGOPC ainda não tinha assumido a administração dos encanamentos do Rio do Ouro e Santo Antônio, além da própria ferrovia, conforme fora acordado, sendo que esta já estava pronta desde 1880.

O relatório ministerial não possui uma assinatura, mas é provável que, no interior da equipe que realizou a redação, esteja a presença de Raymundo Teixeira Belford Roxo, pois neste relatório interno, devidamente assinado, ele também era partidário de taxas, sendo a favor da instalação de hidrômetros para controle do consumo.[120]

O sistema de abastecimento iniciava sua expansão para territórios que estavam além dos limites da Corte Imperial. Em 1887, canalizaram-se três cachoeiras dentro de Iguassú, que também passou a contar com 8 penas d'água concedidas pela IGOPC àquela municipalidade. A situação pluviométrica apresentava uma relativa estabilidade entre os anos de

120 MACOP. *Relatorio apresentado ao ministerio dos negocios da agricultura, commercio e obras publicas pelo Inspector Geral Raymundo Teixeira Belford Roxo*. pp. 2-3. In: *Relatorio apresentado a Assembléa Geral na primeira sessão da vigesima legislatura pelo ministro e secretário de estado dos negocios da agricultura, commercio e obras publicas Antônio da Silva Prado*. Rio de Janeiro: Imprensa Nacional, 1886.

1885 e 1886, o que permitiu que o sistema pudesse penetrar em regiões que tipicamente não eram atendidas. Entretanto, o fato de que a ferrovia funcionava a pleno vapor, fornecendo a manutenção e os materiais para as adutoras, não significou que o abastecimento era plenamente satisfatório. Com reclamações definidas como "*exageradas*" por parte do setor privado, o relatório ministerial afirma que, baseado em documentos oficiais próprios da IGOPC, não poderia responder se os problemas de abastecimento era decorrente de um fornecimento menor que o relatados em documentos, ou se houve irregularidade na distribuição.[121]

Contando já com dois ramais, o principal e o de Iguasú, a E. F. Rio d'Ouro atingia 65 quilômetros de extensão. As receitas apresentaram um aumento que, proporcionalmente, reduziram o *déficit*, sem conseguir, contudo, mitigá-lo completamente. A relação entre despesa e receita era de 218,67% para o ano de 1883, com uma considerável queda no ano de 1884, apresentando uma taxa de 143,76%. O ano de 1885 apresentou uma nova queda nessa relação, que agora era de 104,01%, o que demonstra que a ferrovia, aos poucos, conseguiu estabilizar sua operação. No ano de 1886, ocorreu um leve aumento nessa taxa, que passou a ser de 110,97%. No ano de 1887, uma nova queda, chegando a uma taxa de 102,58%, levando ao menor patamar de todos os anos desde o início da série. No gráfico abaixo, podemos observar o salto que a taxa de receitas deu, enquanto as despesas mantiveram-se na mé-

121 MACOP. *Relatorio apresentado a Assembléa Geral na terceira sessão da vigesima legislatura pelo ministro e secretário de estado dos negocios da agricultura, commercio e obras publicas Rodrigo Augusto da Silva.* Rio de Janeiro: Imprensa Nacional, 1888, p. 98.

dia, com apenas uma pequena queda a partir de 1885. Outras ferrovias buscavam, em pouco tempo, iniciar uma operação lucrativa. A administração da ferrovia lutava para que seu caixa chegasse a uma soma zero, em que ocorresse um ponto de equilíbrio entre receita e despesa.

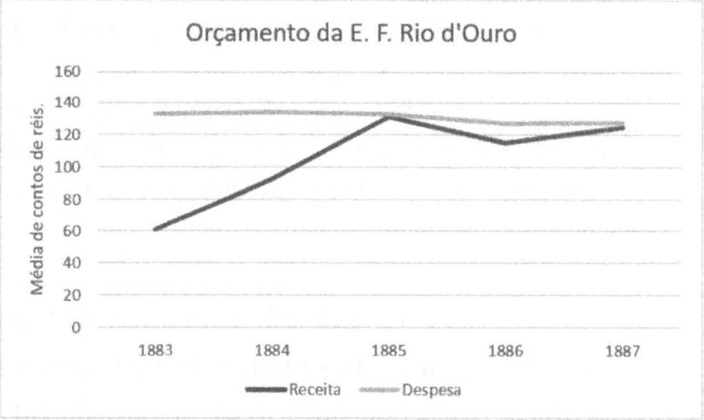


Gráfico confeccionado a partir de informações obtidas no relatório ministerial de 1888.

É importante ressaltar que, apesar do aumento substancial da receita entre 1883 e 1885, os anos de 1886 e 1887 não apresentaram o mesmo crescimento. De acordo com os relatórios, a explicação para isso é o fato de que os caminhos que ligam o ramal de Iguassú a Paty do Alferes e Sant'Anna de Palmeiras estavam em má conservação. Em relatórios anteriores do próprio ministério, são citadas as dificuldades que produtores tinham para escoar a produção no Rio de Janeiro, pelo fato da estação final ficar distante do centro. Acreditamos que a dependência do tráfego marítimo entre a ferrovia e o Trapiche Novo Cleto, somada a demora na construção de uma extensão ou mesmo uma conexão com outras ferrovias, também podem ser fatores importantes nessa diminuição no ritmo do crescimento das receitas.[122] A mudança no regime tarifário não modificou de forma substancial o cálculo das receitas, pois:

> *Em 1° de dezembro último foram postas em vigor as novas tarifas e condições regulamentares aprovadas provisoriamente pela portaria de 22 de outubro do ano findo: a aplicação destas tarifas, que reduzem de cerca de 30% o frete das mercadorias, não produziu até agora sensível diminuição na receita, pois ocasionaram maior concorrência nos transportes, principalmente de lenha e carvão vegetal, sendo de esperar que semelhante redução, à vista das circunstâncias da zona servida pela estrada, coloque esta, dentro de curto prazo, em melhores condições econômicas.*[123]

O ano de 1887 deve ser lembrado pelo início da transição na condição da ferrovia, de apenas auxiliar do sistema de abastecimento, para uma ferrovia que também participava da vida econômica local. O surgimento dos primeiros loteamentos, além do escoamento da produção, deu margem a administração da ferrovia para que fosse aumentada a oferta de trens de passageiros. No gráfico abaixo, ilustramos a organização da renda da ferrovia:

---

122 MACOP. *Relatorio apresentado a Assembléa Geral na terceira sessão da vigesima legislatura... Idem*, p. 191.

123 MACOP. *Relatorio apresentado a Assembléa Geral na terceira sessão da vigesima legislatura... Ibidem*, p. 191.

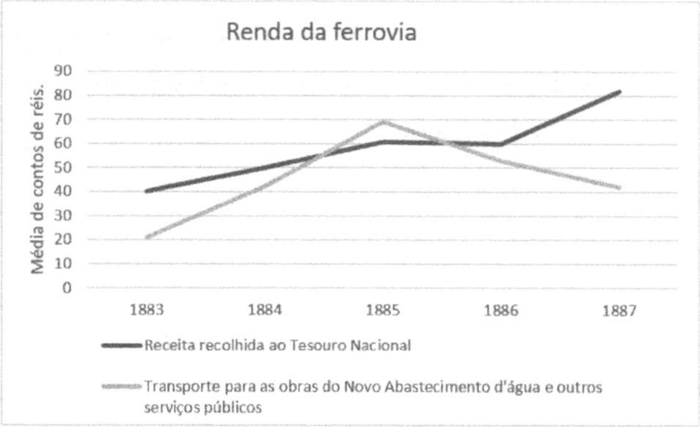


Gráfico confeccionado a partir de informações obtidas no relatório ministerial de 1888.

Podemos observar a relação entre a receita recolhida, que soma diversas variantes, como a venda de passagens, o transporte de mercadorias, entre outras, e o recebimento de valores relativos aos transportes de material para o abastecimento de água. A partir do ano de 1886, a renda não oriunda do transporte de material passa a distanciar-se cada vez mais da renda com essa origem. Estaria então a E. F. Rio d'Ouro diminuindo sua dependência do abastecimento de água? Em parte. A ferrovia continuava deficitária até o momento, e é exatamente essa dependência que mantinha a sua existência, pois a renda não aumentava ao ponto de a ferrovia tornar-se lucrativa do ponto de vista empresarial.

Enquanto o sistema de abastecimento de água dependesse das instalações da E. F. Rio d'Ouro, esta podia apresentar constantes prejuízos, pois a sua finalidade não era ser lucrativa, mas tornar o suprimento de água viável. A IGOPC, contudo, tentou de diversas formas diminuir as despesas do custeio. Uma das tentativas de reduzir o passivo deu-se com a substituição de dormentes de madeiras por dormentes de ferro, importados da Prússia, mas tal operação revelou-se, posteriormente, infrutífera, pois os recursos poupados na substituição dos dormentes eram quase os mesmos que os gastos com a importação do material.

# CAPÍTULO IV

## Transportar e abastecer: A Estrada de Ferro Rio d'Ouro, o abastecimento de água e a modernização capitalista do Rio de Janeiro republicano, 1889-1906

Não cabe ao trabalho adentrar em uma longa discussão acerca do processo que levou à queda do Império e o advento da República. O objeto do nosso estudo é uma ferrovia, mas a opção da investigação em não encerrar a pesquisa em 1889 e adentrar o período republicano nos leva a uma necessidade de, ao menos, explicitar as razões para o ocorrido. O principal motivo de continuarmos a pesquisa é pelo fato de que, no sentido operacional, a mudança de regime não impactou de forma direta a ferrovia, ao menos não no início. Entre mudanças de nomes, novos símbolos e carimbos trocados, o corpo técnico da ferrovia manteve-se o mesmo pois, como afirmamos anteriormente, o dia a dia continuou sem maiores interferências do que ocorreu no Campo de Santana.

Convém, nesse momento, recordar a metáfora da célebre passagem da confeitaria em Esaú e Jacó, na qual há uma discussão acerca de qual placa utilizar para nomear uma confeitaria. Seria melhor fazer uma referência ao Imperador ou à República? A solução encontrada pelos personagens foi fazer referência, pura e simplesmente, ao Governo.[124]

---

124 ASSIS, Machado de. *Esaú e Jacó*. Rio de Janeiro: W. M. Jackson INC. Editores, 1955, p. 252-253.

## IV. 1 A queda da monarquia e a consolidação do regime republicano em perspectiva histórica:

Há uma série de trabalhos que versam sobre o assunto da transição. Entretanto, julgamos ser válido realizarmos algumas considerações acerca das mudanças que ocorreram no arcabouço institucionais e os reflexos da mudança de regime. José Murilo de Carvalho afirma que, durante o Império, o direito administrativo francês possuía muita influência, e foi um dos sustentáculos da "*sobrevivência da unidade política do país*".[125]

Entretanto, existia uma série de desafios políticos que a monarquia não conseguiu lidar, principalmente sobre a questão da cidadania. As reformas eleitorais de 1881 tinham como objetivo restringir cada vez mais a participação política dos recém libertos. Com o surgimento da alternativa republicana, maturada desde a década de 70 do século XIX, o Império passou a ser visto cada vez mais como sinônimo de lentidão. Existiam os "*radicais da república*", mas foram os positivistas que ofereceram uma saída mais atraente para as classes dominantes.[126]

Hamilton Monteiro destaca que, após a queda da monarquia em 1889, três interpretações surgiram sobre o fenômeno. A primeira leitura é a que legitima o regime republicano, entendendo o mesmo como fruto de um processo de modernização que o Império foi incapaz de realizar, identificando no passado movimentos republicanos de contestação da ordem imperial. A segunda leitura legitima o golpe militar partindo da perspectiva que o Exército representava a pátria para além das facções políticas, destaca-se o abraço entre

125 CARVALHO, José Murilo de. *A formação das almas*: O imaginário da República no Brasil. São Paulo: Companhia das Letras, 1990, p. 23.

126 CARVALHO, José Murilo de. *A formação das almas... Idem*, p. 23-26.

representantes militares liberais e conservadores, que disputavam entre si o controle dos gabinetes.[127] A terceira leitura critica o golpe, mas vai além, e opõe-se à intervenção dos militares na política, aglutinando tanto monarquistas como republicanos que criticavam a militarização da república. Estabeleceu-se a oposição entre a "democracia coroada" e a "ditadura republicana". O golpe, na visão destes, teria interrompido "*um processo histórico marcado pelo progresso e pela ordem pública*".[128] O autor define que apenas o Exército fora sensibilizado pelos republicanos, e seria a única instituição capaz de derrubar o regime monárquico através de um golpe, por estar presente em todas as províncias, garantindo sustentação e legitimidade ao novo regime.[129]

O advento republicano era entendido, pelos contemporâneos, como uma expressão do progresso material e do triunfo da liberdade. A república era vista como "*um ponto de chegada inevitável e como um ponto de partida de um novo processo que se procura ter sob controle*". Contudo, múltiplas repúblicas poderiam ter surgido, não no sentido de fragmentação territorial do país, mas devido às variadas propostas, pois "*a passagem do Império à República poderia seguir por caminhos diferentes*".[130]

O golpe militar de 1889 ocorreu em um contexto de grande especulação financeira, gerada pela emissão de moeda devido a abolição da escravidão, e a crise econômica que assolava o país ao menos desde a Guerra do Paraguai. De acordo com o autor "*a república brasileira nasceu no meio de uma agitação de espe-*

---

127 MONTEIRO, Hamilton. *Brasil República*. São Paulo: Ática, 1994. pp. 5-6.

128 MONTEIRO, Hamilton. *Brasil República... Idem*, p. 7.

129 MONTEIRO, Hamilton. *Brasil República... Idem*, p. 9.

130 MATTOS, Ilmar Rohloff de. *Do Império à República*. In: Estudos Históricos, vol 2, n. 4, 1989, p.165-166.

*culadores, agitação que ela só fez aumentar pela continuação da política emissionista*".[131]

Apesar dos esforços históricos dos republicanos para se afirmarem como atores ativos no processo, "*é impossível negar o aspecto militar do evento e o caráter inesperado da sua eclosão*".[132] Entretanto, a surpresa geral foi devido ao evento, embora até mesmo entre os monarquistas existissem dúvidas acerca de um terceiro reinado. A reação monárquica, por exemplo, só aconteceria após a queda. De acordo com Maria Janotti, os monarquistas só conseguiram se organizar no espaço da primeira década, e chegaram a ensaiar golpes de restauração, como o do Rio de Janeiro em 1900 e 1902, e, em 1904, no governo de Rodrigues Alves. Todos fracassaram.[133]

O regime republicano teve grandes dificuldades para se legitimar. Na primeira década, o regime carecia de símbolos, pois em todos os lugares o Império ainda estava presente. Outro fator importante é que a administração pública precisou aproveitar quase todo o corpo de funcionários do Império.[134] Podemos notar essa dinâmica na administração da E. F. Rio d'Ouro. Entre 1888 e 1890, nos relatórios ministeriais, os personagens dessa história permanecem os mesmos. Sem dúvida, a mudança de regime impactou a jurisdição. Observaremos alguns conflitos entre instâncias. Tais conflitos tornaram-se mais comuns devido ao federalismo republicano.

Nicolau Sevcenko afirma que os fazendeiros de café ansiavam pelo federalismo para que pudessem controlar o poder

131 CARVALHO, José Murilo de. *A formação das almas... Ibidem*, p. 29-30.

132 CARVALHO, José Murilo de. *A formação das almas... Ibidem*, p. 51.

133 JANOTTI, Maria de Lourdes Mônaco. *Os subversivos da Republica*. São Paulo. Brasiliense, 1986, p. 177-178.

134 CARVALHO, José Murilo de. *A formação das almas... Ibidem*, p.128.

econômico e "*decidir os destinos da futura ordem republicana*".[135] Portanto, a Constituição de 1891 é reflexo dessas disputas por acesso aos canais de poder. A nova ordem, entretanto, precisou enfrentar uma série de desafios, como, por exemplo, a Revolta de Canudos, que sofreu uma violenta repressão que mobilizou o maior contingente militar desde a Guerra do Paraguai.[136]

A nova ordem republicana também possuía um desafio: a situação do Rio de Janeiro. A cidade era conhecida como túmulo dos estrangeiros, e uma das primeiras intervenções que os agentes republicanos fizeram, após uma estabilização mínima do regime, foi iniciar uma reforma do porto da cidade, que não tinha mais capacidade de escoamento do grande volume de mercadorias. Com isso, com base nos estudos de Nicolau Sevcenko, podemos identificar três reformas principais que foram atreladas aos primórdios da República. A modernização portuária, o saneamento da cidade e a reforma urbana. Para que tais intervenções iniciassem, foram necessários 13 anos até que o regime assentasse suas bases.[137]

O governo provisório do Marechal Deodoro da Fonseca, 1889 a 1891, e do Marechal Floriano Peixoto, 1891 a 1894, foram marcados por uma intensa instabilidade, com conflitos armados como a Revolta da Armada, mas também por um lento processo de normalização institucional do regime. O governo de Prudente de Morais, 1894 a 1898, foi o primeiro a ser eleito pelo voto e também ser civil. Entretanto, foi altamente instável,

135 SEVCENKO, Nicolau. *Introdução*: O prelúdio republicano, astúcias da ordem e ilusões do progresso. In: SEVCENKO, Nicolau (Orgs). *História da vida privada no Brasil, volume 3*: República: da Belle Époque à Era do Radio. São Paulo: Companhia das Letras, 1998, p. 14.

136 SEVCENKO, Nicolau. *Introdução... Idem*, p.17.

137 SEVCENKO, Nicolau. *Introdução... Ibidem*, p. 22-23.

pois nele ocorreram diversos episódios de violência, como a Revolução Federalista e a Revolta de Canudos. Foi uma transição turbulenta para o governo que iria moldar as regras do regime. A presidência de Campos Sales, 1898 a 1902, foi fundamental para a política de equilíbrio de poder que ficou conhecida como "política do café com leite".

Cláudia Viscardi afirma que a historiografia interpretou o Exército como coadjuvante após a passagem do poder para os civis e que, com isso, a hegemonia da direção do país teria passado para as mãos da aliança entre as oligarquias dos estados de Minas Gerais e São Paulo. A autora destaca que, apesar de discordâncias, nessa vertente historiográfica, "*todos concordam que, até 1930, a estabilidade do regime foi garantida pela associação hegemônica entre os dois maiores estados da federação*".[138]

Entretanto, a autora procura fazer uma revisão dessa interpretação, destacando a pluralidade dos arranjos políticos. O Executivo necessitava fazer associações com oligarquias locais de todos os estados da federação, sob o risco do regime republicano entrar em colapso, o que não significa, necessariamente, que existisse algum risco de restauração monárquica. Ao contestar essa hegemonia de duas oligarquias, Claudia Viscardi propõe um novo modelo, baseado em dois pilares de sustentação. De acordo com a autora:

> *O primeiro era a diferenciação proporcional entre seus agentes, segundo a qual a representação de cada estado no poder era diretamente proporcional ao tamanho de sua bancada e ao volume de sua economia. E que o poder do Exército e do Estado Nacional era inversamente proporcional ao poder dos estados-atores. O segundo pilar de sustentação era o imperativo da renovação parcial dos atores. Ou*

---

138 VISCARDI, Cláudia. *O teatro das oligarquias*: uma revisão da "política do café com leite". Belo Horizonte: Fino Traço, 2012, p. 31-37.

> *seja, a cada quatro anos, o regime tinha que necessariamente passar por um processo de desconstrução-reconstrução de alianças, para que os principais atores tivessem a possibilidade de terem reavaliado o seu potencial de inserção no contexto nacional.*[139]

Apenas no governo Rodrigues Alves, 1902 a 1906, que esse rearranjo político se consolidou, permitindo a tripla reforma citada anteriormente. O Rio de Janeiro entrou em uma tripla-ditadura, conforme denomina Nicolau Sevcenko. Rodrigues Alves nomeou Lauro Muller para a reforma do porto, Oswaldo Cruz para o saneamento e Pereira Passos para a reforma urbana. Eles estavam imunes a qualquer ação judicial que contestasse suas ações.[140] A repressão a Revolta da Vacina foi comandada diretamente pelo presidente, com auxílio de tropas de Minas Gerais e São Paulo.[141] A "*regeneração*" do país, decadente e combalido, recém saído do escravismo e da monarquia, completou-se simbolicamente em 1904 com a abertura da Avenida Central.[142]

No bojo da repressão à Revolta de Canudos e à Revolta da Vacina, Nicolau Sevcenko destaca o esforço modernizador das elites de se afastarem de um passado indesejável. Se no século XIX o conceito de civilização e progresso foi associado às ferrovias, agora, no alvorecer do século XX, estava associado a higiene e a salubridade. O principal mote do tempo era sanear finanças para sanear cidades. Começava a "Bélle Époque".[143]

Para os republicanos históricos, a monarquia era incapaz de atender às necessidades da população brasileira. Sendo o

---

139 VISCARDI, Cláudia. *O teatro das oligarquias... Idem*, p. 323-324.

140 SEVCENKO, Nicolau. *Introdução... Ibidem*, p. 22-23.

141 SEVCENKO, Nicolau. *Introdução... Ibidem*, p. 24.

142 SEVCENKO, Nicolau. *Introdução... Ibidem*, p. 26.

143 SEVCENKO, Nicolau. *Introdução... Ibidem*, p. 27-34

único império de uma América republicana, existia, por parte destes, o desejo de serem americanos. Além disso, a sucessão cronológica dos fatos, o fim da escravidão e o fim do regime monárquico, levou a uma comparação direta com a Revolução Francesa, que completava cem anos.[144] É a construção da ideia de uma regeneração como nação. Para Ilmar Mattos:

> *A maneira de dispor os acontecimentos revelava o esforço e a preocupação de não só melhor compreender o que se passava, como também melhor se posicionar e intervir naquelas transformações que, em ritmo cada vez mais acelerado, desfaziam os ordenados "mundos" da sociedade imperial.*[145]

O mundo, o Brasil e o Rio de Janeiro se transformavam. Ao estudarmos o processo de intervenções urbanas, é fundamental destacar o papel dos engenheiros e dos médicos. A engenharia tomou espaço na vida nacional a partir da construção das primeiras ferrovias. Entretanto, de acordo com Edmundo Coelho, foi apenas após a criação da Escola Politécnica em 1874, que eles passaram a ter voz ativa para intervir na política da Corte Imperial.[146] Já a medicina foi o pilar do discurso higienista que atingiria seu ápice na República, com impacto direto nas políticas urbanas. Devido às epidemias recorrentes na cidade do Rio de Janeiro, surgiram, em 1890, projetos da Comissão de Carta Cadastral para detalhar questões debatidas há quase meio século. É nesse contexto que, em 1893, o prefeito Barata Ribeiro ordena a derrubada dos cortiços; entre eles, o Cabeça de Porco.[147]

---

144 MATTOS, Ilmar Rohloff de. *Do Império... Idem*, p. 168-169.

145 MATTOS, Ilmar Rohloff de. *Do Império... Idem*, p. 170.

146 COELHO, Edmundo Campo. *As profissões imperiais... Idem*, p. 94-95.

147 PAIXÃO, Cláudia Miriam Quelhas. *As políticas públicas de transformação urbana na cidade do Rio de Janeiro no início do século XX*. In: Revista do

O discurso médico foi um dos pilares da "civilização" do Rio de Janeiro. Não era necessário apenas cuidar da cidade, mas também do corpo, que deveria estar imune a doenças. José Gondra identifica o surgimento de novos padrões de limpeza e higiene, a partir de um cuidado especial com a pele, não mais vista como "*lugar de enfeite*".[148] Magali Engel demonstrou o papel do saber médico higienista no combate à prostituição, que era comum na região portuária, para a adequação da sociedade aos padrões de moralidade burguesa.[149]

Cezar Honorato afirma que um dos grandes problemas do porto eram os incêndios e os desabamentos – no final da década de 80 do século XIX, devido à precariedade. Antigos proprietários, como os trapicheiros, alegavam ter direito adquirido sobre os terrenos. André Rebouças, que comandava o projeto de modernização, foi substituído por Borja Castro em 1877. Uma nova concorrência aconteceu através do decreto n° 10.372 de 28 de setembro de 1889 e foi entregue ao Visconde de Figueredo. Entretanto, em 1897 a concessão caducou e foi transferida para a The Rio de Janeiro Harbor and Docks.[150] Acerca do porto do Rio de Janeiro, o autor afirma:

> *Não se pode deixar de considerar, finalmente, que apesar da necessidade de profundas reformas na lógica portuária brasileira para a integração mais efetiva na economia capitalista internacional e a*

---

Arquivo Geral da cidade do Rio de Janeiro. N° 7, 2013, p. 120.

148 GONDRA, José Gonçalves. *Artes de civilização*: medicina, higiene e educação escolar na Corte Imperial. Rio de Janeiro: EDUERJ, 2004, p. 203.

149 ENGEL, Magali. *Meretrizes e doutores*: Saber médico e prostituição no Rio de Janeiro, 1840-1890. São Paulo: Brasiliense, 1989.

150 HONORATO, Cezar. *O Polvo e o Porto*: A Cia. Docas de Santos, 1888-1914. São Paulo: HUCITEC, 1996, p. 94-95.

> *existência de um aparato jurídico-político que possibilitava tal coisa, não observamos grandes alterações em relação ao período colonial.*[151]

A região portuária era vista como insalubre, devido à presença de formas consideradas arcaicas de transportes. A E. F. Rio d'Ouro tinha um acesso limitado a esse complexo de escoamento produtivo através da Ponta do Cajú. Tiago Fonseca afirma que ocorreram transformações nos regimes de trabalho em todo o Porto do Rio de Janeiro ao longo do século XIX. Inicialmente, a força de trabalho era escrava. Em um segundo momento, tornou-se "*escravo/liberto e imigrante*". Em um terceiro momento, lentamente e de forma precária, consolidou-se como "*livre e, majoritariamente, avulso*".[152]

Em outro trabalho, Nicolau Sevcenko afirma que, no início do século XX, existiam perspectivas promissoras acerca dos papeis que a cidade do Rio de Janeiro poderia assumir. Contudo, a estrutura da cidade era anacrônica em relação a tais expectativas. A modernização capitalista tornou-se uma "*obsessão coletiva da nova burguesia*". A cidade seria então a expressão da "*regeneração*". Conforme dito anteriormente, o mote da época foi o saneamento. As finanças foram "saneadas" através do Funding Loan de 1898.[153] Prossegue o autor:

> *Quatro princípios fundamentais regeneram o transcurso dessa metamorfose, conforme veremos adiante: a condenação de hábitos e*

---

151 HONORATO, Cezar. *O Polvo e o Porto... Idem*, p. 96.

152 FONSECA, Thiago Vinícius Montuano da. *Porto do Rio de Janeiro*: Um panorama da sua operação no século XIX. In: *Revista do Arquivo Geral da Cidade do Rio de Janeiro*, n. 13, 2017, p. 595-596.

153 SEVCENKO, Nicolau. *Literatura como missão*: tensões sociais e criação cultural na Primeira República. São Paulo: Companhia das Letras, 2003, p. 39-46.

> *costumes ligados pela memória à sociedade tradicional; a negação de todo e qualquer elemento de cultura popular que pudesse macular a imagem civilizada da sociedade dominante; uma política rigorosa de expulsão dos grupos populares da área central da cidade, que será praticamente isolada para o desfrute exclusivo das camadas aburguesadas; e um cosmopolitismo agressivo, profundamente identificado com a vida parisiense.*[154]

Margarida Neves afirma que a República criou uma situação paradoxal de diferença e relação entre a capital e o interior.[155] Com seu poder político esvaziado pelo federalismo, justificou-se a reforma do Rio de Janeiro não apenas pelo pragmatismo econômico, mas também pelo simbolismo de um Brasil com uma capital iluminada e saneada.[156]

## IV. 2 - A solução parcial dos dilemas da Estrada de Ferro Rio d'Ouro:

Mudam-se o tempo, mudam-se as vontades? Não foi o caso na transição do Império para a República. Mudam-se sim, nomenclaturas, como a Inspetoria Geral de Obras Públicas da Corte Imperial sendo rebatizada como Inspeção Geral das Obras Públicas da Capital Federal.[157] A queda do regime mo-

---

154 SEVCENKO, Nicolau. *Literatura como missão... Idem*, p .43.

155 NEVES, Margarida de Souza. Os cenários da república: O Brasil na virada do século XIX para o século XX. In: DELGADO, Lucília; FERREIRA, Jorge (Orgs). *O Brasil republicano, volume 1*: O tempo do liberalismo excludente, da proclamação da República à Revolução de 1930. Rio de Janeiro: Civilização Brasileira, 2016, p. 16

156 NEVES, Margarida de Souza. *Os cenários da república... Idem*, p. 40.

157 Abreviado como IGOPCF a partir daqui.

nárquico e a ascensão republicana não modificou de forma substancial, ao menos naquele momento, a estrutura administrativa do Novo Abastecimento d'Água. As alterações ocorreram no âmbito de nomenclatura, mas os quadros técnicos foram mantidos. O andamento das obras de reparo e expansão seguiu em ritmo acelerado. Não ocorreu aumento do suprimento aos morros cariocas, que continuavam sendo abastecidos pelos antigos mananciais, embora isso tenha se dado pelo fato de que as obras ainda não tinham alcançado essas localidades. Os reservatórios estavam abastecidos até o limite, mas os encanamentos não permitiam o escoamento de todo esse volume de água. Com o objetivo de mitigar tal desperdício, a IGOPCF, na figura do engenheiro Raymundo Teixeira Belford Roxo, levantou a discussão sobre a construção de uma terceira linha de abastecimento, em direção a Pedregulho.[158]

Estipulando que a média de 400 mil pessoas poderiam usufruir dessa água, divididas em 300 mil pessoas vivendo nas partes "baixas" da cidade, e 100 mil pessoas vivendo na parte "alta", o engenheiro afirma:

> *A quota de fornecimento dos encanamentos gerais deve ser de 300 litros por habitantes, o que equivale a 90.000.000 litros para a região baixa, e 30.000.000 litros para a região alta, garantindo-se assim a quota de abastecimento de 200 litros por habitantes.*[159]

---

158 ROXO, Raymundo Teixeira Belford. *Relatorio dos trabalhos durante o anno de 1889 apresentado ao Ministerio dos Negocios da Agricultura, Commercio e Obras Publicas pelo Inspector Geral Raymundo Teixeira Belford Roxo.* p.3. In: MACOP. *Relatorio apresentado ao chefe do governo provisorio por Francisco Gricerio, ministro e secretario de estado dos negocios da agricultura, commercio e obras publicas.* Rio de Janeiro: Imprensa Nacional, 1890.

159 ROXO, Raymundo. *Relatorio dos trabalhos durante o anno de 1889... Idem*, p. 4.

Para abastecer as regiões baixas, era necessária a desapropriação de terrenos nas Serras do Comércio, Tinguá e do Rio São Pedro. Com a desapropriação finalizada, faltava resolver a questão do abastecimento da região alta. Para o engenheiro, não havia outra solução a não ser a utilização de mananciais distantes. Não é citada nenhuma localidade, mas a expansão se daria da mesma forma que as anteriores, com a extensão da tubulação com o auxílio da ferrovia. Outra solução era a utilização de barragens, tal qual ocorria na Europa, Estados Unidos e em outras localidades do Brasil.[160]

Esse projeto de Raymundo Belford Roxo era parcialmente baseado nos estudos de Antonio Rebouças. O engenheiro afirmava, com expectativa, que:

> *Realizado este plano, e substituindo o atual regulamento provisório de distribuição de água, que é excessivamente defeituoso, creio que cessarão todos os clamores da população em ocasião da seca.*[161]

Apesar da manutenção do ritmo das obras, de fato, o fornecimento de água dos mananciais caiu de 10% a 25%. Onde o abastecimento já era precário, o índice foi a 80 litros por habitante. Os mais favorecidos chegaram a 170 litros por habitante. Essa queda na distribuição não resultou em uma arrecadação menor, pois ocorreu o aumento de 190:973$042, chegando ao total de 1.100:656$. A inauguração do encanamento entre o Pedregulho e o Catete foi uma grande novidade, mas o valor teria sido maior

---

160 ROXO, Raymundo. *Relatorio dos trabalhos durante o anno de 1889... Ibidem*, p. 4

161 ROXO, Raymundo. *Relatorio dos trabalhos durante o anno de 1889... Ibidem*, p. 4

caso o sistema de distribuição permitisse um controle mais apurado. Tais melhorias estavam planejadas desde 1887, mas só em 1889 saíram do papel.[162] Dentro de um contexto de expansão do sistema de abastecimento, a E. F. Rio d'Ouro conseguiu aumentar sua renda, principalmente devido às obras em mananciais. De acordo com o relatório de Raymundo Belford Roxo:

> *O projeto de carnalização definitiva do Rio São Pedro foi aprovado pelo decreto nº 10.167 de 12 de janeiro de 1889 e começadas as obras em princípio de agosto, achava-se pronto em 31 de dezembro do leito do tramway e assentados 10.690 metros de trilhos, dependendo a sua conclusão de uma ponte em construção no último kilometro, assentados 2.200 metros de encanamento de om,80, aberta a vala para mais 500 metros, construídos 94 pilares de alvenaria para sustentação de tubos, 18 bueiros em arcos e capeados, tendo sido dirigidos de preferência para a execução do projeto de canalização dos mananciais da serra do Comércio os recursos de pessoal e material que se pôde reunir. Por esse motivo, e por deficiência de transporte da Estrada de Ferro do Rio d'Ouro, o assentamento de tubos para a canalização definitiva do Rio São Pedro não teve maior impulso.*[163]

De acordo com a contabilidade apresentada, foram gastos um total de 1.145:149$884. Os valores da E. F. Rio d'Ouro não foram incluídos. Através desse relato de Raymundo Teixeira Belford Roxo, podemos averiguar que as deficiências da infraestrutura da ferrovia atrapalharam o andamento das obras do sistema de abaste-

---

162 ROXO, Raymundo. *Relatorio dos trabalhos durante o anno de 1889... Ibidem*, p.5-6.

163 ROXO, Raymundo. *Relatorio dos trabalhos durante o anno de 1889... Ibidem*, p.12.

cimento. Contudo, não devemos esquecer que a ferrovia era o único meio técnico possível que possibilitava o transporte.[164]

O material não podia utilizar os rios locais, São Pedro e Pavuna, devido ao seu peso, demandando grandes embarcações. A alternativa para além da ferrovia seriam os caminhos locais que adentravam a Baixada Fluminense, mas essa opção era inviável na prática. Sem outra possibilidade, restou trabalhar com as limitações de tráfego da ferrovia. Valendo-se da máxima de "antes tarde do que nunca", as obras encerraram-se, tendo a E. F. Rio d'Ouro uma participação fundamental, afinal, sem ela, nada seria possível.[165]

A relação entre o sistema de abastecimento de água e a ferrovia já não era de dependência apenas por uma parte. A dependência tornava-se, cada vez mais, mútua. A ferrovia necessitava do sistema de abastecimento para existir e fazer seu balanço. O sistema de abastecimento necessitava da infraestrutura ferroviária para realizar não só a manutenção, mas também a expansão do próprio sistema. Essa relação continuou, de certo modo, conflituosa. Mas tornava-se também positiva do ponto de vista financeiro.[166]

De acordo com o relatório, entre 1888 e 1889 ocorreu um acréscimo na renda de 89:904$117, sendo a renda particular com o total de 8.793$295, e a renda do serviço público tendo o valor de 81.110$822. Uma diferença bastante discrepante. O relatório prossegue, afirmando que "*esta última diferença foi de-*

164 ROXO, Raymundo. *Relatorio dos trabalhos durante o anno de 1889... Ibidem*, p. 13.

165 ROXO, Raymundo. *Relatorio dos trabalhos durante o anno de 1889... Ibidem*, p. 13.

166 ROXO, Raymundo. *Relatorio dos trabalhos durante o anno de 1889... Ibidem*, p.14.

*vida ao aumento considerável que se deu no transporte de pessoal e material para as obras provisórias e as definitivas das canalizações do Rio São Pedro e da serra do Comércio*".[167]

A despesa de 6.202$740 para o ano teve como explicação a necessidade de obras de emergência devido à grande quantidade de chuvas. Os estragos levaram a ferrovia a um estado "*não lisongeiro, precisando de grandes reparações não só no leito da estrada, como na superestrutura*". Das 7 máquinas, duas estavam em "*sofrível estado*". As demais, apesar de operacionais, tinham muitos problemas. O ritmo de trabalho aumentou em comparação com anos anteriores, pois as máquinas estavam "*em mau estado por não haver tempo para repará-las convenientemente*".[168]

Por fim, Raymundo Teixeira Belford Roxo encerra o relatório afirmando que o serviço da ferrovia não seria satisfatório enquanto ela servisse para atingir duas necessidades distintas, que era o transporte de material e o transporte de passageiros. O relator não propõe uma solução, como por exemplo a construção de uma nova linha, ou mesmo uma nova organização de horários. Apenas salienta que a ferrovia não estava sendo satisfatória como linha de serviços para qual foi construída. Observamos, também, que o auxílio de carros da Central foi demasiadamente importante para a finalização dos serviços, já que os carros achavam-se "*muito estragados*".[169]

A partir do relatório de 1889, temos a informação de que o auxílio de carros da E. F. Central do Brasil foi imprescindível.

---

167 ROXO, Raymundo. *Relatorio dos trabalhos durante o anno de 1889... Ibidem*, p.14.

168 ROXO, Raymundo. *Relatorio dos trabalhos durante o anno de 1889... Ibidem*, p.14.

169 ROXO, Raymundo. *Relatorio dos trabalhos durante o anno de 1889... Ibidem*, p.14-15.

A situação não se alterou no exercício de 1890, pois no relatório deste ano há uma informação relevante sobre as condições da E. F. Rio d'Ouro. A instalação de tubos vindos das serras do Tinguá e Comércio para os bairros de Catete, Laranjeiras e Botafogo foi um sucesso. Já a canalização do Rio Xerém e do Rio Mantiqueira fracassou devido à rescisão de contrato, por motivo não explicado.[170]

A satisfação da população da cidade poderia ser maior, já que existiu a possibilidade de que o fornecimento mínimo de água pudesse chegar a 272 litros por habitante. O que impediu que se atingisse essa marca? A dificuldade de completar o assentamento de uma terceira linha do reservatório do Rio do Ouro para o Pedregulho. As obras sequer foram finalizadas devido à dificuldade de translado do material, tendo em vista o estado de condições da ferrovia. As condições e ritmos de trabalho das oficinas estavam em desacordo com as demandas necessárias para as obras. Embora sem sucesso, a criação de uma coordenação unificada foi uma tentativa de equiparar tais ritmos.[171]

No ano de 1890 não houve nenhuma expansão ferroviária, apesar dos projetos de canalização do Rio Xerém. Esse empreendimento demandaria, de qualquer forma, pela construção de uma infraestrutura no qual não existia recursos disponíveis. Neste ano, a contabilidade da ferrovia sofreu um forte impac-

---

170 MACOP. *Relatorio apresentado ao presidente da republica dos Estados Unidos do Brazil pelo ministro d'estado dos negocios da agricultura, commercio e obras publicas Barão de Lucena em junho de 1891*. Rio de Janeiro: Imprensa Nacional, 1891, p. 82.

171 MACOP. *Relatorio apresentado ao presidente da republica dos Estados Unidos do Brazil pelo ministro d'estado dos negocios da agricultura, commercio e obras publicas Barão de Lucena em junho de 1891*. Rio de Janeiro: Imprensa Nacional, 1891, p. 82.

to, tendo o comprometimento médio de 98% do seu orçamento, comparado com o ano de 1889, onde ocorreu um comprometimento de 77%. Não há uma explicação detalhada nos relatórios para o aumento desses custos, mas a partir de algumas informações apresentadas acerca da renda da ferrovia, podemos especular algumas hipóteses. A primeira é a de que, neste ano, ocorreu uma diminuição da importância do abastecimento de água para as contas da ferrovia, devido ao fato de que outros tipos de recursos passaram a ocupar espaço no balanço. A segunda é que o acréscimo desproporcional da despesa pode ser explicado por essa mudança de comportamento do padrão de gastos, mas que isso não significou uma mudança no papel estratégico da ferrovia para a economia local.

Acerca da primeira hipótese, a renda recolhida ao Tesouro Nacional passa de 89:056$027 em 1889 para 106:906$790 no ano de 1890. Não há, no relatório, um número de passageiros transportados ou de bilhetes vendidos, mas esse aumento da renda recolhida é um indicador de que a ferrovia recebeu acréscimo de recursos de uma fonte que não era o abastecimento de água, já que este valor era discriminado. O mais provável é que esses recursos tenham origem na venda de bilhetes e no transporte de mercadorias. O que de fato podemos afirmar é que esse valor não tinha origem na prestação dos serviços já citados. Sobre a segunda hipótese, percebemos uma diminuição da injeção de recursos destinados aos transportes para as obras do Novo Abastecimento de Água e outros serviços públicos.

É importante destacar a nomenclatura utilizada, pois o transporte de passageiros poderia ser considerado serviço público, mas nos relatórios encontrados essa modalidade de transporte sempre vinha discriminada, deixando margem para o entendimento de que serviços públicos possam ser traduzidos como serviços prestados para o Estado. Os valores em 1889 são fixados em 97.838$332, enquanto os valores de 1890 são fixados em 84:882$488.

Isso corresponde a uma diminuição de 14% na renda advinda de serviços públicos. Enquanto isso, houve um aumento médio de 20% no valor advindo da renda recolhida ao Tesouro, estando incluídos, nela, o transporte de passageiros e mercadorias. Identificamos em nossa análise uma mudança no comportamento da renda, concomitante a uma alteração no direcionamento de gastos. Eram altos os valores decorrentes da manutenção da operação do abastecimento, na qual o transporte de tubulações de ferro fundido ocupava um grande espaço na grade horária do trem. Com a diminuição dessa modalidade de transporte, abriu-se espaço na grade para circulação de mais trens, podendo levar cada vez mais mercadorias e passageiros.

A diminuição do vínculo da ferrovia com o abastecimento não alterava a sua essência, mas gerava, por consequência, a possibilidade de aumento da renda por meios que não fossem a prestação de serviços públicos. Entretanto, esse movimento não necessariamente significava uma maior possibilidade de lucros por parte da ferrovia. Contraditoriamente, liberar espaço para circulação de trens não relacionados com o abastecimento comprometia o orçamento.

Em 1891 ocorreu a primeira grande modificação na administração da ferrovia, com o desmembramento de alguns serviços da IGOPCF. Era necessário assegurar "*unidade de direção, não só por bem da regularidade dos mesmos serviços, mas ao mesmo tempo por consideração da economia*". A partir do binômio *fragmentação-unificação*, a IGOPCF tinha como objetivo dividir os serviços em respectivas competências, mas com uma direção unificada baseada no planejamento centralizado. Com essa iniciativa de racionalização, criou-se uma cadeia de comando que atendesse as expectativas não só ao abastecimento, mas também a diversos serviços sob responsabilidade da superintendência. Esse movimento permitiu uma otimização dos serviços, em que se atingiu a marca histórica de 197 litros de água por habitante. Um acréscimo de 50% se comparado com o ano anterior.[172]

Em 1891 o abastecimento de água foi insuficiente em relação às necessidades de consumo da cidade. Nas regiões baixa, manteve-se com pequenas diferenças, enquanto nas altas sofreu uma redução considerável. Para este ano, utilizamos um extenso e informativo relatório da IGOPCF apresentado pelo engenheiro Raymundo Teixeira Belford Roxo. De acordo com o relator, isso ocorreu devido à impossibilidade da continuação da terceira linha de abastecimento em direção as serras do Tinguá e do Comércio.[173]

Como vimos anteriormente, já há alguns anos existia a discussão nos relatórios sobre a necessidade da abertura dessa terceira linha para suprimento de água. Inicialmente, entraves burocráticos decorrentes da compra e venda de terrenos que faziam margem aos rios São Pedro e Santo Antônio impediam a

---

172 MACOP. *Relatorio apresentado ao presidente da republica dos Estados Unidos do Brazil pelo ministro d'estado dos negocios da agricultura, commercio e obras publicas Barão de Lucena em junho de 1891*. Rio de Janeiro: Imprensa Nacional, 1891, p. 81.

173 ROXO, Raymundo Teixeira Belford. *Relatorio dos trabalhos durante o anno de 1891 apresentado ao Ministerio da Agricultura, Commercio e Obras Publicas pelo Inspector Geral Raymundo Teixeira Belford Roxo*. p. 4 In: MACOP. *Relatorio apresentado ao vice-presidente da república dos Estados Unidos do Brazil pelo ministro d'estado dos negocios da agricultura, commercio e obras publicas, engenheiro Antão Gonçalves de Faria em maio de 1892*. Rio de Janeiro: Imprensa Nacional, 1892.

realização das obras. No início da década, os acordos de desapropriação se encerraram, mas mesmo assim as obras não andavam. Desta vez, o baixo orçamento somado as más condições de conservação da E. F. Rio d'Ouro impediam o transporte das tubulações de ferro fundido.[174]

A dificuldade em conseguir tocar as obras, seja por conta própria, como também em associação com agentes privados, refletia-se nas condições de suprimento de água, principalmente nas partes altas da cidade. Nessas regiões de morros, onde a maior parte da população residente era de baixa renda, a diminuição chegou a 41% do total distribuído se comparada ao ano anterior. Na cidade como um todo, o desperdício chegava a um total de 25% do que era destinado.[175]

O relator reclama o fato da impossibilidade de fiscalizar de forma eficaz o abastecimento da cidade, devido à existência de um sistema sem hidrômetro. A ausência do instrumento impedia o Estado de racionalizar o acesso a água. Existia a possibilidade, por exemplo, de se privilegiar uma região em detrimento da outra, através de uma complexa rede de bombas. Sem hidrômetros, não era possível implementar a arrecadação de impostos de grandes consumidores, como as fábricas que aos poucos surgiam. Por regiões com altas necessidades, podemos interpretar não só as industriais, como também alguns trechos da região central e de São Cristóvão, onde residiam classes mais abastadas.[176]

---

174 ROXO, Raymundo. *Relatorio dos trabalhos durante o anno de 1891... Idem*, p. 4.

175 ROXO, Raymundo. *Relatorio dos trabalhos durante o anno de 1891... Ibidem*, p. 4.

176 ROXO, Raymundo. *Relatorio dos trabalhos durante o anno de 1891... Ibidem*, p. 4.

O relator insiste na necessidade da terceira linha, e ressalta que as obras poderiam ser aceleradas caso utilizassem as tubulações que seriam usadas na canalização do Rio Xerém, que acabou caducando. Essa obra, baseada no Contrato Frontin, não pode seguir adianta devido à qualidade e espessura dos tubos. Isso abriu possibilidade para que estes fossem reaproveitados. Com a promessa de que tais manobras viriam a melhorar de forma substancial o abastecimento, o relator sugere a realização das mesmas.[177]

Para além dos problemas relativos a distribuição de água, a cidade também enfrentava problemas referentes a pressão da água, que era pouca, devido à espessura dos canos. Tais reclamações não surtiram efeito na IGOPC, pois o engenheiro afirmou que a mesma "*não tem responsabilidade com a distribuição no interior dos prédios, visto que esta corre exclusivamente por conta e responsabilidade dos proprietários*".[178] Prosseguindo sua argumentação, Raymundo Teixeira Belford Roxo afirma que a "*responsabilidade desta Inspeção cessa, desde que na entrada do prédio fornece as penas d'agua, que o proprietário paga ao Tesouro.*[179]

É muito interessante que, neste relatório, seja abordada a questão da topografia da cidade. Dentro da lógica ideológica do progresso, existe a crença de que uma cidade rodeada por morros não possui circulação efetiva de ar, o que levaria ao surgimento de doenças. Naquele momento, estava em andamento

---

177 ROXO, Raymundo. *Relatorio dos trabalhos durante o anno de 1891... Ibidem*, p. 5.

178 ROXO, Raymundo. *Relatorio dos trabalhos durante o anno de 1891... Ibidem*, p. 5.

179 ROXO, Raymundo. *Relatorio dos trabalhos durante o anno de 1891... Ibidem*, p. 5.

o desmonte do morro do Senado, cujo processo também era de responsabilidade da Inspetoria.[180]

A topografia ingrata da cidade também prejudicaria a fiscalização da distribuição de água, demandando maquinário específico para fazer a água subir os morros, além de uma infraestrutura de tubos que possibilitasse a empreitada. Modificar a topografia inteira da cidade não era possível, pois as intervenções que estavam ocorrendo, mesmo grandiosas para os padrões urbanos da época, eram localizadas e demandavam altas somas de capital, a solução não seria outra senão a instalação de uma rede de hidrômetros obrigatórios nas casas, ou então a expansão do sistema de penas d'água. Sem isso, o desperdício era inevitável.[181]

Foram assentados 28 quilômetros de tubos. A segunda linha entre o reservatório de Três Rios e Reunião foi concluída, custando a soma de 112:469$560. Esse valor não inclui o transporte de tubulações pela E. F. Rio d'Ouro e pela E. F. Central do Brasil. Colocado em uma conta a parte, essas manobras custaram 23:256$000.[182] A contabilidade que nos interessa, da E. F. Rio d'Ouro, é apresenta como parte de um grande conjunto denominado "*Canalização dos mananciais das serras do Tinguá e Comércio e Estrada de Ferro do Rio d'Ouro*".[183]

Em relatórios anteriores, os números da ferrovia ficavam separados. Nesse eles são colocados diretamente vinculados à ca-

---

180 ROXO, Raymundo. *Relatorio dos trabalhos durante o anno de 1891... Ibidem*, p. 5.

181 ROXO, Raymundo. *Relatorio dos trabalhos durante o anno de 1891... Ibidem*, p. 5.

182 ROXO, Raymundo. *Relatorio dos trabalhos durante o anno de 1891... Ibidem*, p. 6.

183 ROXO, Raymundo. *Relatorio dos trabalhos durante o anno de 1891... Ibidem*, p. 9.

nalização das serras. A explicação para essa mudança se dá pelo fato de que as obras de canalização dependiam da ferrovia para o transporte. Neste ano, a interação dos serviços foi tão expressiva que sua contabilidade foi feita em conjunto. Neste relatório, há o primeiro registro do ramal de São Pedro, que conectava a linha principal à rede de tubulações já assentadas. Este ramal viria a ser aberto ao público logo em seguida, tendo a ferrovia atingido já 77 quilômetros de extensão de linhas.[184]

Neste ano, a ferrovia aumentou suas receitas, o que demonstra um crescimento. Mas não conseguiu atingir um bom resultado financeiro, voltando a ter *déficit*. Sua receita aumentou de 191.789$278, do ano anterior, para 235.770$215, com um *déficit* de 27.658$920. Este aumento da receita pode ser justificado por um aumento dos serviços prestados ao público, mas a diminuição das atividades das obras, que em alguns meses ficou literalmente paralisada, teve como resultado a ferrovia apresentando essa diferença na balança. Novamente temos o problema da frota pequena, advindo do baixo investimento. De acordo com o relatório, os números poderiam ser melhores caso existisse material rodante suficiente. Isso era uma questão fundamental em todos os relatórios analisados até então. A renda da ferrovia aumentava de forma progressiva, mas seus custos iam na mesma direção, tendo, com raras exceções, uma trajetória de ascensão maior. Contudo, um elemento novo iria entrar na argumentação do relator acerca do orçamento da ferrovia.[185]

A novidade foi por causa da duplicação do preço do carvão, que frustrou a expectativa de crescimento da renda da E.

---

184 ROXO, Raymundo. *Relatorio dos trabalhos durante o anno de 1891... Ibidem*, p. 9.

185 ROXO, Raymundo. *Relatorio dos trabalhos durante o anno de 1891... Ibidem*, p. 10.

F. Rio d'Ouro. Caso fosse desconsiderada na contabilidade, a ferrovia continuaria sua trajetória de ascensão orçamentária. Raymundo Teixeira Belford Roxo fez uma estimativa para o saldo da E. F. Rio d'Ouro em 1891, que seria positivo, com um total de 26:679$293. Podemos colocar em xeque essa afirmação do relator, se atentarmos para um velho problema presente em todos os relatórios já analisados: a questão da frota pequena.[186]

Não pretendemos desconsiderar o papel do carvão alegado pelo relator. No Brasil daquela época, não existiam outras alternativas para as locomotivas. Se olharmos apenas os números apresentados, à primeira vista, essa seria a explicação mais plausível. O próprio relatório afirmava que o *déficit* era explicado por causa do preço desse produto. Mas se avançarmos poucas páginas nesta fonte, observamos uma informação que abre um caminho, a partir do próprio documento, para olharmos este orçamento a partir de outro ângulo e retomarmos a questão da frota.

Como vimos em relatórios anteriores, a expansão da rede de adutoras não necessariamente levava a expansão física da E. F. Rio d'Ouro, mas sua renda aumentava de forma positiva. A frota não acompanhava esse ritmo de crescimento. O preço do carvão pode ser considerado um mero detalhe se comparado ao fato de que a frota pequena paralisou, por muito tempo, o andamento das obras do abastecimento. O material rodante foi usado de forma exaustiva durante a construção da primeira e da segunda linha de adutoras. Já na construção da terceira linha, a ferrovia já não conseguia atender a demanda das obras ao mesmo tempo que atendia o público que, cada vez mais, a utilizava

186 ROXO, Raymundo. *Relatorio dos trabalhos durante o anno de 1891... Ibidem*, p.13.

para transporte, principalmente para a produção local. A frota deficiente era problema crônico que existia desde os primórdios da operação. Isso é reconhecido pelo próprio relator:

> *A demora que houve é inteiramente justificável pela falta de transporte de materiais para as obras em construção pela Estrada de Ferro do Rio d'Ouro, obrigada a satisfazer simultaneamente ao tráfego público sem ter o material rodante indispensável. Não se pode fazer mais, tendo esta Inspeção outras obras também em construção e dependentes das dificuldades de transporte pela mesma estrada.*[187]

O problema da ferrovia com o carvão foi pontual e restrito aquele ano, ao menos até então. Pode ter provocado um desequilíbrio em suas contas, mas a grande questão para a IGOPC era administrar uma ferrovia que, sendo imprescindível para a manutenção do abastecimento de água, tornava-se cada vez mais importante na vida econômica local. Nos relatórios, é visível a percepção de que, sem o aumento da frota, a E. F. Rio d'Ouro continuaria com suas contas instáveis, dependendo de malabarismos orçamentários por parte da inspetoria. Através de um ofício de 18 de setembro do mesmo ano, foi feito um pedido ao MIVOP de compra de material. Este pedido não foi atendido.

O baixo investimento bloqueava a expansão da ferrovia e colocava em risco o seu próprio futuro, pois a lógica da Inspetoria baseava-se na fórmula que, de forma simplificada, pode ser lida como: *quanto mais tubos assentados, mais renda.* A frota foi o principal impedimento da expansão da ferrovia a partir de Brejo. A partir desse ramal, seriam transportados os tubos para a canalização dos rios Xerém e Mantiqueira. Ela não aconteceu pois foi

187 ROXO, Raymundo. *Relatorio dos trabalhos durante o anno de 1891... Ibidem*, p. 12.

preciso concentrar na construção da terceira linha de adutoras, mas também pela falta de material rodante que permitisse que a ferrovia não paralisasse a manutenção do que já existia, nem comprometesse o tráfego ao público.

No ano de 1892, a administração do abastecimento de água e da ferrovia passou a ser vinculada ao MIVOP. Separando-se da gigantesca pasta responsável pela agricultura, buscou-se uma maior racionalização das intervenções na infraestrutura. O Tesouro passou a dar maior atenção às reclamações orçamentárias da Inspetoria, fornecendo um crédito de 1.360:895$000, distribuídos entre a E. F. Rio d'Ouro e as obras da Capital Federal, de acordo com o relatório ministerial de 1892.[188] Neste ano, o abastecimento de água teve uma leve diminuída, mas manteve-se regularmente nas partes baixas da cidade, com destaque para a chegada ao bairro de Benfica da terceira linha de adutoras.[189] O suprimento de água continuava deficiente, apesar da inauguração de um trecho da terceira linha de adutoras. A solução possível para que bairros como o Catumbi e Rio Comprido não necessitassem das águas da Tijuca seria a canalização do Rio Mantiqueira.[190]

188 MIVOP. *Relatorio apresentado ao vice-presidente da Republica dos Estados Unidos do Brasil pelo ministro de estado dos negocios da Industria, Viação e Obras Publicas Engenheiro Antonio Francisco de Paula Souza no anno de 1893*. Rio de Janeiro, Imprensa Nacional. p. 252.

189 ROXO, Raymundo. *Relatorio apresentado ao Ministerio da Industria, Viação e Obras Publicas, pelo Inspector Geral Raymundo Teixeira Belford Roxo durante o anno de 1892*. p. 3. In: MIVOP. *Relatorio apresentado ao vice-presidente dos Estados Unidos do Brazil pelo ministro de estado dos negocios da industria, viação e obras publicas, engenheiro Antonio Francisco de Paula Souza no ano de 1893*. Rio de Janeiro: Imprensa Nacional, 1893.

190 ROXO, Raymundo. *Relatorio apresentado ao Ministerio da Industria, Viação e Obras Publicas... Idem*, p. 4.

A IGOPCF não tinha solucionado até o presente momento o problema da regulação do consumo de água. Isso ocorria devido às caixas automáticas, além do consumo particular sem hidrômetros. A tubulação de baixa qualidade dificultava o acesso da população à água, mas o desperdício das residências também era um problema. Este relatório afirmava que essa situação era causada por "*instalações defeituosas*" e "*hábitos da população*", além das cobranças a IGOPCF por questões que não estavam em sua alçada, como as instalações dentro das residências. Como forma de resolver essa questão, os agentes da inspetoria sugeriram que se abandonassem os regulamentos antiquados e se adotassem os de Nova York, com os seguintes termos:

> *Água à discrição para o consumo doméstico, porém sob a ação fiscal desta Inspeção, não se permitindo canalizações no interior dos prédios, que não sejam feitas por esta Inspetoria, como se concedeu à Companhia "City Improvements", ou com sua aprovação, e aplicação de hidrômetros aos grandes consumos, do que resultará aumento de renda, além do aumento de carga ou de melhor distribuição onde há necessidade.*[191]

Era imperativo para os agentes da IGOPCF garantir o controle do acesso à água, através da lógica da racionalização do consumo. A repartição lutava contra o sistema de largos e chafarizes, que eram formas de distribuição arcaica da água. Cabe lembrar que estas formas de distribuição também eram mais democráticas, por serem abertas ao público e não demandarem pagamento. A regulação através do hidrômetro, com um sistema centralizado de tubos, onde fosse possível contabilizar o consu-

191 ROXO, Raymundo. *Relatorio apresentado ao Ministerio da Industria, Viação e Obras Publicas... Ibidem*, p. 5.

mo era primordial para a transformação da água em mercadoria. Naquele momento, apesar da situação hídrica, em relação à quantidade de chuvas, ser favorável, ocorria muito desperdício pela infraestrutura inadequada.[192]

O aumento da quantidade disponível de água poderia ser uma oportunidade de democratização do acesso a água na cidade. Isso poderia ser feito através de obras que conseguissem armazenar tais volumes. Entretanto, o contrário ocorreu. O desperdício decorrente da infraestrutura disponível reforçou, para o Estado, a necessidade de um uso racional baseado em um sistema de cobranças. Raymundo Belford Roxo é enfático ao mostrar-se contrário ao acesso à água sem a necessidade de pagamento. Para isso, era fundamental racionalizar a distribuição mediante cobrança de taxas. Sem esse dispositivo de controle, ocorreria um aumento desproporcional no consumo, levando a cidade ao colapso. A instalação de hidrômetros seria, portanto, um freio no consumo da população. O relator afirma:

> *Por ora há excesso de carga para o abastecimento, ainda que com enorme desperdício. Aumentando, porém, o consumo na escala que gradualmente se vai notando, é imprescindível medida enérgica contra o desperdício, para que não se chegue, como diz Couche, ao resultado insensato de tornar ilimitado o consumo, isto é, de não ter água para todos, qualquer que seja a quantidade que se distribua.*[193]

Diante dessa situação, não seria exagero afirmarmos que um recurso vital para a sobrevivência humana não estaria acessível a

192 ROXO, Raymundo. *Relatorio apresentado ao Ministerio da Industria, Viação e Obras Publicas... Ibidem*, p. 5-6

193 ROXO, Raymundo. *Relatorio apresentado ao Ministerio da Industria, Viação e Obras Publicas... Ibidem*, p. 6

todos. Por mais que ainda existissem poços e chafarizes, diante daquele contexto, era cada vez mais irreversível o processo de mercantilização do acesso à água na cidade do Rio de Janeiro.

A fiscalização das ferrovias passou por uma modificação em fins de 1892, estando a cargo da Inspetoria Geral das Estradas de Ferro.[194] Entretanto, a administração da E. F. Rio d'Ouro permanecia sob responsabilidade da IGOPCF, ficando obrigada à prestar contas.[195] Não ocorreram mudanças acerca da administração do abastecimento.[196] Foram abertas duas cartas de crédito extra orçamentários para a inspeção, que enfrentava dificuldades orçamentárias devido ao alto custo da instalação e substituição de encanamentos.[197]

Em 1892, a E. F. Rio d'Ouro enfrentou longas dificuldades devido à não renovação do contrato de tráfego mútuo com a Companhia de S. Christóvão. Para além disso, a falta de material prejudicava até mesmo o funcionamento diário dos trens de passageiros, que tinham uma cota reservada. Em relação ao abastecimento de água, ao contrário, todos os esforços possíveis foram feitos, para que ele não fosse prejudicado. A situação poderia ter

---

194 Modificações ocorridas a partir do decreto nº 1164 de 9 de dezembro de 1892, que tiveram como objetivo reorganizar a situação fiscal das ferrovias.

195 MIVOP. *Relatorio apresentado ao vice-presidente da republica dos Estados Unidos do Brasil pelo general de brigada Dr. Bibiano Sergio Marcedo da Fontoura Castellat, ministro de estado dos negocios da industria, viação e obras publicas em maio de 1894*. Rio de Janeiro: Imprensa Nacional, p.180-183.

196 MIVOP. *Relatorio apresentado ao vice-presidente da republica dos Estados Unidos do Brasil pelo general de brigada... Idem*, p. 353.

197 MIVOP. *Relatorio apresentado ao vice-presidente da republica dos Estados Unidos do Brasil pelo general de brigada... Ibidem*, p. 377-380.

melhorado, já que os agentes IGOPCF recorreram ao Tesouro através do ofício nº 448 de 18 de setembro de 1891, na expectativa de melhorias para o ano de 1892 através de um crédito. Entretanto, a E. F. Rio d'Ouro teve o crédito negado. Restou utilizar as locomotivas disponíveis para transportar passageiros e mercadorias, já que as duas locomotivas que estavam em melhor estado, em um universo onde todas estavam debilitadas, eram utilizadas nas obras da terceira linha de canalização. Apesar da falta de recursos, alguns materiais foram adquiridos no mercado e possibilitaram, ao menos, uma diminuição na quantidade de cargas acumuladas.[198]

As maiores informações sobre a E. F. Rio d'Ouro no ano de 1892 são encontradas no relatório interno de Raymundo Teixeira Belford Roxo. Os dados disponíveis no relatório apresentado ao Executivo são apenas sínteses deste relatório. Justificou-se o aumento dos custos devido ao aumento dos salários e do preço dos materiais – afetados pelas baixas do câmbio, denominadas como "*extremas*" pelo relator.[199] O ano, portanto, foi deficitário, com a ferrovia arrecadando 139:056$556, mas tendo uma despesa de 346:963$045.

Dentro do universo da receita, as mercadorias apresentam-se como a maior fonte de recursos, gerando uma renda de 56:568$780. Os valores mais próximos na contabilidade do serviço secundário era o serviço de 1° classe - 17:280$700 - e 2° classe - 31:346$800, para o transporte de passageiros. Contudo, ressaltamos a diferença exorbitante dos valores re-

198 ROXO, Raymundo. *Relatorio apresentado ao Ministerio da Industria, Viação e Obras Publicas... Ibidem*, p. 10

199 ROXO, Raymundo. *Relatorio apresentado ao Ministerio da Industria, Viação e Obras Publicas... Ibidem*, p. 10.

cebidos referentes ao transporte de material para o abastecimento. Nesse setor da contabilidade, colocado a parte, a E. F. Rio d'Ouro recebeu um adicional de 91:927$150. Isso por si só já demonstra a mútua dependência existente entre o serviço ferroviário e o abastecimento de água. Por um lado, a ferrovia dependia desses recursos para manter-se operacional.[200]

Sobre a dependência do abastecimento em relação à ferrovia, o relator afirma que:

> *A relação do custeio para a despesa foi de 144% e o deficit de 107:659$152 é explicável pela baixa do cambio, tendo-se conservado as mesmas tarifas, pelo serviço que a Estrada é obrigada a fazer por conta das obras do abastecimento de agua, de que é auxiliar imprescindível.*[201]

Por conta das obras da terceira linha, a ferrovia ficou sobrecarregada ao ponto do ramal do Brejo ter as atividades paralisadas para que a força de trabalho fosse toda desviada para as obras do novo encanamento. Isso foi autorizado pelo aviso n° 42 de 12 de fevereiro de 1892. A linha modificou o Projeto Frontin, e as canalizações ficaram incomunicáveis. Isso dificultou o andamento das obras. A paralisia de um ramal levou a IGOPCF a solicitar material rodante a E. F. Central do Brasil, o que foi negado.[202] De acordo com Raymundo Teixeira Belford Roxo:

---

200 ROXO, Raymundo. *Relatorio apresentado ao Ministerio da Industria, Viação e Obras Publicas... Ibidem*, p. 10-11.

201 ROXO, Raymundo. *Relatorio apresentado ao Ministerio da Industria, Viação e Obras Publicas... Ibidem*, p. 11.

202 ROXO, Raymundo. *Relatorio apresentado ao Ministerio da Industria, Viação e Obras Publicas... Ibidem*, p. 12.

> *Apesar das suas instâncias, não se efectuou este empréstimo, nem foi feita a encomenda, de modo que os transportes tem sido feitos com o material da Estrada de Ferro do Rio d'Ouro, com prejuízo manifesto das obras urgentes da 3ª linha e do tráfego.*[203]

As relações entre a E. F. Rio d'Ouro e a E. F. Central do Brasil não estavam tão próximas ao ponto de ocorrer um socorro desse tipo. Adiante, observaremos que essa situação passaria a ser comum em pouco tempo. Sobre o ano de 1892, podemos destacar o fato de que, talvez, a E. F. Central do Brasil também estivesse enfrentando problemas relativos ao material rodante, o que demanda uma pesquisa que foge do escopo do presente trabalho. O que podemos salientar é que, *a priori*, o ano de 1892 foi bastante agitado para a E. F. Central do Brasil, devido às greves e também ao papel estratégico que a ferrovia teve no transporte de material bélico, tendo em vista a repressão a segunda revolta da armada.

O primeiro semestre de 1893, o valor ofertado pelo Tesouro foi de 1.418:345$. Para o segundo semestre deste ano, ofertou-se o mesmo valor. A IGOPCF também recebeu um crédito extraordinário, sob responsabilidade do vice-presidente da república, de 263:974$725. Estes valores foram fundamentais para a conclusão de obras inacabadas, além da manutenção da infraestrutura, na qual inclui-se a E. F. Rio d'Ouro.[204]

Com a inauguração da terceira linha de encanamento, a situação de suprimento de água da Capital Federal teve uma súbita melhora, ficando o sistema com uma atuação regular durante todo

---

203 ROXO, Raymundo. *Relatorio apresentado ao Ministerio da Industria, Viação e Obras Publicas... Ibidem*, p. 12.

204 MIVOP. *Relatorio apresentado ao vice-presidente da republica dos Estados Unidos do Brasil pelo general de brigada... Idem*, p. 377-380.

o ano, tendo uma média de 240 litros por habitante. A demora na adoção do novo regimento de abastecimento incomodava os membros da IGOPCF, que afirmavam que, sem ele, não seria possível uma regularização do fornecimento de água.[205]

Um grande problema enfrentado pela IGOPCF era a grande quantidade de ligações ilegais. Elas ocorriam não só em relação aos desvios dos tubos nas ruas, mas também em canalizações internas. A IGOPCF detinha o monopólio não só da distribuição para as casas, mas também sobre as tubulações no interior dos prédios. Esse controle era fundamental para que o Estado incrementasse a renda obtida através de impostos e de taxações sobre o consumo.[206]

A conta de capital da E. F. Rio d'Ouro aumentou de 1.762:760$763 para 1:995:334$950. Este montante foi destinado à construção de uma segunda via entre Inhaúma e Engenho do Matto, além do melhoramento e transformação da via permanente. A extensão da ferrovia atingia 87 quilômetros.[207] O *déficit* corrente chegou a soma de 313:942$803, um valor muito alto que pressionava a IGOPCF. Tendo em vista a possibilidade de interrupção do funcionamento da ferrovia, devido à má conservação do material rodante, a solução encontrada foi aumentar as

205 MIVOP. *Relatorio apresentado ao vice-presidente da republica dos Estados Unidos do Brasil pelo general de brigada... Ibidem*, p. 354-355.

206 MIVOP. *Relatorio apresentado ao vice-presidente da republica dos Estados Unidos do Brasil pelo general de brigada... Ibidem*, p. 354-355.

207 Não incluindo ai o ramal da Penha, localidade onde ficava o depósito de tubulações. Os trens que trafegavam nesta linha eram de uso exclusivo das obras do abastecimento.

tarifas, com um aumento de 1/3 em relação a tarifa anterior.[208] A modificação, além de não ter sido suficiente para resolver o problema do *déficit* crônico da ferrovia, também provocou reações do Conselho Municipal de Iguassú, por causa das tarifas altas.[209]

De acordo com os membros do conselho, o aumento do preço do frete poderia sufocar a lavoura local, gerando altos prejuízos para os grandes proprietários, e deixando a pequena lavoura numa situação ainda mais delicada. O governo federal então decidiu recuar em sua decisão, equiparando a tarifa aos valores que vigoravam na E. F. Central do Brasil antes dos reajustes. Isso significaria um aumento da renda e poderia amortizar os *déficits*. Entre os argumentos apresentados para a decisão, além do fato de que a E. F. Rio d'Ouro era responsável em auxiliar o abastecimento de água, pesou a estratégia de "*desenvolver pela baixa das tarifas a pequena lavoura a que pode servir*".[210]

Com essa estratégia, a IGOPCF oficialmente abria mão de fazer a E. F. Rio d'Ouro tornar-se lucrativa com regularidade, passando a apostar no sentido estratégico que a ferrovia passaria a ter na economia local. Permitiu-se uma operação com um *déficit* regular mantido artificialmente através de tarifas baixas para o desenvolvimento local. Tendo em vista essa mudança, o relatório de 1894 apresenta uma exposição detalhada das expectativas referentes a ferrovia. O relator considera que a ferrovia passava por um "*período de transição*", no qual necessitava de

208 O aumento das tarifas foi autorizado para todas as ferrovias, apesar de que nem todas de fato o fizeram.

209 MIVOP. *Relatorio apresentado ao vice-presidente da republica dos Estados Unidos do Brasil pelo general de brigada... Ibidem*, p. 158.

210 MIVOP. *Relatorio apresentado ao vice-presidente da republica dos Estados Unidos do Brasil pelo general de brigada... Ibidem*, p. 158.

recursos para a "*transformação e exploração das zonas que atravessa*". Prossegue afirmando:

> *Há toda a razão para supor que em vez de déficit terá renda para diminuir o custeio do abastecimento da água, se, prolongado o ramal do Xerem, atualmente em construção, tiver saída por Petrópolis e for o seu tráfego desenvolvido eficazmente por meio de comunicação barata e do regime de homestad.*[211]

É fundamental atentarmos para esta passagem. Este relatório não nega a principal característica da E. F. Rio d'Ouro, mas propõe uma expansão da infraestrutura tendo em vista, de forma progressiva, libertar a ferrovia de seu pecado original, que é a dependência do sistema de abastecimento. O projeto original tinha como objetivo alcançar a localidade de Xerém, pois lá estava sendo construída uma estação para captação das águas. Poucos quilômetros separavam essa localidade de Petrópolis, uma importante cidade da região serrana do estado do Rio de Janeiro. Ao propor que a ferrovia alcance essa região, o relator também propõe uma expansão para fora dos limites do sistema de abastecimento.

Não podemos afirmar que a ferrovia passaria a ser uma indutora do povoamento, mas ao propor comunicação barata e um regime de *homestead*, o relator abriu essa perspectiva. A extensão para Petrópolis nunca saiu do papel, e é um exercício contra factual imaginar as consequências históricas para a E. F. Rio d'Ouro caso o suposto ramal fosse, de fato, construído.

---

211 MIVOP. *Relatorio apresentado ao presidente da republica dos Estados Unidos do Brasil pelo engenheiro Antonio Olyntho dos Santos Pires, ministro de estado dos negocios da industria, viação e obras publicas em maio de 1895*. Rio de Janeiro: Imprensa Nacional, 1895. p.179.

Por vezes, fontes históricas reservam passagens que, lidas em épocas posteriores, soam trágicas. Não se confirmou o otimismo para afirmar que "*a esta estrada pode estar reservado um grande futuro, desde que em tempo sejam postos em execução os planos que suas condições indicam*". O futuro encontrado pela E. F. Rio d'Ouro foi a erradicação.[212] A posição geográfica da E. F. Rio d'Ouro, desenvolvida entre vales, bloqueava a possibilidade da ferrovia assumir algum tipo de protagonismo no transporte, ficando reservada a ser "*linha auxiliar*".[213]

Em 1894, ainda estava em construção a E. F. Melhoramentos, que posteriormente assumiria a posição de linha auxiliar da E. F. Central do Brasil. A E. F. Rio d'Ouro, enquanto estivesse desconectada do sistema ferroviário restante, só poderia assumir essa posição se pensarmos no escoamento da produção na região de Iguassú e Meriti. Tal limitação da E. F. Rio d'Ouro pode ter sido determinante na decisão de construir uma nova ferrovia, como a E. F. Melhoramentos. Essa ferrovia, livre das amarras do sistema de abastecimento de água, poderia, de fato, ser uma linha auxiliar à E. F. Central do Brasil. O investimento necessário para transformar a E. F. Rio d'Ouro nesta linha auxiliar não ocorreu. Tal situação foi denunciada pelo relator:

---

212 MIVOP. *Relatorio apresentado ao presidente da republica dos Estados Unidos do Brasil pelo engenheiro Antonio Olyntho dos Santos Pires, ministro de estado dos negocios da industria, viação e obras publicas em maio de 1895*. *Idem*, p. 179.

213 MIVOP. *Relatorio apresentado ao presidente da republica dos Estados Unidos do Brasil pelo engenheiro Antonio Olyntho dos Santos Pires, ministro de estado dos negocios da industria, viação e obras publicas em maio de 1895*. *Ibidem*, p. 179.

> *Infelizmente não tem ela merecido a devida atenção dos poderes públicos, nem quanto às suas condições de tráfego, nem quanto à defesa contra outras empresas que a vão apertando em zona estreita a ponto de impedir dentro de pouco tempo que ela possa se desenvolver sem afetar interesses de terceiros.*[214]

Estando espremida entre as ferrovias gigantes que conectavam a Capital Federal aos estados de Minas Gerais e São Paulo, a E. F. Rio d'Ouro ocupava uma faixa ainda pouco povoada. Eram três as ameaças citadas que impediam que a mesma realizasse a conversão de uma simples auxiliar do abastecimento para uma ferrovia autônoma. A primeira ameaça que o relator se refere era a E. F. Central do Brasil, por onde a produção da região de Iguassú era escoada. Apesar de uma longa crise que culminaria na transferência de sua administração para mãos inglesas, a E. F. Leopoldina era a segunda ameaça, pois era por ela que a produção agrícola de Meriti e de regiões adjacentes eram escoadas.

A terceira ameaça era a E. F. Melhoramentos, que sequer estava totalmente construída, e que viria a ocupar um leito mais próximo da Linha do Centro do que a E. F. Rio d'Ouro, fazendo, inclusive, uma conexão em Belém. Isso enterrou a possibilidade da E. F. Rio d'Ouro ser auxiliar a E. F. Central do Brasil. Caso o reaparelhamento da ferrovia não ocorresse a tempo, ficaria difícil competir. Inevitavelmente, a E. F. Rio d'Ouro ocuparia um espaço

---

214 MIVOP. *Relatorio apresentado ao presidente da republica dos Estados Unidos do Brasil pelo engenheiro Antonio Olyntho dos Santos Pires, ministro de estado dos negocios da industria, viação e obras publicas em maio de 1895*. *Ibidem*, p. 179.

que bloquearia a expansão da área de atuação das três ferrovias citadas e, nesse cabo de guerra, com toda certeza sairia perdendo.[215]

Apesar da expectativa com a transição das funções da ferrovia, o relatório afirma que 1894 foi um ano típico no histórico da ferrovia, com 63 casos de descarrilhamentos, um índice altíssimo, acidentes e material rodante em péssimo estado. A documentação volta a fazer uma distinção da renda, possibilitando a realização de uma análise mais detalhada. Neste ano, o carro chefe da renda não dependente dos recursos do abastecimento foi o transporte de mercadorias, sinalizando que a ferrovia ocupava um lugar estratégico no escoamento, com um total arrecadado de 61:323$220. Isso é um volume quase três vezes maior que o total de passagens de primeira classe (22:824$020) e duas vezes maior que os de segunda classe (31:502$360). O valor da receita do abastecimento foi 32:290$440. A arrecadação dependente do abastecimento de água foi menor do que os outros tipos.[216]

Este fato pode nos acender um alerta de que a ferrovia poderia estar, enfim, conseguindo obter a independência do sistema a qual estava submetida? Naquele contexto, isso não importava. Qualquer modificação era anulada pelas despesas que disparavam. Uma renda menor do abastecimento não significava um aumento na atividade de transporte de passageiros ou

---

215 MIVOP. *Relatorio apresentado ao presidente da republica dos Estados Unidos do Brasil pelo engenheiro Antonio Olyntho dos Santos Pires, ministro de estado dos negocios da industria, viação e obras publicas em maio de 1895*. *Ibidem*, p. 179.

216 MIVOP. *Relatorio apresentado ao presidente da republica dos Estados Unidos do Brasil pelo engenheiro Antonio Olyntho dos Santos Pires, ministro de estado dos negocios da industria, viação e obras publicas em maio de 1895*. *Ibidem*, p. 179.

mercadorias. Estes mantiveram-se em níveis estáveis, enquanto a renda do abastecimento teve uma redução de 9:568$640. A situação real era de menos dinheiro em caixa.[217]

De acordo com a fonte, o aumento da despesa teve como causa a "*baixa de câmbio e excessivo preço dos materiais*". O preço do carvão foi o principal responsável por este resultado. Na tentativa de reversão da situação, fez-se necessária a realização de um pedido de aquisição de novos carros, tanto para atender uma crescente demanda de passageiros, como também vagões duplos abertos e fechados. É interessante notar que o estado lastimável do material rodante, mesmo com as modificações nos preços das passagens, levou a ferrovia a ter um custo de 90:648$088. O custo do abastecimento também sofreu impacto, por estar diretamente ligado a essa estrutura. As equipes de manutenção também precisavam lutar contra a ausência de dormentes, situação que piorava em ruas de grande movimento.[218]

A IGOPCF realizou um acordo com a Diretoria de Higiene e Assistência Pública para a adoção de reguladores domésticos para o controle. O abastecimento de água em 1895 forneceu a média de 260 litros por habitante. Apesar do acréscimo do suprimento, a população enfrentou dificuldades, com longos episódios

---

217 MIVOP. *Relatorio apresentado ao presidente da republica dos Estados Unidos do Brasil pelo engenheiro Antonio Olyntho dos Santos Pires, ministro de estado dos negocios da industria, viação e obras publicas em maio de 1895. Ibidem*, p. 179.

218 MIVOP. *Relatorio apresentado ao presidente da republica dos Estados Unidos do Brasil pelo engenheiro Antonio Olyntho dos Santos Pires, ministro de estado dos negocios da industria, viação e obras publicas em maio de 1895. Ibidem*, p. 180-181.

de falta d'água. De acordo com o relatório, "*não há suprimento que não esteja sujeito a interrupções por serviços e obras necessárias*".[219]

A instabilidade no abastecimento exaltava o ânimo dos moradores da cidade, que apresentavam numerosas queixas à IGOPCF. As dificuldades em utilização da E. F. Rio d'Ouro somaram-se à lentidão na desapropriação de terrenos para a canalização dos rios Xerém e Mantiqueira.[220] Partindo de Brejo, com direção a Xerém, o leito de 11 quilômetros já estava à disposição para o assentamento dos trilhos da E. F. Rio d'Ouro. Somente depois disso seria possível levar as tubulações.[221]

A expansão da E. F. Rio d'Ouro em direção a Xerém estimulou o surgimento de outros projetos para a região. Contudo, disputas entre distintas esferas do poder público acerca de obras que atingiriam o leito da E. F. Rio d'Ouro tumultuaram a administração da ferrovia em 1895. Qual a razão desse impasse? Para compreendermos esse processo específico da E. F. Rio d'Ouro, precisamos nos atentar a dois fatores: o contexto geral da política ferroviária ocorrido entre 1892 e 1895 e os conflitos entre a municipalidade e a União.

---

219 MIVOP. *Relatorio apresentado ao presidente da republica dos Estados Unidos do Brasil pelo engenheiro Antonio Olyntho dos Santos Pires, ministro de estado dos negocios da industria, viação e obras publicas em maio de 1895*. *Ibidem*, p. 480.

220 MIVOP. *Relatorio apresentado ao presidente da republica dos Estados Unidos do Brasil pelo engenheiro Antonio Olyntho dos Santos Pires, ministro de estado dos negocios da industria, viação e obras publicas em maio de 1895*. *Ibidem*, p. 469-470.

221 MIVOP. *Relatorio apresentado ao presidente da republica dos Estados Unidos do Brasil pelo engenheiro Antonio Olyntho dos Santos Pires, ministro de estado dos negocios da industria, viação e obras publicas em maio de 1895*. *Ibidem*, p. 480.

Desde a reorganização da Inspetoria Geral das Estradas de Ferro, através do decreto nº 1164 de 9 de dezembro de 1892, existia uma grande incerteza acerca da fiscalização e concessão de diversas ferrovias. Com isso, existia uma dúvida generalizada acerca de projetos, sem saber se seriam, de fato, concretizados por parte do Governo Federal. Isso ocorria devido a um longo processo de revisão de estudos considerados definitivos sobre ferrovias que gozavam de garantias de juros. A mudança de conjuntura, com a elevação de despesas causadas pela depressão cambial, acabou forçando o Governo Federal a reconsiderar planos de expansão que já estavam aprovados até então.[222]

A demora na adoção do plano geral de viação da República piorou a situação jurídica de diversas estradas de ferro. Além de centralizar a direção da expansão das ferrovias no país, esse plano também tinha como objetivo harmonizar as linhas concedidas com as que estavam inseridas em projetos. De acordo com o relatório do MIVOP:

> *A deficiência da lei nº 109 de 14 de outubro de 1892 e a falta de leis complementares que bem definam a competência dos poderes da União e dos Estados para conceder estradas tem suscitado conflitos, oriundos de concessões feitas pelos Estados e municipalidades, que o Governo vai afetando à justiça federal, de conformidade com o artigo 59 da Constituição.*[223]

---

222 MIVOP. *Relatorio apresentado ao presidente da republica dos Estados Unidos do Brasil pelo ministro de estado dos negocios da industria, viação e obras publicas, engenheiro Antonio Olyntho dos Santos Pires, em maio de 1896*. Rio de Janeiro: Imprensa Nacional, 1896. p. 357.

223 MIVOP. *Relatorio apresentado ao presidente da republica dos Estados Unidos do Brasil pelo ministro de estado dos negocios da industria, viação e obras publicas, engenheiro Antonio Olyntho dos Santos Pires, em maio de 1896. Idem*, p. 357.

Como exemplo desses conflitos, temos a concessão, por parte do então Distrito Federal para a Empresa Industrial de Melhoramentos no Brasil, do prolongamento dos carris de ferro da Ilha das Moças à Mangueira, além da concessão para José Martins da Silva e para João Franklin de Alencar Lima da construção de uma estrada de ferro entre Sapopemba e a Ilha do Governador. O ministro Antonio Olynho Pires definiu tais situações como uma "*invasão do poder municipal nas atribuições que privativamente competem ao Governo Federal*".[224]

Sobre a expansão da E. F. Central do Brasil, Antonio Olynho afirma que a concessão para a construção desse ramal ocorreu em uma zona privilegiada que a concessão municipal estava invadindo. De acordo com o ministro, os dispositivos que a municipalidade criou eram ilegais, pois se tratavam de "*atribuições privativas do Governo Federal*", nos quais apenas este poderia "*decretar ou autorizar os prolongamentos e ramais da Central do Brasil*".[225]

Uma situação semelhante ocorreu com uma expansão ferroviária que partiria de uma estação da E. F. Central do Brasil e que cruzaria o leito da E. F. Rio d'Ouro. Carlos Frederico Castello Branco e Cícero da Costa tentaram obter a permissão para a construção de duas novas linhas férreas, que tinham como projeto original uma linha que partisse da estação de Jerônimo

---

224 MIVOP. *Relatorio apresentado ao presidente da republica dos Estados Unidos do Brasil pelo ministro de estado dos negocios da industria, viação e obras publicas, engenheiro Antonio Olyntho dos Santos Pires, em maio de 1896. Ibidem*, p. 358.

225 MIVOP. *Relatorio apresentado ao presidente da republica dos Estados Unidos do Brasil pelo ministro de estado dos negocios da industria, viação e obras publicas, engenheiro Antonio Olyntho dos Santos Pires, em maio de 1896. Ibidem*, p. 359.

de Mesquita, em Maxambomba, e seguisse até a localidade do Brejo. A partir daí, a ferrovia continuaria seu leito até o ponto final na cidade de Petrópolis.[226]

Inevitavelmente, ocorreria a invasão de terrenos sob jurisdição federal. Por conta dessa situação, era necessária autorização das distintas esferas públicas. Através do decreto n° 233 de 23 de outubro de 1894, o Governo do Estado do Rio de Janeiro permitiu a construção de nova linha. No dia seguinte, através do aviso n° 437 de 24 de outubro de 1894, o MIVOP comunicou a proibição da concessão, alegando que afetaria direitos da União, além de prejudicar a conservação das florestas adquiridas para a manutenção dos mananciais. Ambos os ramais entrariam em faixas de domínio sob jurisdição da União. Com esse fato, criou-se um imbróglio jurídico entre distintas esferas do poder público, no qual a autorização por parte de agentes da esfera estadual levou a reação de agentes da União.[227]

O impasse jurídico entre as distintas esferas chegou ao Procurador Geral da República. De um lado, o Governo do Estado do Rio de Janeiro estando interessado na expansão da malha ferroviária local, melhorando os pontos de conexão logística entre a Baixada Fluminense e a Serra. Do outro, Governo Federal agindo para impedir tal expansão, pois a mesma entraria em suas faixas

---

226 MIVOP. *Relatorio apresentado ao presidente da republica dos Estados Unidos do Brasil pelo ministro de estado dos negocios da industria, viação e obras publicas, engenheiro Antonio Olyntho dos Santos Pires, em maio de 1896. Ibidem*, p. 362.

227 MIVOP. *Relatorio apresentado ao presidente da republica dos Estados Unidos do Brasil pelo ministro de estado dos negocios da industria, viação e obras publicas, engenheiro Antonio Olyntho dos Santos Pires, em maio de 1896. Ibidem*, p. 362.

de domínio e poderia prejudicar o abastecimento de água da cidade do Rio de Janeiro. Por fim, as obras acabaram embargadas e essa nova linha ferroviária não saiu do papel.

A expectativa com a construção de novas linhas ferroviárias na região foi frustrada em 1895. Em relatórios anteriores, citou-se a necessidade da E. F. Rio d'Ouro atingir a cidade de Petrópolis como um dos objetivos principais para o saneamento das finanças da ferrovia. A primeira oportunidade concreta de realização de obras para que a E. F. Rio d'Ouro pudesse alcançar a cidade de Petrópolis foi bloqueada pelo próprio Governo Federal. Isso nos leva a concluir que não era qualquer tipo de expansão que interessava a União. Caso ocorresse a partir do leito da ferrovia, sendo capitaneada pelas esferas estaduais ou municipais, seria politicamente prejudicial para a União, pois invadiria as competências federais, deslegitimando-as. Uma situação mais delicada ainda para a União era o caso da ferrovia que ligaria Moxambomba a Petrópolis. Essa nova linha de trem cruzaria o leito da E. F. Rio d'Ouro.

Se vários projetos de expansão da E. F. Rio d'Ouro surgiam das mãos de engenheiros, no dia-a-dia, a ferrovia continuava em um estado crítico de conservação e finanças. A E. F. Rio d'Ouro sofria não só o material de baixa qualidade, mas também com as "*lacunas que apresenta sua atual organização*". O relatório de 1896 destaca que a ferrovia teve a oportunidade de servir ao tráfego na zona que se desenvolveu ao redor do leito. Entretanto, a conversão real da ferrovia em uma linha de passageiros parecia um sonho distante. A mesma era definida como uma estrada que "*não é mais do que uma linha de serviço do abastecimento de água aplicada ao tráfego público sem essa transformação, que é imprescindível"*.[228]

O relatório desconsidera os pequenos centros produtores que desenvolveram-se ao redor do leito e das paradas da ferrovia. Sem o surgimento desse meio de comunicação, o surgimento dessas comunidades produtoras seria dificultado. Lavradores da região dependiam dos trens de transporte, por mais que esses tivessem horários poucos confiáveis ou mesmo simplesmente tivessem sua circulação cancelada. Não devemos negativar totalmente a existência da ferrovia, ou apenas reforçar a relação com o abastecimento de água, como se ela nada tivesse somado de produtivo na região. De forma contraditória, o próprio relatório reconhece que mesmo com "*numerosas dificuldades para atender com regularidade ao trafego da zona que atravessa*", a região "*não tem outro meio de comunicação*".[229] Por parte do ministério, existe a ciência de que a região, sem a E. F. Rio d'Ouro, estaria quase completamente isolada, dependendo apenas de caminhos que datavam de tempos coloniais.

O relatório informa dados importantes, como por exemplo, o aumento do consumo de carvão por parte das 11 locomotivas da ferrovia, que era, em média, de 2,7 toneladas, tendo o custo de 94:215$558. Esse nível de utilização de carvão indica que as

---

228 MIVOP. *Relatorio apresentado ao presidente da republica dos Estados Unidos do Brasil pelo ministro de estado dos negocios da industria, viação e obras publicas, engenheiro Antonio Olyntho dos Santos Pires, em maio de 1896. Ibidem*, p. 291.

229 MIVOP. *Relatorio apresentado ao presidente da republica dos Estados Unidos do Brasil pelo ministro de estado dos negocios da industria, viação e obras publicas, engenheiro Antonio Olyntho dos Santos Pires, em maio de 1896. Ibidem*, p. 291.

locomotivas estavam trabalhando mais caso façamos uma comparação com anos anteriores. Entretanto, isso não tinha relação com o aumento de horários disponíveis, mas sim com o fato de que a baixa manutenção das máquinas acabava por fazer as mesmas consumirem mais combustível e serem menos produtivas. O custo médio do quilômetro percorrido era de 830$, um valor alto, se comparado com outras ferrovias.[230]

Em 13 de junho iniciou-se o serviço de trens suburbanos, com a inauguração de nove paradas.[231] Com os dados detalhados do relatório deste ano, podemos fazer algumas análises sobre o que e como a E. F. Rio d'Ouro estava transportando materiais e passageiros. Temos dados sobre o tipo e a classificação das receitas. São eles:

| TIPOS DE RECEITA | VALORES |
|---|---|
| Agências e paradas. | 150:401$450 |
| Diversas repartições | 24:181$570 |
| Imposto do selo | 10: 309$738 |
| Multas e indenizações | 215$100 |
| Venda de Materiais usados | 216$000 |
| **TOTAL ARRECADADO:** | 185:324$458 |

230 MIVOP. *Relatorio apresentado ao presidente da republica dos Estados Unidos do Brasil pelo ministro de estado dos negocios da industria, viação e obras publicas, engenheiro Antonio Olyntho dos Santos Pires, em maio de 1896. Ibidem*, p. 292.

231 Que eram as paradas de Entroncamento, Pilares, Collegio, Coqueiro, Itaipu, Rerito, Cachoeira, Santo Antonio e Barreira.

| CLASSIFICAÇÃO | QUANTIDADE | PESO |
|---|---|---|
| Passagens de 1° classe | 29.242 | - |
| Passagens de 2° classe | 109.983 | - |
| Bagagens e encomendas | 42.885 volumes | 1.124.605 kg |
| Mercadorias | 839.250 volumes | 43.626.674 kg |
| Veículos | 37 | - |
| Telegramas | 2220 | - |
| Animais | 816 | - |

Disponível em: MIVOP. *Relatorio apresentado ao presidente da republica dos Estados Unidos do Brasil pelo ministro de estado dos negocios da industria, viação e obras publicas, engenheiro Antonio Olyntho dos Santos Pires, em maio de 1896*. Rio de Janeiro: Imprensa Nacional, 1896, p. 292.

As informações da contabilidade da ferrovia demonstram que as receitas advindas das agências e paradas foram até sete vezes maiores do que a receita advinda de outros serviços. Em 1895, o serviço de passageiros da ferrovia estava se estabilizando, pois caso contrário, a renda obtida com as prestações de serviço ao abastecimento de água impactaria de forma mais concreta a renda da ferrovia. O valor das multas e da venda de materiais usados é irrisório. Devemos prestar atenção no imposto do selo. Os valores obtidos demonstram uma atividade de porte médio para o serviço de correios. Não temos dados sobre em qual direção os despachos corriam, mas provavelmente eram em direção ao centro da Capital Federal. A existência de um correio organizado através da ferrovia leva a crer que a mesma já tinha se tornado parte da vida cotidiana dos moradores das regiões atendidas.

Dentro do conjunto de receitas obtidas em agências, faremos a análise da segunda tabela. A primeira questão que é necessária recordar é o fato de que a quantidade de passagens vendidas não reflete uma realidade. Muitas pessoas viajavam sem pagar e esses números são incapazes de dar dimensão à quantidade concreta de passageiros que utilizavam os serviços da E. F. Rio d'Ouro. Com os dados oficiais, nos chama a atenção a discrepância entre a quantidade de pagantes de 1ª e de 2ª classe. Viajavam quase três vezes mais pessoas na 2ª classe do que na 1ª classe. Podemos apontar duas razões para essa situação. A E. F. Rio d'Ouro possuía poucos carros de 1ª classe e, consequentemente, transportava menos pessoas nessa modalidade.

Não possuímos estudos de época que demonstrem que um aumento na oferta de carros de 1ª classe seria possível. A maioria dos carros da E. F. Rio d'Ouro eram de 2ª classe, pois as regiões atendidas ainda eram pouco desenvolvidas, e as pessoas não tinham condições de pagar passagens com altos preços para acessar a Capital Federal. O grande público da E. F. Rio d'Ouro era de pessoas que optavam ou eram obrigadas a viajar em condições ruins, para não comprometer ainda mais o custo de vida em regiões afastadas do espaço urbanizado ou de áreas rurais.

Das demais estatísticas, descartamos da análise os animais, veículos e telegramas, por serem cifras muito pequenas e que constavam no relatório apenas a título de prestação de contas. Mas não podemos ignorar os volumes de bagagens e encomendas, se comparados com as mercadorias transportadas. Transportou-se em mercadorias quase 42 vezes o valor de bagagens. Isso demonstra a importância que a ferrovia tinha no escoamento da produção agrícola da Baixada Fluminense.

As despesas de 1895 foram superiores as receitas da ferrovia. Entretanto, sua organização é diferente. A contabilidade da ferrovia optou por separar nas despesas os valores relativos ao funcionamento da ferrovia das intervenções. O que seria isso? As obras novas de expansão e as grandes reparações. Não há uma explicação para essa opção. Podemos levantar a hipótese de que isso poderia auxiliar a "diminuir" o grande *déficit* da ferrovia, separando então as contabilidades. Poderíamos, de certo modo, considerar essas "*obras novas e grandes reparações*" como uma forma de investimento, apesar da ausência da palavra nos relatórios. Separando as contabilidades, fica possível observar os gastos reais da manutenção da ferrovia dos custos necessários para a expansão ou mesmo sua operacionalização.[232]

A ideia de *déficit*, tão corrente no relatório, precisa ser revisitada. Para uma ferrovia construída com o intuito de auxiliar o abastecimento de água, seus números não eram ruins. A função social da ferrovia, que era transportar passageiros e mercadorias estava sendo cumprida. Os altos valores relativos as obras novas são em referência às expansões para o interior da Baixada Fluminense. A E. F. Rio d'Ouro expandia seus tentáculos em direção a Serra do Tinguá. Por quais razões isso não era considerado um investimento? Nos relatórios, é constante a reclamação sobre as baixas inversões na ferrovia. A falta de uma percepção de longa duração impediu que os recursos destinados a ferrovia fossem interpretados como um investimento, e isso bloqueava, de certa forma, a inserção de recursos. É preciso uma investigação mais aprofundada sobre a situação fiscal do Tesouro, mas, caso o mesmo elevasse o investimento, dentro dos limites orçamentários, o desenvolvimento regional poderia ter-se dado de outra forma.

232 MIVOP. *Relatorio apresentado ao presidente da republica dos Estados Unidos do Brasil pelo ministro de estado dos negocios da industria, viação e obras publicas, engenheiro Antonio Olyntho dos Santos Pires, em maio de 1896. Ibidem*, p. 293.

A expansão dos limites do trem, a realização de reparos de grande porte para o bom funcionamento da ferrovia são formas de investimento. Essas extensões alcançariam novos territórios, novas populações e abriria margem para atender a mais uma fatia, tanto do mercado consumidor como de produtores que necessitavam de transporte. Ao que nos parece, prevalecia a ideia de que a E. F. Rio d'Ouro era uma anomalia em sua própria essência, pois tinha surgido com um propósito que estava sendo desvirtuado. Entretanto, a E. F. Rio d'Ouro em momento nenhum deixou de cumprir seu papel no abastecimento de água da Capital Federal, ao mesmo tempo em que se convertia como uma opção de transporte, tanto de passageiros como de mercadorias.

No relatório de 1896 do MIVOP, foi reconhecido que a ferrovia estava exercendo uma dupla função de suma importância. É pelo binômio conservação-tráfego que a ferrovia passa a ser lida. Já não era possível ignorar o impacto socioeconômico que a estrada de ferro estava exercendo. Não necessariamente apenas nos lugares próximos às estações ou paradas, mas também de localidades distantes conectadas por caminhos e rios. A chegada da estrada de ferro na Baixada Fluminense alterou, mas não extinguiu por completo, as variadas vias de comunicação. Estradas, rios, caminhos e ferrovias formavam uma rede que, embora irregular, formavam um complexo de escoamento de produção, no qual a E. F. Rio d'Ouro era mais um ramo.

As estatísticas apresentadas nesse ano possuem um movimento interessante. Em relação ao ano anterior, a ferrovia expandiu suas receitas, com um acréscimo de 23.322 passageiros pagantes, além do aumento de, em média, 5 toneladas a mais de mercadorias. Chama a atenção que esse aumento não se deu em passagens de 2ª classe. O que ocorreu foi um acréscimo, se comparado com 1895, de 62% no número de pagantes de 1ª classe, o que pode indicar que a estrada de ferro estava sendo utilizada por pessoas com maior renda disponível para pagar passagens mais caras. Sobre as mercadorias transportadas, o crescimento registrado foi de 7%.[233]

A infraestrutura física não tinha se alterado, ou seja, nenhuma expansão de trilhos foi registrada neste ano, ao passo que não se realizaram compras de material rodante para a ferrovia. O volume de passageiros e mercadorias aumentou, mas o investimento na ferrovia não acompanhou tal movimento. Nessas condições, a E. F. Rio d'Ouro, mesmo apresentando *déficit*, teve números positivos no que se refere ao crescimento da demanda. Não à toa, o relatório afirma que a renda da ferrovia seria maior "*se a estrada dispusesse de material rodante suficiente para o serviço*".[234]

Se nos próprios relatórios do MIVOP afirmava-se que o baixo investimento impedia que a ferrovia atendesse melhor uma demanda que seria positiva, afinal, geraria uma maior renda e, consequentemente, solucionaria o *déficit* crônico da ferrovia, por qual razão esse investimento não acontecia? Por uma opção dos agentes do ministério, os investimentos não se concentraram na compra de material rodante, aumentando a oferta de trens para o transporte, mas sim na construção do prolongamento que tinha como ponto final Xerém, que serviria de ponta de lança para uma expansão para Petrópolis, dessa vez em conformidade com os interesses do

---

233 MIVOP. *Introdução ao relatorio apresentado ao presidente da republica dos Estados Unidos do Brasil pelo ministro de estado dos negocios da industria, viação e obras publicas, Joaquim Murtinho, em maio de 1897.* Rio de Janeiro: Imprensa Nacional, 1897, p. 246.

234 MIVOP. *Introdução ao relatorio apresentado ao presidente da republica... Idem*, p. 246.

Governo Federal, ao contrário das propostas anteriores autorizadas pelo Governo do Estado do Rio de Janeiro.

Há uma crença de que a melhor opção para solucionar a questão das contas negativas era uma expansão física da infraestrutura. A razão disso é que, de acordo com o MIVOP, o *déficit* ocorria "*pela baixa considerável do câmbio e o aumento sempre crescente dos materiais de imprescindível necessidade para o serviço*". Esse trecho revela que, além da conjuntura econômica desfavorável, as oficinas da E. F. Rio d'Ouro tinham uma limitação logística em relação a substituição de peças importantes, ficando a mercê do mercado externo.[235] Neste ano, as contas da ferrovia fecharam com um *déficit* de 682:298$675. Ocorreu uma opção por investir na expansão da estrutura da ferrovia, e não no que já existia e funcionava de forma precária. De acordo com o relatório, existiam "*bem fundadas razões para acreditar-se que prolongando-se o ramal de Xerém, ora em construção, de maneira que haja saída conveniente por Petrópolis, a Estrada de Ferro Rio d' Ouro terá renda suficiente para ocorrer à sua despesa.*[236]

Que razões bem fundadas são essas? Não encontramos na documentação disponível do MIVOP outro relatório para cruzarmos informações. Contudo, podemos levantar uma hipótese. A ligação entre o município de Iguassú e Petrópolis seria possível caso a linha licitada pelo Governo do Estado do Rio de Janeiro fosse, de fato, construída, mas isso entraria em conflito com interesses do Governo Federal, além de cruzar terrenos sob sua jurisdição.

---

235 MIVOP. *Introdução ao relatorio apresentado ao presidente da republica... Ibidem*, p. 245.

236 MIVOP. *Introdução ao relatorio apresentado ao presidente da republica... Ibidem*, p. 246.

Após uma batalha jurídica, essa licitação foi cancelada, com o Governo Federal ganhando a causa. Com o cancelamento, a opção mais viável de se chegar a Petrópolis, e também impedindo que surgissem novos projetos, era conectar Xerém a Petrópolis. Para isso, sacrificou-se até mesmo a manutenção do material rodante e da infraestrutura básica, como a Ponte Marítima do Cajú, definida como "*a melhor fonte de renda da estrada*". Mesmo assim, o relatório afirma que a ponte "*ameaça ruína e carece de ser reconstruida, prolongando-se então, de mais de 40 metros, afim de poderem atracar aí embarcações de maior calado*". A decisão de investir no ramal de Xerém não pareceu muito acertada pois, caso fosse dispensado valor semelhante na melhoria do pátio do Cajú, a E. F. Rio d'Ouro poderia incrementar seus serviços. Na época, entretanto, o MIVOP não podia perder tempo, e chegar à Petrópolis era a meta a ser alcançada.[237]

O relatório ministerial de 1897 tem duas características peculiares. Se, por um lado, saem de cena as estatísticas e os números organizados em tabelas, por outro, somos apresentados a uma longa dissertação de 11 páginas que busca apresentar uma breve história do abastecimento de água na cidade. Esse documento é importante pois, a partir dele, podemos observar de que forma a própria máquina pública buscava construir sua narrativa acerca da luta pela água na cidade.

Apesar do relatório fazer uma retrospectiva desde as origens do abastecimento de água, no Rio de Janeiro do tempo dos vice-reis, o marco do que se convencionou chamar de Novo Abastecimento de Água deu-se em 1861, quando os atributos des-

---

237 MIVOP. *Introdução ao relatorio apresentado ao presidente da republica... Ibidem*, p. 247.

sa função foram retirados do Ministério dos Negócios do Império. Debatia-se muito a necessidade de uma outra forma de captar e distribuir água, e também como as formas praticadas eram consideradas arcaicas e onerosas ao Tesouro Público. Em 1897, dois conceitos estruturavam as obras de expansão do sistema, através do pensamento higienista da época, calcados na "*higiene*" e na "*salubridade*", em que justificavam-se grandes intervenções urbanas, já que o Rio de Janeiro era uma cidade que "*periodicamente sofre os rigores de secas prolongadas*". Tal questão "*não pôde deixar de prender a atenção dos poderes públicos sem todavia ter-se conseguido ainda um resultado satisfatório*".[238]

Este relatório é peça chave neste trabalho, pois nele há uma síntese no qual podemos observar, de formas diversas, como os processos que ocorreram a partir da segunda metade do século XIX se intercalaram. Se pensarmos em uma perspectiva de longa duração, as intervenções de grande porte - as tubulações e a ferrovia - foram a última parte de um processo que, iniciado na metade do século XIX, precisou de quase 40 anos de lentas mudanças - preservação das matas remanescentes, reflorestamento de áreas destruídas da Tijuca e mudanças legislativas - e mais 10 anos de rápidas transformações na infraestrutura para a configuração final no apagar das luzes da monarquia.[239]

O Novo Abastecimento de Água só foi de fato uma novidade quando, através de suas práticas de cobranças modernas, sufocou o sistema de bicas e chafarizes públicos, estruturando-se na noção capitalista de que a água é uma mercadoria e não

---

238 MIVOP. *Introdução ao relatorio apresentado ao presidente da republica... Ibidem*, p. 129.

239 MIVOP. *Introdução ao relatorio apresentado ao presidente da republica... Ibidem*, p. 129.

um direito. A disponibilidade de água só foi possível por uma transformação na concepção sobre a forma de acesso à água, e se assentou em duas intervenções: o reflorestamento da Tijuca, Paineiras e de outras pequenas matas, e a construção da E. F. Rio d'Ouro, conectando a Corte Imperial à Serra do Tinguá.[240]

Sem a primeira intervenção, a cidade teria entrado em colapso em relação ao consumo de água em décadas anteriores às graves crises da década de 70 do século XIX. Sem a segunda intervenção, evitou-se o colapso iminente do abastecimento de água devido ao esgotamento das opções de intervenções urbanas disponíveis dentro da Corte Imperial. Os debates sobre onde buscar água já estavam presentes em relatórios desde essa época por dois motivos: a disponibilidade de água não é infinita, afinal, depende de condições climáticas, e as condições materiais para sua busca sem grandes intervenções não estavam disponíveis. As obras em direção a Serra do Tinguá só foram necessárias porque apenas a preservação e replantio da mata na região de mananciais não eram suficientes. Na ausência de disponibilidade de água na Tijuca, inicialmente buscou-se água em canalizações dentro da Corte Imperial, como em Jacarepaguá. Esgotadas essas possibilidades, a alternativa possível foi buscar água na Baixada Fluminense, e isso só foi possível pois construiu-se uma ferrovia que conectasse as novas possibilidades de disponibilidade de água.[241]

No ano de 1899, a situação do abastecimento de água já se tornava insustentável. No relatório analisado, repete-se, em vários momentos, a necessidade de substituição da rede. Apresentando

---

240 MIVOP. *Introdução ao relatorio apresentado ao presidente da republica... Ibidem*, p. 129.

241 MIVOP. *Introdução ao relatorio apresentado ao presidente da republica... Ibidem*, p. 129.

dados da IGOPCF, o relator demonstra que os mananciais que abastecem a cidade em 1900 ainda tinham a mesma capacidade operacional de 1894.[242] Uma solução possível seria a ampliação do sistema de abastecimento, tendo como foco a região ao redor da E. F. Central do Brasil, devido à expansão urbana das localidades. A água para essa região provavelmente viria do Tinguá, pois não haveria sentido em construir uma infraestrutura a partir dos reservatórios de Pedregulho, que serviria exclusivamente para a expansão do sistema que atendia Laranjeiras e Botafogo.[243]

Em termos comparativos, as Serras do Tinguá eram responsáveis por mais de 90% do abastecimento de água da cidade, seguida pelos mananciais do Maracanã. Os demais mananciais tinham participação basicamente local e, comparados com mananciais da Baixada Fluminense, podem ser considerados irrisórios, com distribuição apenas a nível local.[244] As verbas insuficientes atrapalhavam a expansão do sistema dentro da cidade, por isso a urgência da IGOPCF na instalação de hidrômetros, para realizar uma cobrança mais apurada. Outra solução encontrada pela IGOPCF foi a venda de material considerado impres-

242 Em 1860, o consumo da cidade era de 8.020m$^3$ de água. Em 1880, chegou a 31.816 m$^3$ de água. Já na virada de 1899 para 1900, atingiu o exorbitante volume de 139.525 m$^3$. Nem mesmo a expansão planejada para Xerém seria capaz de suprir tal demanda.

243 MIVOP. *Relatorio apresentado ao presidente da republica dos Estados Unidos do Brasil pelo ministro de Estado dos negócios da Indústria, Viação e Obras Públicas, Alfredo Eugenio de Almeida Maia no ano de 1900*. Rio de Janeiro: Imprensa Nacional, 1900. p.646.

244 MIVOP. *Relatorio apresentado ao presidente da republica... Idem*, p. 651.

tável, aplicando os recursos obtidos na expansão do sistema em direção à Mantiqueira e Xeré.[245]

Nos anos de 1900 e 1901, poucas modificações ocorreram em relação aos anos anteriores. Os encanamentos em relação a Xerém estavam próximos da conclusão. O crescimento do perímetro urbano da cidade, e o constante loteamento das margens das ferrovias, acabou por expor a necessidade de que a IGOPCF deslocasse recursos para essas regiões. Contudo, restrições orçamentárias impediram o avanço da canalização. Para piorar a situação, o ano de 1901 teve um baixo índice pluviométrico, o que não ajudou os mananciais.[246]

As perdas relativas ao volume de água distribuído representavam 40% do volume total de água armazenada. As perdas ainda ocorriam devido aos tubos deficientes. Há um certo senso de urgência por parte dos técnicos da IGOPCF em instalar hidrômetros e desativar chafarizes públicos. Devido a essa política, também aumentou o número de pessoas que desistiram de substituir penas d'água ou instalar hidrômetros. De certo modo, a modernização capitalista dos modos de abastecer encontrava entraves.[247]

A renda dos hidrômetros nesse ano atingiu um patamar de 5:755$ ao Tesouro. Essa renda era insuficiente para fornecer reparos aos encanamentos. A manobra de registros de água também, eventualmente, causava problemas para o sistema de tubulações.

245 MIVOP. *Relatorio apresentado ao presidente da republica... Ibidem*, p. 657.

246 MIVOP. *Relatorio apresentado ao presidente da republica dos Estados Unidos do Brasil pelo ministro de Estado dos negócios da Indústria, Viação e Obras Públicas, Alfredo Eugenio de Almeida Maia no ano de 1901*. Rio de Janeiro: Imprensa Nacional, 1901, p. 611-612.

247 MIVOP. *Relatorio apresentado ao presidente da republica... Idem*, p. 614.

Um encanamento antigo, de chumbo, não podia ser manejado com tanta frequência. As operações diárias, contudo, demandavam tais manobras. Em muitos casos, tubulações quebravam e não podiam ser substituídas devido às dificuldades para importação de material. No horizonte da administração do abastecimento, não existia outra solução possível além da "*generalização da implicação do hidrômetro aos consumos industriais*". A IGOPCF não buscava apenas a cobrança de estabelecimentos industriais. Moradores comuns também deviam substituir seus sistemas por hidrômetros.[248]

Conforme dito anteriormente, o ano de 1901 foi seco. E também foi um ano com muitas queimadas na Floresta da Tijuca. Já era conhecida a relação entre desmatamento e problemas com o abastecimento de água. Entretanto, a IGOPCF não tinha pessoal suficiente para lidar com a quantidade de casos de infração. Apresentou-se as queimadas como um grave risco aos mananciais do Maracanã e Carioca. Apesar de quase 90% do abastecimento ser proveniente de mananciais longínquo, como do Tinguá, era preciso garantir a preservação dos mananciais próximos ao centro da cidade.[249] O relatório sobre o ano de 1900 registra que:

> *Se de um lado a lei não arma a autoridade de meios para punição do que se julgam no direito de devastar as matas no seu exclusivo interesse, de outro lado a Inspeção de Obras Publicas não pôde exercer constante vigilância (...).*[250]

---

248 MIVOP. *Relatorio apresentado ao presidente da republica... Ibidem*, p. 615.

249 MIVOP. *Relatorio apresentado ao presidente da republica... Ibidem*, p. 620.

250 MIVOP. *Relatorio apresentado ao presidente da republica... Ibidem*, p. 620.

Naquela ocasião, a ferrovia estava novamente sob controle da IGOPCF.[251] Neste ano em particular, o *déficit* atingiu um nível altíssimo, na ordem de 264:911$010, o que levou o relator a fazer uma longa explanação sobre os problemas da ferrovia, criando um histórico estatístico desde 1883.[252]

Ocorreu uma situação peculiar no movimento da ferrovia. A quantidade de pessoas transportada reduziu-se, enquanto a renda obtida com a venda de passagens aumentou. Esse movimento ocorreu por dois motivos. O primeiro foi o aumento das passagens, que ocasionou um aumento da renda. O segundo foi uma redução no transporte de passageiros, que ocorreu devido ao surto de peste bubônica ocorrida no início do ano. Essa epidemia, por exemplo, impôs restrições, *medidas sanitárias*, em relação à famosa festa da Penha, que foi cancelada, e que era uma fonte bastante lucrativa para a E. F. Rio d'Ouro. Se em 1899 transportou-se 141.901 passageiros, em 1900 o número caiu para 121.125 passageiros. Nesse sentido, a redução da circulação de passageiros, dependendo do preço da passagem, não significa, necessariamente, a redução da renda.[253]

As restrições não ocorreram apenas em relação as festividades da Penha. A partir do aviso 48 de 7 de junho de 1900, foram suprimidos os trens S1, S2, S3, S4, K1, K2, M1 e M2. Esses dois últimos faziam a conexão entre os limites do Distrito Federal, na Pavuna, e o interior. Tais medidas impactariam não

251 MIVOP. *Relatorio apresentado ao presidente da republica... Ibidem*, p. 636.

252 MIVOP. *Relatorio apresentado ao presidente da republica... Ibidem*, p. 639.

253 MIVOP. *Relatorio apresentado ao presidente da republica... Ibidem*, p. 639.

apenas a circulação de pessoas entre a Serra e o Distrito Federal, mas também o escoamento de mercadorias.[254]

A redução no ritmo de transporte de mercadorias também ocorreu. Se, em 1899, transportou-se 27,8 toneladas de mercadorias, em 1900 a quantidade girou em torno de 26,7 toneladas. Se analisarmos em perspectiva a relação entre a quantidade de passageiros transportados em relação as mercadorias, temos a partir da inauguração do tráfego um aumento contínuo no transporte de passageiros.[255]

Acerca das mercadorias, a tendência de aumento ocorre entre 1883 e 1895. A partir daí os índices oscilam e, a partir de 1897, passam a decair até 1900, mantendo uma tendência de queda nesse curto espaço de tempo. Isso significa que, cada vez mais, a ferrovia passava a transportar passageiros. A economia local mostrava-se dinâmica.[256]

O relatório também apresenta dados que servem de base para uma análise. Dentro da divisão orçamentária da ferrovia, aumentou-se o custo em 3 pontos, que eram a Administração Central, a Locomoção e a Via-permanente. Só ocorreu uma queda nos gastos na locomoção. Ocorreu um aumento na quantidade de materiais consumidos pelas locomotivas, mas isso não refletiu no aumento dos custos da locomoção. A E. F. Central do Brasil cedeu para a E. F. Rio d'Ouro: carvão Cadiff, bronze, querosene, ferro fundido, entre outros materiais. Essas doações não

---

254 MIVOP. *Relatorio apresentado ao presidente da republica... Ibidem*, p. 648.

255 MIVOP. *Relatorio apresentado ao presidente da republica... Ibidem*, p. 642.

256 MIVOP. *Relatorio apresentado ao presidente da republica... Ibidem*, p. 642.

entravam no orçamento da ferrovia, então contabilizavam-se apenas os gastos reais. Daí o aumento do consumo de materiais não refletindo em um aumento de gastos.[257]

A utilização da ponte marítima proporcionou a E. F. Rio d'Ouro uma renda adicional de 17:308$500 – um acréscimo de 5:000$000 em relação ao ano anterior –, somadas as rendas da utilização de postos telégrafos. Eram 12 postos, sendo 11 localizados entre Irajá e o Cajú. Isso não foi suficiente para a redução do *déficit* da ferrovia.[258]

Em 18 anos, a ferrovia teve um *déficit* em 16 anos. Entretanto, a E. F. Rio d'Ouro também não precisou comprar novas locomotivas, pois recebeu em caráter provisório uma locomotiva da E. F. Central do Brasil. Já a compra de carros foi feita a partir do caixa da ferrovia, com a aquisição de 18 série T, do tipo prancha e aberto. O relatório quantifica dados de funcionários que a ferrovia em cada estação com presença de funcionários.[259]

Estando as propriedades próximas ao Rio Mantiqueira e o Rio Xerém já sob controle do Estado, avançaram-se as obras de captação de água nesses mananciais. Ao mesmo ritmo, acelerou-se a terraplanagem e o assentamento de trilhos da E. F. Rio d'Ouro, com sua respectiva expansão para Xerém. A previsão de conclusão das obras abria margem para um aumento de 60 milhões de litros de água ao total consumido pelo Distrito Federal e localidades vizinhas. Calculava-se que a cidade em 1902 já atingia uma

---

257 MIVOP. *Relatorio apresentado ao presidente da republica... Ibidem*, p. 645-648.

258 MIVOP. *Relatorio apresentado ao presidente da republica... Ibidem*, p. 649-656.

259 MIVOP. *Relatorio apresentado ao presidente da republica... Ibidem*, p. 649-656.

média de 700 mil habitantes, com um consumo médio de 260 litros por habitante. O ideal, naquela conjuntura, seria aumentar o fornecimento para 300 ou 500 litros por habitante.[260]

Existiam alguns bloqueios para a construção desse novo desdobramento do sistema de abastecimento de água. Para além da necessidade da chegada integral da ferrovia, também era necessário o "*assentamento de 53 quilômetros de tubos, em linha dupla, e a construção de um grande reservatório*". Também era necessário realizar melhorias na distribuição, pois as linhas férreas e demais vias públicas totalizavam 600 quilômetros de área loteadas ou que poderiam ser loteadas, ao passo que metade estava acima do nível do mar, ou seja, uma barreira física e técnica que impedia o atendimento por parte dos reservatórios de Pedregulho.[261]

Após a intensa seca de 1901, e a crise de sanitária decorrente do surto de peste bubônica, a quantidade de reclamações referentes à falta de água aumentou de forma considerável nos canais institucionais pelos quais a população podia comunicar-se com a IGOPCF. Reduziu-se, de forma mínima, o papel dos mananciais do Tinguá e Comércio, ao passo que os mananciais dos Macacos adquiriram uma maior importância, chegando a uma distribuição próxima aos mananciais do Maracanã.

O relatório ministerial apresenta dados que, de certo modo, essa redução foi aparente, pois desconsidera as perdas ocorridas nos reservatórios da Serra. O grande perigo para o abastecimento de água era, de fato, o esgotamento da capacidade de expansão dos

---

260 MIVOP. *Relatorio apresentado ao presidente da república dos Estados Unidos do Brazil pelo ministro de Estado dos Negocios da Industria, Viação e Obras Publicas, Antonio Augusto da Silva, no anno de 1902*. Rio de Janeiro: Imprensa Nacional, 1902, p. 717.

261 MIVOP. *Relatorio apresentado ao presidente da república... Idem*, p. 717.

mananciais do Tinguá e Comércio. Apesar de serem responsáveis por quase 90% do abastecimento, durante todo o ano de 1902 eles estiveram sempre cheios, mas falharam no suprimento de água. Sobre as perdas, ocorreu uma melhoria pois, em 1902, elas atingiram uma das menores marcas registradas até então: 25%.[262]

A cidade do Rio de Janeiro possuía um grande número de gargalos, mas o que de fato preocupavam os agentes da inspeção eram os subúrbios da E. F. Central do Brasil e o bairro de Botafogo. Existiam localidades que só recebiam água por dois dias na semana e por algumas horas.[263] Por qual motivo os outros dois subúrbios ferroviários, Leopoldina e Rio d'Ouro, não eram motivos de preocupação? A resposta é simples. A proximidade dessas ferrovias com as tubulações do sistema do Novo Abastecimento de Água permitia um melhor acesso à água, e os agentes do ministério tinha ciência disso. Em anúncios de jornais, terrenos próximos a E. F. Central do Brasil e da Leopoldina Railway eram mais caros do que terrenos próximos a E. F. Rio d'Ouro. Contudo, um grande diferencial no anúncio desses terrenos, publicados em grande parte na Gazeta de Notícias, era exatamente a existência de ligações de água. Legalizadas ou não, possuíam um acesso melhor.

A IGOPCF também demonstrou não ter capacidade para lidar com a derrubada de matas na Tijuca, e exigia por parte do Governo Federal uma ação enérgica contra os ocorridos. Mais do que nunca, o combate a essas ações era de suma importância, devido ao aumento da importância dos mananciais do Maracanã de

---

262 MIVOP. *Relatorio apresentado ao presidente da república... Ibidem*, p. 718-719.

263 MIVOP. *Relatorio apresentado ao presidente da república... Ibidem*, p. 720.

Macacos, tendo em vista o esgotamento dos sistemas de captação - não confundir com os mananciais - do Tinguá.[264]

A E. F. Rio d'Ouro seguia com um *déficit* orçamentário até 31 de dezembro de 1901 na ordem de 4.163:958$345. Nessas despesas, salientamos que ocorreu um investimento de 26:800$309, que deu-se em virtude da aquisição de 10 carros de cargas, em vista à melhora na logística de oferta para transporte de mercadorias.[265]

O aumento no tráfego de mercadorias aliviou um pouco as contas da ferrovia, pois, de acordo com o relatório, "*comparado com o de 1900, houve uma redução no déficit, em 1901, de 54:781$175*". Naquele contexto, abria-se no horizonte da administração da ferrovia a possibilidade de aumentar a capacidade de transporte. Isso esbarrava na ausência de locomotivas e a E. F. Central do Brasil, até o momento, não tinha condições operacionais de suprir a E. F. Rio d'Ouro com mais locomotivas, mesmo que usadas.[266]

Sobre a discussão sobre a operacionalidade da ferrovia, apresentam-se alguns dados numéricos em que podemos extrair algumas interpretações. Em 19 anos de operação, em nenhum momento a ferrovia reduziu sua extensão – salvo em relação a ramais particulares, que não entravam na contabilização final –, realizando expansão em 7 dos 19 anos. As primeiras expansões ocorreram entre 1885 e 1887, ainda no Segundo Império. Já a segunda onda de expansões, até o momento analisado, ocorreu na

264 MIVOP. *Relatorio apresentado ao presidente da república... Ibidem*, p. 726.

265 MIVOP. *Relatorio apresentado ao presidente da república... Ibidem*, p. 740-741.

266 MIVOP. *Relatorio apresentado ao presidente da república... Ibidem*, p. 740-741.

Primeira República, em um período no qual a ferrovia esteve em obras por três anos, entre 1892 e 1893. Essa maior expansão física contraria um senso comum sem base em fontes que observa no regime imperial o apogeu da E. F. Rio d'Ouro ou mesmo da política de expansão ferroviária.[267]

Na Primeira República ocorreram as maiores expansões físicas da ferrovia, enquanto no último ano do Segundo Império que a ferrovia atingiu a maior diferença positiva da renda. Na primeira década republicana, a ferrovia manteve sua tendência deficitária, mas atingiu índices de renda positivos em ao menos metade da década. Periodizações são arbitrárias e acabariam nos levando à ilusão de que a operação da ferrovia não manteve um bom resultado. Mas as diferenças de renda em relação ao ano anterior mantiveram-se em ascensão até o relatório de 1901.[268]

O relatório de 1901 também demonstra um aumento na tonelagem transportada pela ferrovia. Esse aumento pode ser resultante da maior oferta de carros pranchas, que tinham sido adquiridos. A tendência na queda de passageiros transportados manteve-se, com uma redução de 11.583 passageiros. A renda da ferrovia, nessa verba, aumentou 4:971$320. Efeito provocado pelas passagens reajustadas. Menos pessoas tinham condição de usar a ferrovia, que viviam, na maioria das vezes, no interior, e necessitavam do trem para ter acesso ao Distrito Federal. Não necessariamente menos pagantes eram sinônimo de trens vazios, pois muitos optavam por via-

267 MIVOP. *Relatorio apresentado ao presidente da república... Ibidem*, p. 742.

268 MIVOP. *Relatorio apresentado ao presidente da república... Ibidem*, p. 742.

jar sem pagar. Os números totais de pessoas transportadas nunca serão conhecidos ou sequer estimados, pois a contabilidade só consegue enxergar os pagantes oficiais.[269]

Acerca da tonelagem, as cifras apresentadas possuem uma distorção porque apresenta-se uma redução, em um espaço de uma década, na tonelagem transportada. A questão é que isso não significa que a ferrovia estivesse perdendo o dinamismo no transporte de mercadorias. Na realidade, os números exorbitantes de tonelagem transportados em 1892, por exemplo, são relativos a materiais relacionados ao abastecimento de água. Foi o ano que, por exemplo, a renda obtida, de 123.393:000, até então atingiu seu patamar mais alto.[270]

Temos, nesse relatório, um interessante histórico estatístico compilado da ferrovia desde a inauguração do tráfego, em 1883, até 1901. Vamos transcrevê-lo na íntegra para uma melhor observação na página a seguir:

269 MIVOP. *Relatorio apresentado ao presidente da república... Ibidem*, p. 744.

270 MIVOP. *Relatorio apresentado ao presidente da república... Ibidem*, p. 745.

| Ano | Renda Bruta | Custeio | Renda Líquida | Déficit |
|---|---|---|---|---|
| 1883 | 60:843$395 | 133:048$039 | X | 72:204$644 |
| 1884 | 93:250$383 | 134:060$206 | X | 40:909$823 |
| 1885 | 131:182$244 | 132:518$250 | X | 1:335$828 |
| 1886 | 114:688$0450 | 127:263$894 | X | 12:577&844 |
| 1887 | 125:309$721 | 128:541$612 | X | 3:231$088 |
| 1888 | 97:095$102 | 136:420$425 | X | 39:325$323 |
| 1889 | 186:914$339 | 142:623$165 | 41:291$394 | X |
| 1890 | 191:789$278 | 186:619$549 | 5:169$729 | X |
| 1891 | 235:770$215 | 263:429$136 | X | 27:658$920 |
| 1892 | 239:304$253 | 346:953$405 | X | 107:659$152 |
| 1893 | 180:662$490 | 494:605$743 | X | 313:943$253 |
| 1894 | 176:712$310 | 584:508$002 | X | 407:795$692 |
| 1895 | 185:324$418 | 793:975$540 | X | 608:651$122 |
| 1896 | 182:530$548 | 824:829$223 | X | 682:298$675 |
| 1897 | 164:710$092 | 908:241$024 | X | 743:530$932 |
| 1898 | 141:412$426 | 523:401$082 | X | 381:988$656 |
| 1899 | 148:223$588 | 393:130$136 | X | 245:906$548 |
| 1900 | 156:598$788 | 421:509798 | X | 264:911$010 |
| 1901 | 191:409$503 | 4102:593$338 | X | 210:129$835 |

Fonte: MIVOP. *Relatorio apresentado ao presidente da república dos Estados Unidos do Brazil pelo ministro de Estado dos Negocios da Industria, Viação e Obras Publicas, Antonio Augusto da Silva, no anno de 1902.* Rio de Janeiro: Imprensa Nacional, 1902. p. 746.

Nesse histórico, podemos observar que, em 17 anos de funcionamento, somente em 2 anos, 1889 e 1890, a ferrovia conseguiu, de fato, ter *superávit*. Nos anos seguintes, apenas acumulou *déficits*. Se fosse uma empresa normal, a E. F. Rio d'Ouro já teria, há muito tempo, fechado as portas e pedido falência. Contudo, por receber injeções financeiras do Tesouro, e ser a estrutura-estruturante do sistema de abastecimento de água, ela manteve-se em operação, mesmo com tantos problemas. O investimento público manteve-

-se alto, afinal, os custos sociais de um colapso do sistema de abastecimento seriam, politicamente, muito maiores do que os custos financeiros de manutenção da ferrovia. O maior tombo financeiro da ferrovia deu-se exatamente em 1893, devido a uma série de expansões e reparos, e logo após um curtíssimo período de contas positivas. Sem o auxílio do aporte financeiro do Estado, a E. F. Rio d'Ouro já teria sido desativada.

Os altos *déficits* da ferrovia não impediram uma injeção de recursos tendo como objetivo a recuperação de diversos trechos problemáticos. No ramal de Iguassú por exemplo, 5 quilômetros de trilhos foram substituídos. Isso era quase metade da extensão do ramal. Ocorreram intervenções em obras de arte em três localidades. Devido ao alto número de acidentes nas regiões em vias de urbanização, como Irajá, Pavuna, Vicente de Carvalho, entre outras, a IGOPCF sugeriu o cerceamento do leito pois a linha estava assentada em grandes trechos de ruas e estradas de rodagem. Um outro problema enfrentado era a invasão do espaço do seu leito. A reclamação não se dava apenas a nível operacional, mas também em um sentido de defesa de terrenos que eram de propriedade da União. Além do cerceamento, sugeriu-se a construção de "*pequenos e modestos edifícios para as estações e paradas, que se acham instaladas em prédios alugados, sem as disposições convenientes*".[271]

As locomotivas foram muito mais utilizadas em 1901, devido ao aumento de viagens de trens de carga. Em tese, isso significaria uma maior despesa em locomoção. Isso não ocorreu devido às generosas concessões que a União fez para evitar um

271 MIVOP. *Relatorio apresentado ao presidente da república... Ibidem*, p. 750.

*déficit* maior ainda. Por exemplo, as locomotivas percorreram 14.200 quilômetros a mais nesse ano, mas na contabilidade da ferrovia, ocorreu uma redução no consumo de combustível na ordem de 28:560$465. Foi o milagre do carvão? Não. O próprio relatório é explícito, afirmando que isso ocorreu "*devido á vantagem obtida por esta estrada na aquisição do carvão por intermédio da Estrada de Ferro Central do Brasil e pelo preço por ela adquirido, em virtude de seus contratos*".[272]

Como a IGOPCF não conseguia negociar seus contratos de forma vantajosa, fez-se necessária a utilização, por parte da União, da diretoria da E. F. Central do Brasil para fazer compras no mercado exterior e, assim, repassar os materiais para a E. F. Rio d'Ouro. Todas eram manobras de contabilidade para tentar mitigar o altíssimo custo da ferrovia para os cofres públicos, já que sofreu perdas significativas com a redução no número de embarcações que atracavam na Ponte Marítima do Cajú, obtendo uma renda de apenas 12:395$100. Um dos motivos para a redução da carga e descargo era o péssimo estado da ponte, ao ponto de pôr em risco as mercadorias.[273]

Em 1902 o abastecimento de água tinha se estabilizado, mas ainda se mostrava insuficiente. A demora na canalização dos rios Xerém e Mantiqueira impedia a expansão do sistema para as partes altas da cidade. Com o término do assentamento dos trilhos em direção a Xerém, a instalação da tubulação reforçaria o abastecimento em 60 milhões de litros. As obras atrasaram por falta de verbas. No relatório, nota-se um maior controle

---

272 MIVOP. *Relatorio apresentado ao presidente da república... Ibidem*, p. 756-761.

273 MIVOP. *Relatorio apresentado ao presidente da república... Ibidem*, p. 756-761.

estatístico. Por exemplo, foram corrigidos erros de medição em locais como Macacos e Cabeça.[274]

Concederam-se 360 penas d'água em 1902. O ritmo de implantação de hidrômetros foi maior, já que se instalaram 88 novas concessões e substituíram-se 79 penas d'água, totalizando 1804 hidrômetros. Apesar do número ser significativamente maior do que o apresentado em anos anteriores, o que demonstra o avanço das formas capitalistas de medição do consumo de água, o relatório considera "*insignificante*" o número de assentamentos. Parte desse suposto fracasso deu-se a partir das discussões no Congresso Nacional sobre a ampliação ou supressão dos hidrômetros.[275]

Para o relator da IGOPCF, só estava interessado em suprimir o novo sistema de hidrômetro aqueles que "*desejam não pagar a água na proporção da que consomem*". Outros retiraram hidrômetros colocados de forma compulsória com a expansão do abastecimento, o que causava não apenas um prejuízo, mas também um descontrole estatístico sobre o real consumo da cidade. Era necessário, em última instância, controlar a quantidade de água distribuída e consumida, pois só assim era possível dar preço a essa nova mercadoria.[276]

---

274 MIVOP. *Relatorio apresentado ao presidente da republica dos Estados Unidos do Brasil pelo Ministro de Estado dos Negocios da Industria, Viação e Obras Públicas, Lauro Severiano Muller, no ano de 1903.* Rio de Janeiro: Imprensa Nacional, 1903, p. 477-478.

275 MIVOP. *Relatorio apresentado ao presidente da república... Ibidem*, p. 479-480.

276 MIVOP. *Relatorio apresentado ao presidente da república... Ibidem*, p. 479-480.

Mas a instalação pura e simples de hidrômetros não resolveu as contas do sistema de abastecimento. Existia a intenção da expansão da cobrança capitalista, mas ela esbarrava em entraves de infraestrutura. Faltavam tubulações e hidrômetros. Não havia produção nacional do item. Logo, era necessário importar dos Estados Unidos ou da Inglaterra. O sistema de abastecimento continuava deficitário e, durante o ano, ocorreram muitas reclamações acerca da falta de água. A maior parte das reivindicações vinha de regiões sem encanamento ou que sofriam com secas. Geralmente, partes altas e distantes do centro. A única localidade que recebeu obras significativas para suprimento de água foi Botafogo, que passou a contar com uma linha de tubos conectados diretamente ao reservatório do Pedregulho.[277]

O assentamento de tubos de abastecimento de água na Zona Sul dependeu de uma série de intervenções. Inicialmente, pode-se pensar que o grande problema foi assentar tubos que passavam na rua. Entretanto, um entrave foi ocupar o mesmo espaço físico dos canos da Companhia City Improvements. Necessitou-se transferir 373 tubulações de esgoto. Outro desafio foi atravessar os carris urbanos. Com a resolução do problema, a Zona Sul passou a contar com água abundante, sem depender das tubulações que traziam água do Tinguá. Para isso, fazia-se necessário conservar as matas locais, que garantiam a integridade física desses mananciais. Isso era um desafio para a IGOPCF, pois era "*deficientes os recursos orçamentários de que dispõe aquela repartição; de sorte que com o pessoal reduzido não pode evitar os abusos que de todos os lados se praticam e que tan-*

277 MIVOP. *Relatorio apresentado ao presidente da república... Ibidem*, p. 480-484.

*to prejudicam não só a abundância como a pureza dos mananciais*". A consciência da necessidade de preservação ambiental como condição necessária para a manutenção do acesso à água era presente para os integrantes da IGOPCF, não à toa o relatório destaca que "*faz-se mister cuidar seriamente do replantio das matas, impedindo quanto possível a sua devastação e regulando o corte das árvores*". Por fim, define essa política como um uma defesa da "*salubridade publica*".[278]

Em mais um ano, a E. F. Rio d'Ouro teve um exercício deficitário, na ordem de 216:272$000. Apesar do aumento da receita, o *déficit* também aumentou em relação ao ano anterior. Com as tarifas reajustadas, o número de passagens vendidas caiu, ao passo que, com uma maior oferta de carros prancha, a ferrovia aumentou a quantidade de mercadorias transportadas. Não somente a quantidade de mercadorias transportadas aumentou – indo de 34 toneladas para 39 toneladas –, mas também o seu valor. Não se especifica o tipo, mas podemos subentender que trata-se de uma mercadoria com maior valor agregado, pois a renda advinda dessa verba deu um salto de 72:159$100 (1901) para 90.246$600 (1902).[279]

Transportaram-se 27.459 passageiros no ano de 1902 na primeira classe, o que gerou uma renda de 29:980$700. Isso foi uma tímida recuperação em relação ao ano de 1901 (26.839 passageiros), onde ocorreu uma queda, mas ainda distante das marcas de 1900 (38.502 passageiros) ou do apogeu do transporte na primeira classe, que foi o ano de 1896 (49.148 passageiros). Já

278 MIVOP. *Relatorio apresentado ao presidente da república... Ibidem*, p. 487-489.

279 MIVOP. *Relatorio apresentado ao presidente da república... Ibidem*, p. 167.

a segunda classe transportou 89.661 passageiros, gerando uma renda de 32:865$900. Também significou uma recuperação em relação ao ano de 1901 (82.429 passageiros), mas ainda distante do auge do transporte de 1896 (112.994 passageiros). Ao compararmos as rendas obtidas, percebemos que, apesar da segunda classe transportar uma quantidade maior de pessoas, devido ao preço das passagens, a renda obtida chegava próxima da renda da primeira classe. A ferrovia tinha um papel crucial no transporte de pessoas que não tinham condições de pagar as passagens da primeira classe.[280]

Financeiramente, o ano de 1902 foi uma verdadeira tempestade, pois simultaneamente ocorreu uma redução de arrecadação com um aumento de despesas, em decorrência do custeio, e, principalmente, devido a reparos na via permanente na parte "urbanizada" do Distrito Federal. O cerceamento não tinha sido construído, e era uma exigência da IGOPCF, que só não o fez por falta de verbas. Se nas finanças, a E. F. Rio d'Ouro não teve um bom ano, não podemos afirmar o mesmo em relação a sua expansão. Enfim conectou-se à ferrovia, a partir da estação da Liberdade, com a E. F. Melhoramentos do Brazil.

A E. F. Rio d'Ouro passava a ter mais capilaridade para penetrar na cidade, pois ambas as ferrovias eram de bitola métrica, o que permitia, a partir de chaves reguladoras, que composições compartilhassem trilhos. Oportunidade que foi desperdiçada, pois a ponte marítima do Cajú continuava em péssimas condi-

280 MIVOP. *Relatorio apresentado ao presidente da república... Ibidem*, p. 168-178.

ções, correndo o risco, inclusive, de ser desativada por oferecer risco aos que realizavam o movimento de carga e descarga.[281]

Aconteceu uma mudança administrativa na IGOPCF em 1903, com a saída de Francisco de Paula Bicalho, e a nomeação de Luiz Van Erven. O abastecimento de água manteve-se estável, com uma média diária de 150675.870 litros fornecidos. O gargalo do abastecimento ainda era as partes altas da cidade e os subúrbios ferroviários. Utilizou-se, pela primeira vez, o novo reservatório do França, depois da aquisição do manancial Trapicheiro, com o objetivo de abastecer a Fábrica das Chitas.[282]

As obras de captação do Rio Mantiqueira estavam em estado avançado, tendo como base um projeto da própria IGOPCF. A obtenção de novos volumes de água era fundamental, tendo em vista que, se os principais fornecedores de água para a cidade – mananciais do Tinguá e Comércio – aumentaram o fornecimento, os mananciais de partes altas da cidade tiveram um desempenho ruim. As estatísticas não incluíam os mananciais da Covanca. Já sobre o abastecimento no subúrbio, decidiu-se por construir uma rede de encanamentos para o Engenho de Dentro, partindo do reservatório do Pedregulho.[283]

A E. F. Rio d'Ouro em 1903 passou a contar com 9,2 quilômetros a mais de extensão, devido a nova ligação com a Linha

---

281 MIVOP. *Relatorio apresentado ao presidente da república... Ibidem*, p. 179-180.

282 MIVOP. *Relatorio apresentado ao presidente da republica dos Estados Unidos do Brasil pelo Ministro de Estado dos Negocios da Industria, Viação e Obras Públicas, Lauro Severiano Muller, no ano de 1904*. Rio de Janeiro: Imprensa Nacional, 1904, p. 617-618.

283 MIVOP. *Relatorio apresentado ao presidente da republica... Idem*, p. 619-641.

Auxiliar da E. F. Central do Brasil. Esse trecho possuía um tráfego volumoso e era palco de muitas manobras, pois, as vias eram compartilhadas entre as ferrovias. Não entra na extensão os 19 quilômetros recém-inaugurados do ramal de Xerém, pois ele estava fechado ao público e até mesmo ao comércio, estando apenas a serviço da IGOPCF. O serviço nesse ano foi feito apenas com 9 locomotivas.[284]

O movimento financeiro da ferrovia foi negativo. As contas fecharam o ano de 1903 com um *déficit* de 250:817$135. No balanço financeiro da ferrovia, ocorreu uma queda na arrecadação da renda da Ponte Marítima do Cajú devido ao estado de conservação. Isso pode explicar o fato de termos uma queda na quantidade de mercadorias transportadas em relação ao ano anterior. Entretanto, uma das maiores fontes de recursos financeiros nesse ano foi o uso da ferrovia por outras repartições públicas, que gerou uma renda de 55:922$400. Por fim, a circulação de recursos ocorria no formato de transferência de verbas entre distintas instâncias do Estado.[285]

No ano de 1904, a média de abastecimento foi menor, em torno de 3.091.756 litros. A redução ocorreu devido a uma seca de três meses. A situação do abastecimento tornou a ser crítica. Com o agravamento da crise, os agentes da inspeção buscaram ter um maior empenho no combate ao desmatamento de localidades próximas a mananciais que ainda não eram propriedade do Estado. Para isso, seria "*indispensável desapropriar os terrenos das cabeceiras dos mananciais que alimentam os reservatórios do Distrito Federal.*"

---

284 MIVOP. *Relatorio apresentado ao presidente da republica... Ibidem*, p. 192-195.

285 MIVOP. *Relatorio apresentado ao presidente da republica... Ibidem*, p.192-203.

O impedimento para a conclusão desse projeto era a quantidade de propriedades particulares, sendo descontínua a faixa de conservação da floresta. O clima quente da cidade também prejudicou o abastecimento de água. Sendo assim, manobras foram feitas no intuito de bombear água para regiões consideradas sensíveis em relação ao suprimento. Notemos que a própria repartição reconhece que apenas o dito "*avanço técnico*" não seria capaz de suprir a cidade com a quantidade de água necessária. Também seria necessário mudar hábitos individuais considerados nocivos – leitura corrente até os dias atuais –, como a lavagem de calçadas, entre outras atitudes que seriam necessárias para não atrapalhar, na concepção da IGOPCF, o abastecimento e o "*melhoramento*" estético da capital.[286]

A expansão da cidade rumo à Zona Sul demandava uma série de ações por parte da IGOPCF. A falta de água era um impedimento, pois, "*o desenvolvimento do bairro de Copacabana está dependendo de um abundante abastecimento d'agua, que não se pode obter por desvio das águas do Morro da Viuva*". O bairro de Botafogo seria, em tese, de onde poderiam partir as tubulações necessárias para o abastecimento dos novos loteamentos. Entretanto, tal opção foi sumariamente descartada, pois isso significaria destruir o suprimento de água de um bairro que também estava em franca expansão.

Para que não ocorresse uma ameaça ao loteamento e a própria expansão do tecido urbano nesses dois bairros, optou-se por autorizar a construção de uma estrutura de aproveitamento de

286 MIVOP. *Relatorio apresentado ao presidente da republica dos Estados Unidos do Brasil pelo Ministro de Estado dos Negocios da Industria, Viação e Obras Públicas, Lauro Severiano Muller, no ano de 1905*. Rio de Janeiro: Imprensa Nacional, 1905, p. 636-637.

mananciais na Gávea. A condução de águas do Rio do Ouro para as caixas velhas da Tijuca, que seriam conectadas ao recém criado sistema que abasteceria a Zona Sul, acabou criando uma estrutura de, basicamente, dois sistemas fisicamente independentes que antes estavam unidos apenas pela administração centralizada da IGOPCF em um único grande sistema, que receberia água captada dos mananciais do Tinguá e Comércio, e que possibilitaria manobras com outros mananciais dentro do Distrito Federal.[287] O relatório prossegue destacando:

> *Com as contribuições do Mantiqueira, Rio Grande e Camocim, Cascata Grande e mananciais da Gávea, respectivamente de 40.000.000, 12.000.000, 13.5000000 e cerca de 1.500.000 obter-se-á o total de 67.000.000 de litros para reforçar o atual abastecimento. O que faltar para completar os 100.000.000, de que se falou anteriormente, poderá ser fornecido pelas cachoeiras João Pinto, Paraíso, Itapicurú e Tinguá, que reunidas formam o Xerém, e que, embora não canalizadas desde já, devem ser adquiridas, por isso que, além de seu volume nunca inferior a 50.000.000 de litros, se tornam recomendáveis pelo fato de acharem-se nas proximidades do ramal férreo do rio d'Ouro, exigindo a construção apenas de 12 quilômetros de linha para alcançar o ponto conveniente de represa. Tais águas de cota elevada poderiam ser conduzidas à caixa nova da Tijuca, que, alimentada por sobras da caixa velha, tem ficado muitas vezes a seco.*[288]

Por fim, um último entrave para a expansão desse sistema, além das intervenções urbanas e a questão orçamentária, era a dificuldade que a IGOPCF tinha para guardar materiais de reparos. O principal armazém da repartição ficava na Praça de República. Sendo a região do Campo do Santana extremamente

287 MIVOP. *Relatorio apresentado ao presidente... Idem*, p. 640.

288 MIVOP. *Relatorio apresentado ao presidente... Ibidem*, p. 640.

valorizada do ponto de vista imobiliário, e com recursos limitados, seria mais racional para a IGOPCF procurar um outro lugar para instalar seu depósito central.

Entretanto, ao invés de buscar uma localidade nos subúrbios ferroviários, a IGOPCF optou deliberadamente em continuar com seu armazém principal no centro da cidade, na rua da Constituição. O resultado dessa opção foi o estrangulamento de várias operações, devido ao tamanho pequeno do armazém. Mas, para ficar no centro da Capital, era isso ou nada, afinal, apesar de não satisfazer as necessidades, era "*o melhor que se encontrou tendo em vista o acondicionamento do material, a posição e o aluguel mensal*".[289]

Junto com a instalação de um novo sistema de captação na água, a IGOPCF buscava também expandir o controle de mananciais. Entretanto, em discussões internas da repartição, foram feitas críticas à aquisição dos mananciais do Rio Trapicheiro. Passado um tempo da operação, ela se mostrou positiva, tendo em mente que poupou o uso das águas do rio Maracanã. Isso permitiu que o estoque de água disponível aumentasse ao ponto de a repartição conseguir garantir o suprimento mesmo em um contexto de falta de chuvas, já que desde 1894 não ocorriam grandes expansões de mananciais fornecedores de água. É preciso reiterar que a expansão pura e simples da infraestrutura garante que a água dos mananciais chegue cada vez mais longe, mas de nada adiantaria essa expansão se as fontes continuassem mantendo o mesmo nível de fornecimento. Como solução para as sobra de água, instalou-se uma terceira linha, mas era inevitável a aquisição de novos ma-

289 MIVOP. *Relatorio apresentado ao presidente... Ibidem*, p. 640.

nanciais, o que de fato ocorreu em 1903 na Covanca e em 1904 no Trapicheiro.[290]

Em 1904, a diretoria da E. F. Rio d'Ouro logrou alguns avanços materiais. Inaugurou uma central telefônica em Inhaúma, de onde podia realizar a comunicação com os postos já instalados ao longo dos anos. Instalou-se uma nova contabilidade. Construíram-se guarda-caixas em 5 estações, com construções de alvenaria. Os gastos foram mínimos, pois grande parte do material era proveniente de reciclagem das demolições para a abertura da Avenida Central, que foram cedidos pela Comissão Construtora.[291]

As obras de finalização do ramal que ia do Brejo a Xerém, que tinham sido interrompidas em 1902, foram reiniciadas em 1904, com as verbas disponíveis. Nesse ano, a administração procurou reparar os trechos abandonados, de pouco movimento ou atingidos pelas fortes chuvas. A ferrovia dependeu do auxílio da diretoria da E. F. Central do Brasil em vários momentos, reaproveitando material de bitola larga em um ponto sobre o Rio Xerém, por exemplo. A falta de recursos atingia níveis tão críticos que, literalmente, o ano de 1904 poderia ser resumido em uma administração baseada em sucatas.[292]

A incorporação definitiva do ramal de Xerém fez com que a E. F. Rio d'Ouro atingisse 119.793 quilômetros de extensão, distribuídos da seguinte forma:

---

290 MIVOP. *Relatorio apresentado ao presidente... Ibidem*, p. 645.

291 MIVOP. *Relatorio apresentado ao presidente... Ibidem*, p. 665.

292 MIVOP. *Relatorio apresentado ao presidente... Ibidem*, p. 666.

| RAMAL | EXTENSÃO |
|---|---|
| Linha tronco - Cajú à São Pedro | 60.247.000 metros |
| Ramal de Iguassú - José Bulhões à Tinguá | 12.141.000 metros |
| Rio d'Ouro ás represas | 2.739.000 metros |
| Linha Auxiliar da EFCB | 9.215.000 metros |
| Vicente de Carvalho à Fazenda Grande (Penha) | 6.423 metros |
| Benfica à Anna Nery | 1.021 metros |
| Belford Roxo à Xerém | 20.000 metros |
| Inhaúma às oficinas de Engenho de Dentro | 2.400 metros |
| Desvios, triângulos e afins | 5.604 metros |
| **TOTAL:** | 119.793 metros |

Fonte: MIVOP. *Relatorio apresentado ao presidente da republica dos Estados Unidos do Brasil pelo Ministro de Estado dos Negocios da Industria, Viação e Obras Públicas, Lauro Severiano Muller, no anno de 1905*. Rio de Janeiro: Imprensa Nacional, 1905, p. 181.

Essa incorporação pode ser lida de duas formas. A primeira é, de fato, uma expansão da ferrovia em direção ao interior, ainda que nos relatórios a questão de chegar a Petrópolis não tenha sido mencionada, o que não significa que isso fosse um plano abandonado. A segunda leitura é perceber que a E. F. Rio d'Ouro estava se expandindo sem ao menos conseguir manter a operacionalidade do que já existia. O ramal de Iguassú, por exemplo, já tinha 20 anos de uso estava em péssimo estado devido ao uso de trilhos de ferro.[293]

A ferrovia naquele momento estava contando com 15 locomotivas. Reparos foram feitos com muita dificuldade devido à escassez de recursos, mas funcionaram com regularidade. Com o

293 MIVOP. *Relatorio apresentado ao presidente... Ibidem*, p. 182.

aumento da circulação ferroviária, temos números positivos em 5 dos 6 tipos de trens que a ferrovia colocava a disposição.[294]

Repetindo um movimento comum nos anos anteriores, a expansão não significou automaticamente uma operação lucrativa. O *déficit* – mesmo somado com a renda fictícia de restos a pagar por serviços – foi de 2.76:109$007. É importante recordar que nesse total de despesas não foram incluídos os recursos destinados ao construção de uma linha sobre o Engenho de Dentro, que era específica para o transporte de material para o ramal de Xerém.[295]

A IGOPCF obteve em 1905 um resultado que pode ser considerado positivo em relação ao suprimento de água. Esse resultado não foi obtido devido aos mananciais, mas sim devido às recentes intervenções técnicas que garantiram um maior aproveitamento de recursos naturais. A deterioração dos mananciais do Tinguá e Comércio foi acelerada no espaço de um ano. A derrubada da floresta teve como consequência uma redução drástica na oferta de água. Conscientes que a água não é um recurso infinito a ser explorado de forma descontrolada, os membros da IGOPCF promoveram um rígido processo de modernização do sistema de abastecimento, através da fiscalização dos hidrômetros já instalados e da racionalização da distribuição. Um processo autoritário, tendo em vista o esforço promovido para dar fim ao abastecimento por meio de chafarizes ou penas de água.[296]

294 Houve crescimento nos trens ordinários de passageiros, e nos trens especiais de passageiros, mistos, de mercadorias, de lastro e manobra. A única modalidade de transporte no qual ocorreu uma queda em relação ao ano anterior foi a de trem ordinário misto.

295 MIVOP. *Relatorio apresentado ao presidente... Ibidem*, p. 182-194.

296 MIVOP. *Relatorio apresentado ao presidente da republica dos Estados Unidos do Brasil pelo Ministro de Estado dos Negocios da Industria,*

O hidrômetro é a peça chave desse processo de racionalização. É ele que demarca e oferece as estatísticas exatas sobre o consumo. Mais do que captar e distribuir a água, é preciso controlar o consumo, e o hidrômetro, de acordo com o próprio relatório, é o "*único meio de obras os consumidores a cautela que redundam em beneficio geral*". Esse controle tinha em vista a expansão da cidade rumo à Zona Sul, que não passava desapercebida, já que a região já passava por um processo de especulação imobiliária. A fim de evitar algum entrave à urbanização de Copacabana, decidiu-se por estabelecer um fornecimento de água baseado no Rio Macacos. Em um tempo no qual ainda existiam terrenos vazios na região, cogitou-se a aquisição de mananciais na Gávea, presentes na rua Marquez de São Vicente. O senso de urgência é nítido, pois "*a necessidade de novas captações é medida que não pode ser adiada, em vista do desenvolvimento desta Capital, que precisa de grande reforço d'agua para poder acudir aos serviços de lavagem dos esgotos e de irrigação das ruas*". Para uma cidade que pretendia ascender ao posto de Paris dos trópicos, o processo de saneamento e higienização era assunto de suma importância.[297]

No relatório de 1905, podemos observar alguns efeitos da modernização capitalista decorrente das reformas urbanas pelo qual a cidade passava sob comando de Pereira Passos. Os hidrômetros substituíram 1.572 penas d'água. O maior número até então. Ao mesmo tempo, retiraram-se 63 hidrômetros. Esse número pequeno tem um detalhe. Os hidrômetros eram mais proeminentes na re-

---

*Viação e Obras Públicas, Lauro Severiano Muller, no anno de 1906*. Rio de Janeiro: Imprensa Nacional, 1906, p. 632-633.

297 MIVOP. *Relatorio apresentado ao presidente da republica... Idem*, p. 632-633.

gião central, exatamente onde ocorriam as intervenções urbanas, e o relatório identifica que esses hidrômetros provêm das "*demolições e condenações de prédios*". É preciso mais investigações, mas há fortes indícios que esse a origem desses hidrômetros retirados seja a região central do Rio de Janeiro.[298]

O panorama da E. F. Rio d'Ouro manteve-se quase o mesmo em relação aos anos anteriores. O *déficit* foi de 282:031$074, apesar de que a renda nesse ano teve umas questões próprias. No orçamento desse ano, a renda arrecadada cresceu – mas não ao ponto de ser suficiente para a ferrovia ser lucrativa – ao passo que os restos a pagar diminuíram, significando que a ferrovia estava prestando menos serviços para outras repartições, enquanto transportava mais pessoas e mercadorias.[299]

O ano de 1906 foi o último da gestão de Lauro Muller como titular do MIVOP. O abastecimento de água manteve-se nos patamares de 1905. O mesmo pode-se dizer da situação da ferrovia. Com um *déficit* de 285:802$873, as intervenções necessárias para o aumento da renda da ferrovia não ocorreram devido à falta de verbas. Seus dois principais entraves, o ramal de Iguassú e a ponte marítima do Cajú, estavam em completo abandono.[300] Ao mesmo tempo, concluíam-se as reformas modernizantes de Pereira Passos na então Capital Federal. O século XX iniciava-se na ci-

---

298 MIVOP. *Relatorio apresentado ao presidente da republica... Ibidem*, p. 638.

299 MIVOP. *Relatorio apresentado ao presidente da republica... Ibidem*, p. 145-154.

300 MIVOP. *Relatorio apresentado ao presidente da republica dos Estados Unidos do Brasil pelo Ministro de Estado dos Negocios da Industria, Viação e Obras Públicas, Miguel Calmon du Pin e Almeida, no ano de 1907, volume I.* Rio de Janeiro: Imprensa Nacional, 1907, p. 180.

dade do Rio de Janeiro, mas suas estruturas de apoio básicas à própria expansão capitalista – como o sistema de abastecimento de água e o sistema de transporte – mantinham-se presos ainda no século XIX. Para o sucesso da empreitada da modernização capitalista, o suprimento de água era necessário. Sem ele, a expansão urbana seria inviabilizada. A IGOPCF, com todas as dificuldades, acompanhou da forma que era possível, dentro das limitações orçamentárias e ideológicas, esse crescimento. Se a modernização capitalista dependia do acesso de água para a sua concretização, assim como da sua transformação em mercadoria, podemos confirmar nossa tese de que a E. F. Rio d'Ouro foi parte fundamental desse processo, pois era um dos pilares do sistema de abastecimento de água.

# CONCLUSÃO

## Sustentando o insustentável: Uma ferrovia necessária

Chegamos ao ponto final da pesquisa? Não. Ainda há muito o que se pesquisar sobre a E. F. Rio d'Ouro. Constatamos que, durante o recorte proposto, considerando o ano de 1883, no qual o tráfego foi aberto ao público, e isso inclui o transporte de mercadorias, e 1906, o ano da conclusão das reformas de Pereira Passos, a ferrovia teve um orçamento deficitário em 22 dos 24 anos do período.

A E. F. Rio d'Ouro teve dois papéis bem nítidos. O primeiro foi de servir de auxiliar para o sistema de abastecimento de água. O outro, menor no período, foi ser um vetor da expansão urbana na atual Zona Norte e Baixada Fluminense. Povoados, loteamentos, bairros, entre outras formas urbanas, foram conectadas por essa ferrovia. A produção agrícola da região no entorno do então Distrito Federal foi transportada por ela. O principal pátio, no sentido de ramificar linhas de expansão, da ferrovia ficava em Brejo, que hoje se chama Belford Roxo, em homenagem a um dos principais engenheiros e personagem central na história tanto da ferrovia como do abastecimento de água.

Uma empresa privada não sobreviveria por tanto tempo sendo deficitária. Qual foi o segredo da ferrovia? A E. F. Rio d'Ouro sobreviveu nesse período através de dois mecanismos: um financiamento baseado na injeção de dinheiro do Estado e as relações, escambo e contratos, com a diretoria da E. F. Central do Brasil.

Seria a ferrovia então uma fonte de desperdício de dinheiro público? Não. Ao estudar o esquema marxista da reprodução simples, Rosa Luxemburgo afirma que o desgaste de uma ferrovia varia bastante, e como seu capital fixo é constantemente substituído, da seguinte forma:

> *Essa perda de valor se substitui, constantemente, pela reprodução parcial da ferrovia (...), enquanto hoje se renova um vagão, amanhã uma parta da locomotiva, depois de amanhã um trecho de trilhos. Dessa maneira, ao fim de trinta anos (...) a antiga ferrovia cede lugar a uma nova, rendendo à sociedade, um ano após o outro, a mesma quantidade de trabalho e efetuando-se, portanto, a reprodução simples. Só assim é que se pode reproduzir simplesmente a ferrovia, mas não produzir-se. Para utilizá-la e substituir lentamente seu desgaste gradual pelo uso, é preciso ter sido inteiramente construída uma vez. Podem-se reparar trechos da ferrovia, mas não se pode utilizá-la fragmentariamente - hoje um eixo, amanhã um vagão. Pois é isso que justamente o que caracteriza o capital fixo, o que entra constantemente como valor de uso, em cada momento, no processo de produção. Por conseguinte, para dar-lhe sua forma de uso, a sociedade tem que concentrar uma vez consideráveis quantidades de trabalho em sua construção.*[1]

Por piores que fossem as condições da ferrovia, e através dos relatórios, observamos diversas reclamações, a todo momento, quando a possibilidade de interrupção da operação da ferrovia era real, injetava-se recursos para reparos, a fim de não atrapalhar o sistema de abastecimento de água. O capital fixo de

1 LUXEMBURG, Rosa. *A acumulação de capital*: Estudo sôbre a Interpretação Econômica do Imperialismo. Rio de Janeiro: Zahar, 1970, p. 65

1883 não era o mesmo de 1906. A todo momento ele se renovava, incorporando trabalho.

Longe de ser um vetor de sangria de recursos, a ferrovia era extremamente necessária, pois sem ela a manutenção do sistema de abastecimento de água não seria possível. Mesmo com tantos *déficits*, a ferrovia manteve-se de pé, funcionando com certa regularidade, ao menos no período proposto, por ser um dos pilares do acesso à água. Sem esse recurso natural finito, não há vida. Convém lembrar dos ideais de higiene e salubridade que encabeçaram as reformas de modernização capitalista promovida por Pereira Passos. Sem essa ferrovia, a modernização do Rio de Janeiro não seria possível, pois a água é um recurso imprescindível a esse processo.

Se a queda da monarquia não alterou o cotidiano da E. F. Rio d'Ouro, não podemos afirmar que não ocorreram mudanças relativas as formas pelas quais os agentes da administração pública pensavam o papel das ferrovias. Ao analisar a presença do Estado na economia política brasileira, Steven Topik destaca que os "*líderes no governo opunham-se oficialmente à administração das ferrovias pelo Estado. Mas a crise que abalou o Brasil em 1890 obrigou o Tesouro a intervir no setor ferroviário*".[2]

De acordo com o autor, o governo realizou uma série de expropriações porque as garantias de juros dadas às ferrovias eram onerosas demais. O fato de tais garantias serem baseadas em capitalização e não em desempenho criou situações pelas quais as empresas evitavam construir obras de arte – pontes, túneis e afins – e usavam material de baixa qualidade. Com isso, o serviço tor-

---

2 TOPIK, Steven. *A presença do Estado na economia política do Brasil, de 1889 a 1930*. Rio de Janeiro: Record, 1987. p. 113

nava-se deficiente. O autor recorda alguns fatos interessantes sobre esse movimento financeiro. Em 1898, por exemplo, um terço do orçamento público foi destinado ao pagamento de garantias, o que levou o governo Campos Sales, "*muito a contragosto*", já que era liberal e, por isso, oposto à intervenção do Estado na economia, a expropriar doze empresas.[3]

Steven Topik ressalta que essas desapropriações não eram um "*sinal de nacionalismo radical*". Eram fruto do pragmatismo econômico. O presidente Campos Sales continuou liberal e essas atitudes não incomodaram acionistas da Bolsa de Londres. Entretanto, não havia consenso interno acerca do fato da administração pública controlar ferrovias. Somente com a Primeira Guerra Mundial que esse apoio cresceria.[4]

A E. F. Rio d'Ouro era ligada ao Estado, tanto no Império como na República. Sustentou-se aquilo que em uma empresa privada seria insustentável, uma série histórica de 16 anos de prejuízo após 2 anos lucrativos. Antes desse pequeno período de prosperidade, a ferrovia já tinha passado 6 anos dando prejuízos. Custoso? Aos cofres públicos, talvez. Mas seria mais prejudicial se a então capital do Brasil ficasse sem água e entrasse em colapso.

De acordo com Eulalia Lobo, durante o governo de Campos Sales, também ocorreu a baixa dos preços dos gêneros alimentícios e um dos principais motivos do ocorrido foi o barateamento do custo do transporte.[5] Jaime Benchimol afirma que o Rio de Janeiro

---

3 TOPIK, Steven. *A presença do Estado... Idem*, p. 113.

4 TOPIK, Steven. *A presença do Estado... Idem*, p. 114-118.

5 LOBO, Eulalia Maria Lahmeyer. *História do Rio de Janeiro*: do capital comercial ao capital industrial e financeiro, volume 2. Rio de Janeiro: IBMEC, 1978, p. 503.

reunia "*um elenco de condições favoráveis ao surto industrial*".[6] Ao mesmo tempo, a cidade era um centro de epidemias.[7] Na sucessão presidencial, o saneamento da cidade era uma das principais plataformas de Rodrigues Alves, divulgado até mesmo no Manifesto à Nação.[8] O autor ainda destaca que a renovação teve dois momentos: O primeiro foi de "*desapropriação das frações sociais, segregadas ou excluídas de determinada área da cidade*". Em um segundo momento, a transformação desse espaço em área que ao ser "*valorizada pelos novos suportes materiais, é transferida a outras frações sociais*". Em suma, Benchimol define a reforma urbana como uma operação militar.[9]

Mesmo com todos os problemas, com a insuficiência do sistema de abastecimento de água, que não respondia a todas as demandas - populares e industriais - e com a precariedade do sistema de transportes, a E. F. Rio d'Ouro era, acima de tudo, necessária. Uma ferrovia misteriosa, que foi coadjuvante na história ferroviária brasileira, mas foi imortalizada na literatura em uma cena de Lima Barreto. Uma cena ligeira e pouco recordada. Tentamos fazer um esforço de parar aquela cena, e olhar fixamente para os arredores da Quinta do Cajú, para as estações, os

---

6 BENCHIMOL, Jaime Larry. *Pereira Passos, um Haussman tropical*: A renovação urbana da cidade do Rio de Janeiro no início do século XX. Rio de Janeiro: Secretaria Municipal de Cultura, Turismo e Esportes, 1992, p. 173.

7 BENCHIMOL, Jaime Larry. *Pereira Passos, um Haussman tropical...* *Idem*, p.178.

8 BENCHIMOL, Jaime Larry. *Pereira Passos, um Haussman tropical...* *Ibidem*, p. 211.

9 BENCHIMOL, Jaime Larry. *Pereira Passos, um Haussman tropical...* *Ibidem*, p. 318.

trilhos, os tubos. Enfim, para a sua magnífica história, que ainda não foi totalmente investigada.

Se, em sua formação no Segundo Império, existia o dilema de transportar *ou* abastecer, no início da Primeira República, sua principal característica foi transportar *e* abastecer. Resistiu até 1969, quando foi desativada pela ditadura civil-militar, no bojo de uma política de erradicação de ramais considerados antieconômicos, tal qual diversas outras ferrovias, inclusive no estado do Rio de Janeiro.[10]

Hoje, seu leito é ocupado parcialmente pela linha 2 do metrô do Rio de Janeiro – com algumas variações de traçado em relação ao original – entre o Maracanã e a Pavuna. Da Pavuna para Belford Roxo, um pequeno trecho também sobreviveu. De Belford Roxo para frente, tudo foi desativado. Mandaram arrancar o caminho de ferro e ficaram as praças vazias, com as viúvas nos portais, tal qual na música Ponta de areia de Milton Nascimento, que expressa a melancolia do fim da E. F. Bahia-Minas, desativada no mesmo período, no bojo da mesma política da ditadura civil-militar que se instalou no Brasil após o golpe de 1964.

Mas essa é uma história que deve ser contada na próxima estação...

---

10 PAULA, Dilma Andrade de. *Fim de linha*: A extinção de ramais da Estrada de Ferro Leopoldina, 1955-1974. Tese de doutorado em História. Niterói: UFF, 2000.

# REFERÊNCIAS BIBLIOGRÁFICAS

**FONTES:**

BARROS, Antonio Augusto Monteiro de. *Relatorio apresentado a s. ex. sr. Conselheiro José Antonio Saraiva, presidente do Conselho de Ministros, Ministro e Secretario d'Estado dos negócios da Fazenda e interino dos da Agricultura, Commercio e Obras Publicas, por Antonio Augusto Monteiro de Barros, inspetor geral.* In: MACOP. *Primeiro volume de annexos ao relatorio apresentado à Assembléa Geral na primeira sessão da decima oitava legislatura pelo ministro e secretario de Estado interino dos Negocios da Agricultura, Commercio e Obras Publicas, José Antonio Saraiva.* Rio de Janeiro: Typographia Nacional, 1881

BICALHO, Francisco de Paula. *Relatorio apresentado a S. Ex. Sr. Conselheiro José Antonio Saraiva, Presidente do Conselho de Ministros, Ministro e Secretario de Estado dos Negócios da Fazenda e interino dos da Agricultura, Commercio e Obras Publicas, por Francisco de Paula Bicalho, Director-chefe.* [ANEXO]. In: MACOP. *Primeiro volume de annexos ao relatorio apresentado à Assembléa Geral na primeira sessão da decima oitava legislatura pelo ministro e secretario de Estado interino dos Negocios da Agricultura, Commercio e Obras Publicas, José Antonio Saraiva.* Rio de Janeiro: Typographia Nacional, 1881

BICALHO, Francisco de Paula. *Relatorio apresentado a S. Ex. Sr. Conselheiro Manoel Alves de Araujo, Ministro e Secretario de Estado dos Negocios da Agricultura, Commercio e Obras Publicas, por Francisco de Paula Bicalho, Director-interino.* [ANEXO]. In: MACOP. *Relatorio apresentado à Assembléa Geral na segunda sessão da decima oitava legislatura pelo ministro e secretario de Estado dos Negocios da Agricultura, Commercio e Obras Publicas.* Rio de Janeiro: Typographia Nacional, 1882.

CASTRO, Agostinho Victor de Borja. *Relatorio apresentado a S. Ex. O Sr. Conselheiro Manoel Buarque de Macedo, ministro e secretario d'estado dos negocios da agricultura, commercio e obras publicas por A. Victor de Borja Castro, diretor engenheiro-fiscal.* [ANEXO]. In: MACOP. *Primeiro volume de annexos ao relatorio apresentado à Assembléa Geral na primeira sessão da decima oitava legislatura pelo ministro e secretario de Estado interino dos Negocios da Agricultura, Commercio e Obras Publicas, José Antonio Saraiva.* Rio de Janeiro: Typographia Nacional, 1881

CASTRO, Agostinho Victor de Borja. *Relatorio do Dr. A. Victor de Borja Castro, diretor.* [ANEXO]. In: MACOP. *Primeiro volume de annexos ao relatorio apresentado à Assembléa Geral na primeira sessão da decima oitava legislatura pelo ministro e secretario de Estado interino dos Negocios da Agricultura, Comercio e Obras Publicas, José Antonio Saraiva.* Rio de Janeiro: Typographia Nacional, 1881

*Contracto celebrado entre o Governo Imperial do Brasil e Antonio Gabrielli, subdito inglez (denominado neste contracto "O empreiteiro" para execução de projecto de abastecimento d'água á cidade de S. Sebastião do Rio de Janeiro.* [ANEXO] In: MACOP. *Relatorio apresentado á assembléa geral legislativa na primeira sessão da decima sexta legislatura pelo ministro e secretario de Estado dos negócios da Agricultura, Commercio e Obras Publicas, Thomaz José Coelho de Almeida.* Rio de Janeiro: Typographia Perseverança, 1877.

HOLLAND BROTHERS. *Proposta de Holland Brothers para o abastecimento d'agua na cidade do Rio de Janeiro.* Rio de Janeiro: Typographia Alemã de L. Winter, 1873.

JARDIM, Jeronymo Rodrigues de Moraes. *Relatorio da Inspectoria Geral das Obras Publicas apresentado a S. Ex. o Sr. Conselheiro João Lins Vieira Cansanção de Sinimbu, ministro e secretario de Estado dos negocios da agricultura, commercio e obras publicas, por Jeronymo Rodrigues de Moraes Martins, inspector geral.* [ANEXO]. In: MACOP. *Relatorio apresentado à Assembléa Geral na segunda sessão da décima legislatura pelo ministro e secretario de Estado dos Negocios da Agricultura, Commercio e Obras Publicas, João Lins Vieira Cansanção de Sinimbu.* Rio de Janeiro: Imprensa Industrial de João Paulo Ferreira Dias, 1879.

MACOP. *Relatorio apresentado a Assembléa Geral na primeira sessão da décima nona legilslatura pelo ministro e secretário de estado dos negocios da agricultura, commercio e obras publicas João Pereira de Moura.* Rio de Janeiro: Imprensa Nacional, 1885.

MACOP. *Relatorio apresentado a Assembléa Geral na primeira sessão da vigesima legislatura pelo ministro e secretário de estado dos negocios da agricultura, commercio e obras publicas Antônio da Silva Prado.* Rio de Janeiro: Imprensa Nacional, 1886.

MACOP. *Relatorio apresentado a Assembléa Geral na terceira sessão da vigesima legislatura pelo ministro e secretário de estado dos negocios da agricultura, commercio e obras publicas Rodrigo Augusto da Silva.* Rio de Janeiro: Imprensa Nacional, 1888.

MACOP. *Relatorio apresentado ao presidente da republica dos Estados Unidos do Brazil pelo ministro d'estado dos negocios da agricultura, commercio e obras publicas Barão de Lucena em junho de 1891.* Rio de Janeiro: Imprensa Nacional, 1891.

MACOP. *Relatorio apresentado à Assembléa Geral na primeira sessão da decima oitava legislatura pelo ministro e secretario de Estado interino dos Negocios da Agricultura, Commercio e Obras Publicas, José Antonio Saraiva.* Rio de Janeiro: Typographia Nacional, 1882.

MACOP. *Relatorio apresentado à Assembléa Geral na quarta sessão da decima oitava legislatura pelo ministro e secretario de Estado dos negocios da Agricultura, Commercio e Obras Publicas, Affonso Augusto Moreira Penna.* Rio de Janeiro: Typographia Nacional, 1884.

MACOP. *Relatorio apresentado à Assembléa Geral na terceira sessão da decima oitava legislatura pelo ministro e secretario de Estado dos Negocios da Agricultura, Commercio e Obras Publicas, Henrique d'Ávila.* Rio de Janeiro: Typographia Nacional, 1883.

MACOP. *Relatorio apresentado à Assembléa Geral na segunda sessão da decima oitava legislatura pelo ministro e secretario de Estado dos Negocios da Agricultura, Commercio e Obras Publicas, Manoel Alves de Araújo*. Rio de Janeiro: Typographia Nacional, 1882.

MIVOP. *Introdução ao relatorio apresentado ao presidente da republica dos Estados Unidos do Brasil pelo ministro de estado dos negocios da industria, viação e obras publicas, Joaquim Murtinho, em maio de 1897*. Rio de Janeiro: Imprensa Nacional, 1897.

MIVOP. *Relatorio apresentado ao presidente da republica dos Estados Unidos do Brasil pelo Ministro de Estado dos Negocios da Industria, Viação e Obras Públicas, Lauro Severiano Muller, no anno de 1903*. Rio de Janeiro: Imprensa Nacional, 1903.

MIVOP. *Relatorio apresentado ao presidente da republica dos Estados Unidos do Brasil pelo Ministro de Estado dos Negocios da Industria, Viação e Obras Públicas, Lauro Severiano Muller, no anno de 1904*. Rio de Janeiro: Imprensa Nacional, 1904.

MIVOP. *Relatorio apresentado ao presidente da republica dos Estados Unidos do Brasil pelo Ministro de Estado dos Negocios da Industria, Viação e Obras Públicas, Lauro Severiano Muller, no anno de 1905*. Rio de Janeiro: Imprensa Nacional, 1905.

MIVOP. *Relatorio apresentado ao presidente da republica dos Estados Unidos do Brasil pelo Ministro de Estado dos Negocios da Industria, Viação e Obras Públicas, Lauro Severiano Muller, no anno de 1906*. Rio de Janeiro: Imprensa Nacional, 1906.

MIVOP. *Relatorio apresentado ao presidente da republica dos Estados Unidos do Brasil pelo Ministro de Estado dos Negocios da Industria, Viação e Obras Públicas, Miguel Calmon du Pin e Almeida, no anno de 1907, volume I*. Rio de Janeiro: Imprensa Nacional, 1907.

MIVOP. *Relatorio apresentado ao presidente da republica dos Estados Unidos do Brasil pelo engenheiro Antonio Olyntho dos Santos Pires, ministro de estado dos negocios da industria, viação e obras publicas em maio de 1895*. Rio de Janeiro: Imprensa Nacional, 1895.

MIVOP. *Relatorio apresentado ao presidente da republica dos Estados Unidos do Brasil pelo ministro de Estado dos negócios da Indústria, Viação e Obras Públicas, Alfredo Eugenio de Almeida Maia no anno de 1900*. Rio de Janeiro: Imprensa Nacional, 1900.

MIVOP. *Relatorio apresentado ao presidente da republica dos Estados Unidos do Brasil pelo ministro de Estado dos negócios da Indústria, Viação e Obras Públicas, Alfredo Eugenio de Almeida Maia no anno de 1901*. Rio de Janeiro: Imprensa Nacional, 1901.

MIVOP. *Relatorio apresentado ao presidente da republica dos Estados Unidos do Brasil pelo ministro de estado dos negocios da industria, viação e obras publicas, engenheiro Antonio Olyntho dos Santos Pires, em maio de 1896*. Rio de Janeiro: Imprensa Nacional, 1896.

MIVOP. *Relatorio apresentado ao presidente da república dos Estados Unidos do Brazil pelo ministro de Estado dos Negocios da Industria, Viação e Obras Publicas, Antonio Augusto da Silva, no anno de 1902*. Rio de Janeiro: Imprensa Nacional, 1902.

MIVOP. *Relatorio apresentado ao vice-presidente da Republica dos Estados Unidos do Brasill pelo ministro de estado dos negocios da Industria*, Viação e Obras Publicas Engenheiro Antonio Francisco de Paula Souza no anno de 1893. Rio de Janeiro, Imprensa Nacional, 1893.

MIVOP. *Relatorio apresentado ao vice-presidente da republica dos Estados Unidos do Brasil pelo general de brigada Dr. Bibiano Sergio Marcedo da Fontoura Castellat, ministro de estado dos negocios da industria, viação e obras publicas em maio de 1894*. Rio de Janeiro: Imprensa Nacional, 1894.

ROXO, Raimundo Teixeira Belford. *Novo abastecimento d'água, comissão fiscal do contrato-Gabrielli, relatorio apresentado a S. Ex. Sr. Conselheiro Manoel Alves de Araujo, Ministro e Secretario de Estado dos Negocios da Agricultura, Commercio e Obras Publicas, pelo engenheiro-chefe Raimundo Teixeira Belford Roxo*. [ANEXO]. In: MACOP. *Relatorio apresentado à Assembléa Geral na segunda sessão da decima oitava legislatura pelo ministro e secretario de Estado dos Negocios da Agricultura, Commercio e Obras Publicas, Manoel Alves de Araujo*. Rio de Janeiro: Typographia Nacional, 1882.

ROXO, Raymundo Teixeira Belford. *Relatorio apresentado ao ministerio dos negocios da agricultura, commercio e obras publicas pelo Inspector Geral Raymundo Teixeira Belford Roxo*. In: MACOP. *Relatorio apresentado a Assembléa Geral na primeira sessão da vigesima legislatura pelo ministro e secretário de estado dos negocios da agricultura, commercio e obras publicas Antônio da Silva Prado*. Rio de Janeiro: Imprensa Nacional, 1886.

ROXO, Raymundo Teixeira Belford. *Relatorio dos trabalhos durante o anno de 1889 apresentado ao Ministerio dos Negocios da Agricultura, Commercio e Obras Publicas pelo Inspector Geral Raymundo Teixeira Belford Roxo*. In: MACOP. *Relatorio apresentado ao chefe do governo provisorio por Francisco Gricerio, ministro e secretario de estado dos negocios da agricultura, commercio e obras publicas*. Rio de Janeiro: Imprensa Nacional, 1890.

ROXO, Raymundo Teixeira Belford. *Relatorio dos trabalhos durante o anno de 1891 apresentado ao Ministerio da Agricultura, Commercio e Obras Publicas pelo Inspector Geral Raymundo Teixeira Belford Roxo*. In: MACOP. *Relatorio apresentado ao vice-presidente da república dos Estados Unidos do Brazil pelo ministro d'estado dos negocios da agricultura, commercio e obras publicas, engenheiro Antão Gonçalves de Faria em maio de 1892*. Rio de Janeiro: Imprensa Nacional, 1892.

ROXO, Raymundo. *Relatorio apresentado ao Ministerio da Industria, Viação e Obras Publicas, pelo Inspector Geral Raymundo Teixeira Belford Roxo durante o anno de 1892*. In: MIVOP. *Relatorio apresentado ao vice-presidente dos Estados Unidos do Brazil pelo ministro de estado dos negocios da industria, viação e obras publicas, engenheiro Antonio Francisco de Paula Souza no anno de 1893*. Rio de Janeiro: Imprensa Nacional, 1893.

**REVISTAS:**

*Revista de Engenharia*. Anno II, num 2.
*Revista de Engenharia*, vol 4, 1882.

**FOTOS:**

FERREZ, Marc. *Obras do abastecimento d'água do Rio de Janeiro*: Reservatório da Tijuca. Rio de Janeiro, RJ: [s.n.], [1877-1882].

FERREZ, Marc. *Obras do abastecimento d'água do Rio de Janeiro*: Quinta do Cajú : deposito de tubos e outros materiais da empreza. Rio de Janeiro, RJ: [s.n.], [1877-1882].

FERREZ, Marc. *Obras do abastecimento d'água do Rio de Janeiro*: Quinta do Cajú : telheiros das machinas de experimentar tubos. Rio de Janeiro, RJ: [s.n.], [1877-1882].

FERREZ, Marc. *Obras do abastecimento d'água do Rio de Janeiro*: Reservatório de D. Pedro II, Morro do Pedregulho : vista geral. Rio de Janeiro, RJ: [s.n.], [1877-1882].

FERREZ, Marc. *Obras do abastecimento d'água do Rio de Janeiro*: encanamento geral : Ponte da Pavuna. Rio de Janeiro, RJ: [s.n.], [1877-1882].

FERREZ, Marc. *Obras do abastecimento d'água do Rio de Janeiro*: encanamento geral : Ponte de Merity. Rio de Janeiro, RJ: [s.n.], [1877-1882].

FERREZ, Marc. *Obras do abastecimento de água, Empreza de A. Gabrielli*: Represa do Rio Sto. Antonio, e Agua da Cachoeira do Nery canalizada. Nova Iguaçu, RJ: [s.n.], [1876-1882]

**MONOGRAFIAS:**

SANTOS, Patrícia Ferreira dos. *O caminho de ferro e o caminho das águas*: um estudo sobre a Vila de Iguassú sob o impacto da construção do Reservatório e da Estrada de Ferro do Rio D'Ouro, 1860 e 1890. Monografia em História. Rio de Janeiro: UNIRIO, 2019.

SILVA, Raphael Castelo Branco da. *A política de erradicação de ramais antieconômicos na ditadura civil-militar*: o caso da Estrada de Ferro Rio d'Ouro. Monografia em História. Seropédica: UFRRJ, 2018.

## DISSERTAÇÕES DE MESTRADO:

ALBURQUERQUE JÚNIOR, Durval. *Falas de astúcia e de angústia*: a seca no imaginário nordestino, de problema a solução. Dissertação de mestrado em História. Campinas: UNICAMP, 1988 .

ALMEIDA, Gilmar Machado de. *A domesticação da água*: Os acessos e os usos da água na cidade do Rio de Janeiro entre 1850 e 1889. Dissertação de mestrado em história. Rio de Janeiro: UNIRIO, 2010.

AMANTE, Fernanda de Oliveira. *A água no espaço urbano*: uma abordagem sócio-ambiental e sua aplicação à Grande Tijuca. Dissertação de mestrado em Gestão e Estruturação do Espaço Geográfico. Rio de Janeiro: UERJ, 2006.

SOUSA, Renato Tarciso Barbosa de. *Arquivos ativos e massas documentais acumuladas na administração pública brasileira*: Busca de novas soluções para velhos problemas. . Dissertação de mestrado em bibiilioteconomia e documentação. UNB. Brasilia 1995.

## TESES DE DOUTORADO:

CAPILÉ, Bruno. *Os muitos rios do Rio de Janeiro*: Transformações e interações entre dinâmicas sociais e sistemas fluviais na cidade do Rio de Janeiro, 1850-1889. Tese de doutorado em História Social. Rio de Janeiro: UFRJ, 2018.

PAULA, Dilma Andrade de. *Fim de linha*: A extinção de ramais da Estrada de Ferro Leopoldina, 1955-1974. Tese de doutorado em História. Niterói: UFF, 2000.

PENNA, Clemente Gentil. *Economias urbanas*: Capital, créditos e escravidão na cidade do Rio de Janeiro, 1820-1860. Tese de doutorado em História Comparada. Rio de Janeiro: UFRJ, 2017.

**ARTIGOS**

ARRUDA, José Jobson de Andrade. *David Landes, um historiador desacorrentado. In: Economia e Sociedade*. Campinas, v.12, jun. 1999.

BRITTO, Ana Lucia. *A gestão do saneamento ambiental*: entre o mercado e o direito. In: RIBEIRO, Luiz Césas de Queiroz (Orgs). *Rio de Janeiro*: Transformações na Ordem Urbana. Rio de Janeiro: Letra Capital / Observatório das Metrópoles, 2015.

BRITTO, Ana; QUINTSLR, Suyá. *Redes técnicas de Abastecimento de água no Rio de Janeiro*: história e dependência de trajetória. In: *Revista Brasileira de História & Ciências Sociais*, v. 9, N. 18, Julho-Dezembro de 2017.

CIPOLLA, Carlo. *Introduction*. In: CIPOLLA, Carlo (Orgs). *The Fontana economic history of Europe, volume 3*: The industrial revolution. Glaslow: Fontana, 1978.

CORREA, Lucas Mariani; OLIVEIRA, Eduardo Romero de. *História ferroviária e pesquisa*: a consolidação da temática nas pesquisas de pós-graduação no Brasil, 1972-2016. In: Topoi, Rio de Janeiro, v. 19, n. 38, mai./ago, 2018.

DIAS, Maria Odila Silva. *A interiorização da metrópole*: 1808-1853. In: MOTA, Carlos Guilherme (Org). *1822*: Dimensões. São Paulo: Perspectiva, 1972.

DUARTE, Regina Horta. *O século XIX no Brasil*: identidades conflituosas. In: CARVALHO, José Murilo de; NEVES, Lúcia Maria Bastos Pereira das (Orgs). *Repensando o Brasil dos oitocentos*: cidadania, política e liberdade. Rio de Janeiro: Civilização Brasileira, 2009.

FONSECA, Thiago Vinícius Montuano da. *Porto do Rio de Janeiro*: um panorama da sua operação no século XIX. In: Revista do Arquivo Geral da Cidade do Rio de Janeiro, n. 13, 2017.

GUIMARÃES, Carlos Gabriel. *O Investimento Direto Estrangeiros no Brasil Imperial*: a atuação dos bancos ingleses London and Brazilian Bank e Brazilian and Portugueses Bank/ English Bank of Rio de Janeiro, no período 1862-1870. In: CARVALHO, José Murilo de; NEVES, Lucia Maria Bastos (Orgs). *Dimensões e fronteiras do Estado Brasileiro no oitocentos*. Rio de Janeiro: Eduerj, 2014.

HARTWELL, Ronald Max. *The Causes of the Industrial Revolution*: An Essay in Methodology. In: HARTWELL, Ronald Max (Orgs). *The causes of the industrial revolution in England*. London: Methuen & Co Ltd, 2017.

JESUS, Ronaldo Pereira. *A revolta do vintém e a crise na monarquia*. In: *História Social*, n. 12 2006.

MATTOS, Ilmar Rohloff de. *Do Império à República*. In: *Estudos Históricos*, vol 2, n. 4, 1989.

MENDONÇA, Sônia Regina de. *Pesquisando com Gramsci*: Sugestões metodológicas. In: LAMOSA, Rodrigo; MENDONÇA, Sônia Regina de (Orgs). *Gramsci e a pesquisa histórica*. Curitiba: Appris, 2018.

MOKYR, Joel. *Editor's introduction*: The New Economic History and the Industrial Revolution. In: MOKYR, Joel (Org). *The British Industrial Revolution*: An economic perpective. Boulder. Westview Press, 1999.

NEVES, Margarida de Souza. *Os cenários da república*: O Brasil na virada do século XIX para o século XX. In: DELGADO, Lucília; FERREIRA, Jorge (Orgs). *O Brasil republicano, volume 1*: O tempo do liberalismo excludente, da proclamação da República à Revolução de 1930. Rio de Janeiro: Civilização Brasileira, 2016.

PESAVENTO, Sandra Jatahy. *Quando a nação é, sobretudo, uma questão de sensibilidade*. In: CARVALHO, José Murilo de; NEVES, Lúcia Maria Bastos Pereira das (Orgs). *Repensando o Brasil dos oitocentos*: cidadania, política e liberdade. Rio de Janeiro: Civilização Brasileira, 2009.

PIÑERO, Théo Lobarinhas; SARAIVA, Luiz Fernando. *Compreender o Império*: Usos de Gramsci no Brasil no Século XIX. In: *Anais do XXVI Simpósio Nacional de História - ANPUH*. São Paulo, julho de 2011.

RAMOS, Ana Flavia. *Barricadas em rodapés de jornais*: Revolta popular e cidadania política na Gazeta de Notícias, 1880. In: *Revista de História da USP*. n. 179, 2020.

SALLES, Ricardo. *Gramsci, o Império do Brasil e o liberalismo de classe, 1815-1879*. In: LAMOSA, Rodrigo; MENDONÇA, Sônia Regina de (Orgs). *Gramsci e a pesquisa histórica*. Curitiba: Appris, 2018.

SEVCENKO, Nicolau. Introdução: *O prelúdio republicano, astúcias da ordem e ilusões do progresso*. In: SEVCENKO, Nicolau (Orgs). *História da vida privada no Brasil, volume 3*: República: da Belle Époque à Era do Radio. São Paulo: Companhia das Letras, 1998.

**LIVROS**

ASSIS, Machado de. *Esaú e Jacó*. Rio de Janeiro: W. M. Jackson INC. Editores, 1955.

BARRETO, Lima. *Triste fim de Policarpo Quaresma*. São Paulo: Abril Cultural, 1984.

BENCHIMOL, Jaime Larry. *Pereira Passos, um Haussman tropical*: A renovação urbana da cidade do Rio de Janeiro no início do século XX. Rio de Janeiro: Secretaria Municipal de Cultura, Turismo e Esportes, 1992.

BICALHO, Maria Fernanda. *A cidade e o Império*: O Rio de Janeiro no século XVIII. Rio de Janeiro, Civilização Brasileira, 2003.

BLOCH, Marc. *Apologia da história, ou, o ofício do historiador*. Rio de Janeiro: Zahar, 2002.

BUCI-GLUCKSMANN, Christinne. *Gramsci e o Estado*: por uma teoria materialista da filosofia. Rio de Janeiro: Paz e Terra, 1980

CALDEIRA, Jorge. *Mauá*: empresário do império. São Paulo: Companhia das Letras, 1995

CARVALHO, José Murilo de. *A formação das almas*: O imaginário da República no Brasil. São Paulo: Companhia das Letras, 1990.

CASTRO, Ana Celia. *As empresas estrangeiras no Brasil*. Rio de Janeiro: Zahar, 1979

COELHO, Edmundo Campos. *As profissões imperiais*: medicina, engenharia e advocacia no Rio de Janeiro, 1822-1930. Rio de Janeiro: Record, 1999

CORBIN, Alain. *El perfume o el miasma*: El olfato y lo imaginario social, siglos XVIII y XIX. Ciudad del Mexico. Fondo de Cultura Económica, 1987.

CORVOL, Andrée. *L'Homme aux bois*: Histoire des relations de l'homme et de la forêt, XVII-XX siècle. Paris: Fayard, 1987.

COSTA, Craveiro. *O Visconde de Sinimbú*: Sua vida e sua atuação na política nacional, 1840-1889. São Paulo. Companhia Editora Nacional, 1937.

DEAN, Warren. *A Ferro e fogo*: A história e a devastação da mata atlântica brasileira. São Paulo. Companhia das letras, 1998.

DEANE, Phyllis. *A revolução industrial*. Rio de Janeiro: Zahar, 1969.

DOBB, Maurice. *A evolução do capitalismo*. São Paulo: Abril Cultural 1983.

DORATIOTO, Francisco Fernando Monteoliva. *Maldita guerra*: Nova história da guerra do Paraguai. São Paulo: Companhia das letras, 2002.

EDMUNDO, Luiz. *O Rio de Janeiro no tempo dos vice-reis*: volume 1. Rio de Janeiro: Conquista, 1956.

EL-KAREH, Almir Chaiban. *Filha branca de mãe preta*: A companhia da Estrada de Ferro Dom Pedro II, 1855-1865. Petrópolis: Vozes, 1982.

ENGEL, Magali. *Meretrizes e doutores*: Saber médico e prostituição no Rio de Janeiro, 1840-1890. São Paulo: Brasiliense, 1989.

FREIRE, Américo. *Guerra de posições na metrópole*: A prefeitura e as empresas de ônibus no Rio de Janeiro, 1906-1948. Rio de Janeiro: FGV, 2001.

GAGLIARDO, Vinicius Cranek. *Uma Paris dos trópicos*? Perspectivas da europeização do Rio de Janeiro oitocentista. São Paulo: Alameda, 2014.

GONDRA, José Gonçalves. *Artes de civilização*: medicina, higiene e educação escolar na Corte Imperial. Rio de Janeiro: EDUERJ, 2004.

GRAHAM, Sandra Lauderdale. *Proteção e obediência*: Criadas e seus patrões no Rio de Janeiro, 1860-1910. São Paulo: Companhia das Letras, 1992.

GRAHAN, Richard. *Grã-Bretanha e o início da modernização no Brasil*. São Paulo: Brasiliense, 1973.

GRAMSCI, Antonio. *Cadernos do cárcere, volume 3*: Maquiavel; Notas sobre o Estado e a política. Rio de Janeiro: Civilização Brasileira, 2017.

HARDMAN, Francisco Foot. *Trem fantasma*: A modernidade na selva. São Paulo: Companhia das Letras, 1988.

HARVEY, David. *Para entender "O capital" (Livro II e III)*. São Paulo: Boitempo, 2014.

HELLER, Agnes. *O cotidiano e a história*. Rio de Janeiro: Paz e Terra, 1989.

HOBSBAWM, Eric. *A era das revoluções, 1789 - 1848*. São Paulo: Paz e Terra, 2010.

HOBSBAWM, Eric. *Da revolução industrial ao imperialismo*. Rio de Janeiro. Forense Universitária, 2009.

HOBSBAWM, Eric. *En torno a los orígenes de la revolución industrial*. Madrid: Siglo Veintiuno Editores, 1988.

HONORATO, Cezar. *O Polvo e o Porto*: A Cia. Docas de Santos, 1888-1914. São Paulo: HUCITEC, 1996.

HUGHES, Thomas; MAYNTZ, Renate (Orgs). *The development of large technical systems. Boulder*: Westview Press, 1988.

JANOTTI, Maria de Lourdes Mônaco. *Os subversivos da Republica*. São Paulo. Brasiliense, 1986.

KULA, Witold. *Problemas y métodos de la historia económica*. Barcelona: Ediciones Penísula, 1977.

KULA, Witold. *Teoría económica del sistema feudal*. Buenos Aires, Siglo XXI, 1974.

LANDES, David. *Prometeu desacorrentado*: Transformações tecnológica e desenvolvimento industrial na Europa ocidental, desde 1750 até a nossa época. Rio de Janeiro: Nova Fronteira, 1994.

LENHARO, Alcir. *As tropas da moderação*: o abastecimento da Corte na formação política do Brasil, 1808-1848. São Paulo: Símbolo, 1979

LIMA, Fernando Sgarbi. *Organização e administração do Ministério da Agricultura no Império*. Brasília: Fundação Centro de Formação do Servidor Público, 1988.

LIMA, Pablo Luiz de Oliveira. *Ferrovia, sociedade e cultura, 1850-1930*. Belo Horizonte: Fino Traço, 2015.

LOBO, Eulalia Maria Lahmeyer. *História do Rio de Janeiro: do capital comercial ao capital industrial e financeiro, volume 2*. Rio de Janeiro: IBMEC, 1978.

LUXEMBURG, Rosa. *A acumulação de capital*: Estudo sôbre a Interpretação Econômica do Imperialismo. Rio de Janeiro: Zahar, 1970.

MALERBA, Jurandir. *A corte no exílio*: Civilização e poder no Brasil ás vésperas da independência, 1808-1821. São Paulo: Companhia das Letras, 2006.

MARICHAL, Carlos. *Nueva historia de las grandes crisis financieras*. Buenos Aires: Debate, 2010.

MARX, Karl. *O capital, crítica da economia política, livro I*: o processo de produção do capital. São Paulo: Boitempo, 2014.

MARX, Karl. *O capital, crítica da economia política, livro II*: o processo de circulação do capital. São Paulo: Boitempo, 2014.

MATTOS, Ilmar Rohloff de. *O Tempo Saquarema*: A formação do Estado Imperial. São Paulo: Hucitec, 2017.

MAURO, Frédéric. *História econômica mundial*: 1790-1970. Rio de Janeiro: Zahar, 1973.

MELLO, Maria Tereza Chaves de. *A república consentida*: Cultura democrática e científica do final do Império. Rio de Janeiro. Editora FGV, 2007.

MELOSI, Martin. Effluent America: *Cities, industry, energy, and the environment*. Pittsburgh: University of Pittsburgh Press, 2000.

MELOSI, Martin. *The sanitary city*: environmental services in urban America from colonial times to the present. Pittsburgh. University of Pittsburgh Press, 2008.

MONTEIRO, Hamilton. *Brasil República*. São Paulo: Ática, 1994.

MONTEIRO FILHO, Jeronymo. *Traçados de Estradas*: I - Ferrovias. Rio de Janeiro: Editor Borsoi, 1955.

OLIVEIRA, Geraldo de Beuclair Mendes de. *A Construção Inacabada*: A economia brasileira, 1822-1860. Rio de Janeiro: Vício de Leitura, 2001.

PELÁEZ, Carlos Manuel; SUZINGAN, Wilson. *História monetária do Brasil*: análise da política, comportamento e instituições monetárias. Rio de Janeiro: IPEA/INPES, 1976.

PESSOA JÚNIOR, Cyro Diocleciano Ribeiro. *Estudo descriptivo das estradas de ferro do Brazil, precedido da respectiva legislação*. Rio de Janeiro: Imprensa Nacional, 1886.

PIÑEIRO, Théo Lobarinhas. *Os simples comissários*: Negociantes & política no Brasil Império. Niterói: Eduff, 2014.

POULANTZAS, Nicos. *O Estado, o poder e o socialismo*. Rio de Janeiro: Graal, 2000.

RAMIREZ, Ezequiel Stanley. *As relações entre a Áustria e o Brasil*, 1815-1889. São Paulo: Companhia Editora Nacional, 1968.

SAES, Flavio. *As ferrovias de São Paulo*. São Paulo: HUCITEC, 1981.

*SALLES, Ricardo. E o Vale era o escravo*: Vassouras, século XIX, senhores e escravos no coração do Império. Rio de Janeiro: Civilização Brasileira, 2008.

SALLES, Ricardo. *Nostalgia Imperial*: escravidão e formação da identidade nacional no Brasil do Segundo Reinado. Rio de Janeiro: Editora Ponteio, 2013.

SANTOS, Milton. *A Natureza do Espaço*: Técnica e Tempo, Razão e Emoção. São Paulo: Edusp, 2002.

SCHWARCZ, Lilia Moritz. *A longa viagem da biblioteca dos reis*: do terremoto de Lisboa à independência do Brasil. São Paulo: Companhia das Letras, 2002.

SERFATY, Elaina Reioli Cirilo. *Pelo trem dos subúrbios*: disputas e solidariedades na ocupação do Engenho de Dentro (1870-1906). Rio de Janeiro: Arquivo Geral da Cidade do Rio de Janeiro, 2018.

SEVCENKO, Nicolau. *Literatura como missão*: tensões sociais e criação cultural na Primeira República. São Paulo: Companhia das Letras, 2003.

SILVA, Lúcia. *Memórias do urbanismo na cidade do Rio de Janeiro, 1778-1878*: estado, administração e práticas de poder. Rio de Janeiro: E-Papers, 2012.

SIMONDON, Gilbert. *Du mode d'existence des objets techniques*. Paris, Aubier, 1989.

THOMAS, Keith. *O homem e o mundo natural*: mudanças na atitude em relação às plantas eaos animais, 1500-1800. São Paulo: Companhia das Letras, 1989.

TOPIK, Steven. *A presença do Estado na economia política do Brasil, de 1889 a 1930*. Rio de Janeiro: Record, 1987.

VILAR, Pierre. *Desenvolvimento económico e análise histórica.* Lisboa. Editorial Presença: 1982.

*VISCARDI, Cláudia. O teatro das oligarquias*: uma revisão da "política do café com leite". Belo Horizonte: Fino Traço, 2012.

# ANEXOS:

## Anexo 01 - Dados estatísticos da Estrada de Ferro Rio d'Ouro em 1883.[1]

### EXTENSÃO DA FERROVIA E SEUS RAMAIS:

| Trecho | Extensão |
|---|---|
| Quinta do Cajú - Rio do Ouro | 52 km, 852 m. |
| Cava - Ponte do Rio Santo Antonio | 1 km, 770 m. |
| Ramal de Inhaúma | 2 km, 171 m. |
| Ramal do Engenho de Dentro | 983 m. |
| Desvio da Olaria Reis | 274 m. |

### BALANÇO TOTAL:

| Receita | Despesas |
|---|---|
| 60:843$395 | 133:048$039 |

### MÉDIAS:

| Tipos de Média | Receita | Despesas |
|---|---|---|
| Média quilométrica | 1:151$072 | 2:517$084 |
| Média Mensal | 5:290$730 | 11:569$394 |

1 Dados obtidos em MIVOP. *Relatorio apresentado à Assembléa Geral na quarta sessão da decima oitava legislatura... Ibidem.*

## CONTRIBUIÇÕES PARA A RECEITA:

| Tipo | Valores |
|---|---|
| Passagens | 23:060$750 |
| Bagagens e encomendas | 1:776$150 |
| Mercadorias | 32:912$690 |
| Animais e veículos | 90$820 |
| Telégrafo | 1:484$700 |
| Rendas diversas | 1:518$285 |

## TRÂNSITO DE PASSAGEIROS:

| 1° Classe | 2° Classe |
|---|---|
| 10.779 pessoas | 18.533 pessoas |

## MERCADORIAS TRANSPORTADAS:

| Tipo | Unidades | Peso |
|---|---|---|
| Carvão | 14.957 sacos | 349.484 kg. |
| Lenha | 69.518 volumes | 545.655 kg |
| Aguardente | 261 pipas | 126.100 kg |
| Café | 70 sacos | 4.033 kg |
| Materiais de construção | 100.264 volumes | 1.914.139 kg |
| Gêneros alimentícios | 25.722 volumes | 536.558 kg |
| Madeiras | 40.400 volumes | 177.436 kg |
| Diversos | 200.669 volumes | 1.217.073 kg |
| Bagagens e encomendas | 4.662 volumes | 133.695 kg |

## DESPESAS DE CUSTEIO:

| Tipo | Valores |
|---|---|
| Administração central e tráfego | 34:601$303 |
| Via permanente | 56:598$694 |
| Locomoção e oficinas | 41:848$042 |

## MATERIAL RODANTE:

| Veículo | Quantidade |
|---|---|
| Locomotivas *Hunstet Engine Company* | 5, sendo 3 em bom estado, 1 em mau e 1 em reparo |
| Carro de 1° classe, tipo americano com 8 rodas | 2 |
| Carro de 1° classe, tipo americano, menor com 8 rodas | 2 |
| Carro de 1° classe, tipo inglês, com 4 rodas | 1 |
| Carro de 2° classe, tipo americano com 8 rodas | 2 |
| Carro de 2° classe, tipo americano, menor com 8 rodas | 1 |
| Carro de 2° classe, tipo inglês, com 4 rodas | 3 |
| Carro para mercadoria, fechado, com 4 rodas | 8 |
| Carro para mercadoria, aberto, com 4 rodas | 8 |
| Carro para combustível e bagagem | 2 |
| Carro plataforma para materiais | 23 |
| Velocípede de manivela | 1 |

## Anexo 02 - Dados estatísticos da Estrada de Ferro Rio d'Ouro em 1901[2]:

### ESCRITÓRIO CENTRAL:

| Funcionários | Cargo | Despesa |
|---|---|---|
| 1 | Chefe de tráfego | 6:000$000 |
| 1 | Guarda-livro | 6:000$000 |
| 1 | Tesoureiro | 4:800$000 |
| 1 | Almoxarife | 4:800$000 |
| 1 | 1° escriturário | 4:200$000 |
| 1 | 2° escriturário | 3:600$000 |
| 1 | Amanuense | 3:000$000 |

### ESTAÇÃO DO CAJÚ:

| Funcionários | Cargo | Despesa |
|---|---|---|
| 1 | Agente | 3:000$000 |
| 1 | Conferente | 2:000$000 |
| 1 | Telegrafista | 1:800$000 |
| 1 | Maquinista de guindaste | 2:190$000 |
| 2 | Vigias noturnos | 2:336$000 |
| 2 | Guarda-chaves | 2:336$000 |
| 1 | Feitor | 1:460$000 |
| 16 | Trabalhadores | 7:008$000 |

2 MIVOP. *Relatorio apresentado ao presidente da republica dos Estados Unidos do Brasil pelo ministro de Estado dos negócios da Indústria, Viação e Obras Públicas, Alfredo Eugenio de Almeida Maia no anno de 1901. Ibidem*. pp. 667-668.

## ESTAÇÃO DA PAVUNA

| Funcionários | Cargo | Despesa |
|---|---|---|
| 1 | Agente telegrafista | 2:400$000 |
| 1 | Guarda-chaves | 1:168$000 |

## ESTAÇÃO DE BOTAFOGO

| Funcionários | Cargo | Despesa |
|---|---|---|
| 1 | Agente telegrafista | 2:400$000 |
| 1 | Guarda-chaves | 1:168$000 |

## ESTAÇÃO JOSÉ BULHÕES

| Funcionários | Cargo | Despesa |
|---|---|---|
| 1 | Agente telegrafista | 2:000$000 |
| 1 | Guarda-chaves | 1:168$000 |

## ESTAÇÃO BELFORD ROXO

| Funcionários | Cargo | Despesa |
|---|---|---|
| 1 | Agente telegrafista | 2:000$000 |
| 1 | Guarda-chaves | 1:168$000 |

## PARADAS

| Funcionários | Cargo | Despesa |
|---|---|---|
| 12 | Guarda-chaves | 15:330$000 |

## LINHAS DE TELEFONE E TELÉGRAFO

| Funcionários | Cargo | Despesa |
|---|---|---|
| 1 | Encarregado de conservação | 2:190$000 |
| 3 | Trabalhadores | 3:504$000 |

## MOVIMENTO

| Funcionários | Cargo | Despesa |
|---|---|---|
| 3 | Chefes de trem | 6:000$000 |
| 12 | Guarda-freios | 15:330$000 |

## LOCOMOÇÃO

| Funcionários | Cargo | Despesa |
|---|---|---|
| 1 | Encarregado geral | 2:020$000 |
| 2 | Maquinista de 1° classe | 5:110$000 |
| 2 | Maquinista de 2° classe | 4:380$000 |
| 2 | Foguista de 1° classe | 2:920$000 |
| 2 | Foguista de 2° classe | 2:555$000 |
| 2 | Graxeiros | 2:190$000 |

## OFICINAS

| Funcionários | Cargo | Despesa |
|---|---|---|
| 1 | Pintor | 1:800$000 |
| 2 | Ajustadores | 3:600$000 |
| 3 | Limadores | 5:400$000 |
| 1 | Torneiro | 1:800$000 |
| 1 | Fundidor | 1:800$000 |
| 1 | Ajudante | 1:500$000 |
| 4 | Carpinteiros | 6:000$000 |
| 1 | Ferreiro | 2:100$000 |
| 1 | Dito | 1:800$000 |
| 2 | Malhadores | 2:400$000 |

VIA PERMANENTE

| Funcionários | Cargo | Despesa |
|---|---|---|
| 1 | Mestre-geral | 2:920000 |
| 8 | Feitores | 11:680$000 |
| 80 | Trabalhadores | 87:600$000 |
| 2 | Pedreiros | 3:650$000 |
| 2 | Serventes | 2:555$000 |

## Anexo 03 - Traçado da Estrada de Ferro Rio d'Ouro em 1955[3]:

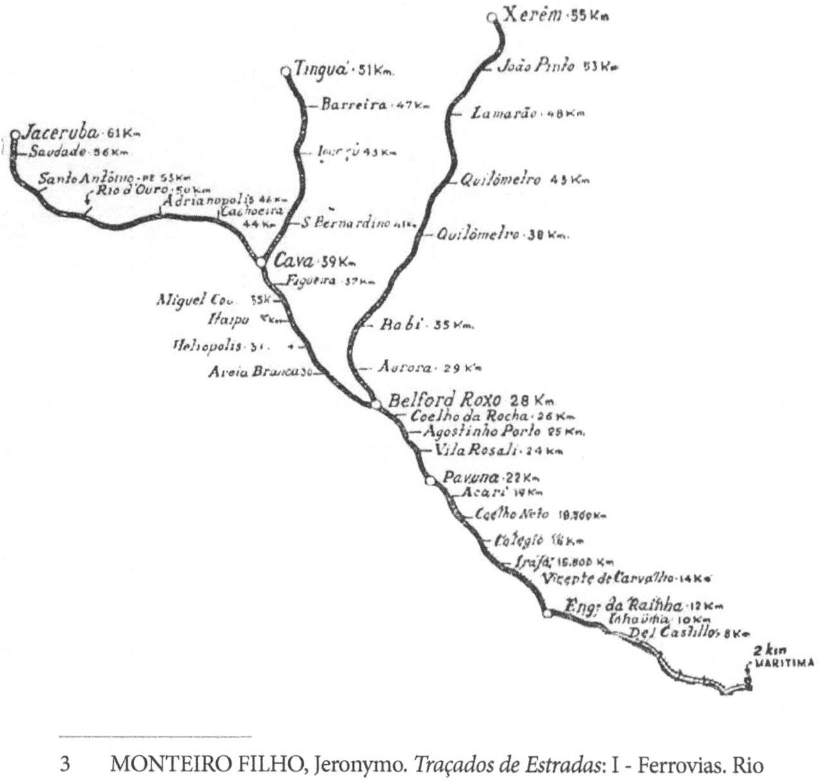


3 MONTEIRO FILHO, Jeronymo. *Traçados de Estradas*: I - Ferrovias. Rio de Janeiro: Editor Borsoi, 1955, p. 242.

## Anexo 04 - Traçado das estradas de ferro no Rio de Janeiro e Minas Gerais em 1955[4]:

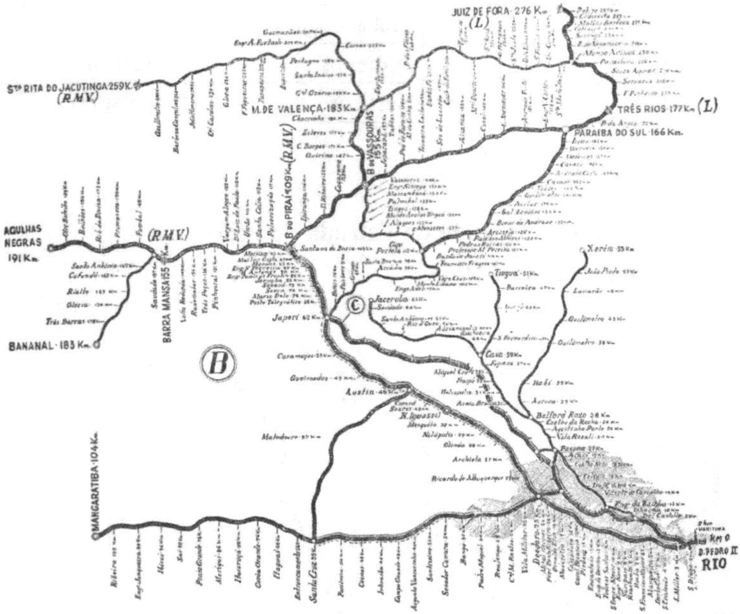


4 MONTEIRO FILHO, Jeronymo. *Traçados de Estradas... Idem*, p. 242.

**Anexo 05 - Traçado da Linha Auxiliar em 1955[5]:**

A Linha Auxiliar da E. F. C. B.

5 MONTEIRO FILHO, Jeronymo. *Traçados de Estradas... Ibidem*, p. 243.

**Anexo 06 - Fotografia do Depósito de Tubos na Ponta do Cajú[6]:**

6 FERREZ, Marc. *Obras do abastecimento d'água do Rio de Janeiro: Quinta do Cajú: deposito de tubos e outros materiais da empreza*. Rio de Janeiro, RJ: [s.n.], [1877-1882]. 1 foto, colódio?, pb, 18,8 x 25,2. Disponível em: http://acervo.bndigital.bn.br/sophia/index.asp?codigo_sophia=3754. Acesso em: 12 ago. 2021.

**Anexo 07 - Fotografia dos telheiros das máquinas de experimentar tubos[7]:**

7 FERREZ, Marc. *Obras do abastecimento d'água do Rio de Janeiro: Quinta do Cajú*: *telheiros das machinas de experimentar tubos*. Rio de Janeiro, RJ: [s.n.], [1877-1882]. 1 foto, colódio?, pb, 18,9 x 25. Disponível em: http://acervo.bndigital.bn.br/sophia/index.asp?codigo_sophia=3755. Acesso em: 12 ago. 2021.

**Anexo 08 - Fotografia da Ponte do Rio Meriti[8]:**

8 FERREZ, Marc. *Obras do abastecimento d'água do Rio de Janeiro: encanamento geral: Ponte de Merity*. Rio de Janeiro, RJ: [s.n.], [1877-1882]. 1 foto, colódio?, pb, 18,9 x 25,3. Disponível em: http://acervo.bndigital.bn.br/sophia/index.asp?codigo_sophia=3751. Acesso em: 12 ago. 2021.

**Anexo 09 - Fotografia da Ponte da Pavuna[9]:**

9 FERREZ, Marc. *Obras do abastecimento d'água do Rio de Janeiro: encanamento geral: Ponte da Pavuna*. Rio de Janeiro, RJ: [s.n.], [1877-1882]. 1 foto, colódio?, pb, 18,9 x 25,3. Disponível em: http://acervo.bndigital.bn.br/sophia/index.asp?codigo_sophia=3752. Acesso em: 12 ago. 2021.

**Anexo 10 - Fotografia da Represa do Rio Santo Antonio[10]:**

10 FERREZ, Marc. *Obras do abastecimento de água, Empreza de A. Gabrielli: Represa do Rio Sto. Antonio, e Agua da Cachoeira do Nery canalizada.* Nova Iguaçu, RJ: [s.n.], [1876-1882]. 1 foto, colódio?, pb, 26,5 x 35,9. Disponível em: http://acervo.bndigital.bn.br/sophia/index.asp?codigo_sophia=3702. Acesso em: 12 ago. 2021.

**Anexo 11 - Fotografia do Reservatório Dom Pedro II no Morro do Pedregulho[11]:**

11 FERREZ, Marc. *Obras do abastecimento d'água do Rio de Janeiro: Reservatório de D. Pedro II, Morro do Pedregulho: vista geral.* Rio de Janeiro, RJ: [s.n.], [1877-1882]. 1 foto, colódio?, pb, 18,9 x 25,4. Disponível em: http://acervo.bndigital.bn.br/sophia/index.asp?codigo_sophia=3757. Acesso em: 12 ago. 2021.

**Anexo 12 - Fotografia do Reservatório da Tijuca[12]:**

12 FERREZ, Marc. *Obras do abastecimento d'água do Rio de Janeiro: Reservatório da Tijuca*. Rio de Janeiro, RJ: [s.n.], [1877-1882]. 1 foto, colódio?, pb, 18,9 x 25,3. Disponível em: http://acervo.bndigital.bn.br/sophia/index.asp?codigo_sophia=3759. Acesso em: 12 ago. 2021.

Alameda nas redes sociais:
Site: www.alamedaeditorial.com.br
Facebook.com/alamedaeditorial/
Twitter.com/editoraalameda
Instagram.com/editora_alameda/

Esta obra foi impressa em São Paulo no outono de 2024. No texto foi utilizada a fonte Minion Pro em corpo 10,5 e entrelinha de 15,5 pontos.